보육교사인성론

김래은 · 현혜정 · 이순애 · 박종명 · 박란경

창지사

머리말

2004년 영유아보육법이 전면 개정된 이후로 우리나라의 보육 정책은 혁신적인 변화를 겪었다. 이러한 변화는 보육 및 유아교육 정책적인 측면 뿐만 아니라 영유아교육기관에서 실천적인 측면에까지 긍정적인 효과를 가져왔다. 이러한 노력의 결과로 2023년 현재, 우리는 또 다른 변화인 유보통합에 직면하고 있다. 2023년 1월, 교육부와 보건복지부가 '출생부터 국민안심 책임교육 · 돌봄 유보통합 추진방안'을 발표하여 유치원과 어린이집 사이의 이원화된 시스템을 개선하고자 했다. 이를 통해 영유아의 보호와 교육이 보다 일원화되어 더욱 효율적으로 운영될 것이며, 이러한 변화는 현대사회의 영유아교육에 대한 관심과 교사의 책임감을 높일 것으로 기대된다.

그럼에도 불구하고 최근 몇 년간 영유아교육기관에서의 영유아교사의 아동학대와 관련된 사건들이 끊임없이 보도되고 있다. 이러한 사건들은 영유아학대의 현실을 드러내며 사회적 논란을 일으키고 있다. 예로, 반찬을 먹지 않는다는 이유로 영아의 머리를 강하게 내리친 인천의 어린이집교사의 영아학대 사건, 어린이집에서 교사가 유아의 귀를 잡고 들어 올리는 학대 사건, 학대 장면이 찍히지 않도록 CCTV를 등지고 손찌검을 하는 장면이 방송을 통해 공개되는 등 영유아학대가 다양한 형태로 발생하고 있다. 영유아교사가 하나의 인격체로 갖추어야 할 인성적 자질과 교사로서 갖추어야 할 전문가적 자질은 예비영유아교사 양성과정을 통해 길러지는데, 교사로 입문하기 이전부터 꾸준히 긍정적인 인성을 내면화하는 과정이 절실히 필요하다고 판단된다.

본서는 총 13장으로 구성되어 있으며, 영유아교사의 기초 이론, 영유아교사 발달단계와 전문성 개발, 영유아교사의 자질과 역할, 발달단계에 따른 영유아교사, 영유아교사의 협력과 지원, 영유아교사의 교직관, 교직윤리와 교직인성, 영유아교사 인성교육, 인성교육의 원리 및 교수 · 학습법, 영유아교사 인성교육을 위한 8대 인성덕목, 문학 & 동작 기반 영유아교사 인성교육, 미술 & 음악 기반 영유아교사 인성교육, 영상매체 기반 영유아교사 인성교육, 영유아교사 인성평가 및 인성교육의 실천으로 구성되어 있다.

이론편에서, 1장에서는 영유아교사의 기초 이론으로 영유아교사의 개념, 영유아교사의 중요성, 영유아교사의 자율성 및 책무성과 바람직한 미래의 영유아교사상을 다루고 있고, 2장에서는 영유아교사의 발달단계와 전문성 개발로 영유아교사 발달의 개념, 영유아교사 발달단계와 영유아교사의 전문성 개발을 다루고 있으며, 3장에서는 영유아교사의 자질과 역할로 영유아교사의 자질, 영유아교사의 역할을 다루고 있다. 4장에서는 영유아교사를 발달단계에 따라 초임교사의 성장, 영유아교사의 직위에 따른 성장을 다루고 있고, 5장에서는 영유아교사의 협력과 지원으로 영유아교사의 협력, 영유아교사를 위한 지원 등을 다루고 있으며, 6장에서는 영유아교사의 교직에 대한 이해, 교직윤리와 교직인성을 다루고 있으며, 7장에서는 영유아교사로서의 인성교육의 기초 이론으로 인성교육의 개념, 영유아교사 인성교육의 필요성, 인성교육의 현황을 다루고 있으며, 8장에서는 인성교육의 원리 및 교수 · 학습방법을 다루고 있으며, 9장에서는 영유아교사 인성교육을 위한 8대 인성덕목으로 예, 효, 정직, 책임, 존중, 배려, 소통, 협동을 다루고 있다.

실제편에서, 10장에서는 문학 & 동작 기반 영유아교사 인성교육으로 문학 기반 영유아교사 인성교육, 동작 기반 영유아교사 인성교육, 영유아교사 인성교육의 실제를 다루고 있고, 11장에서는 미술 & 음악 기반 영유아교사 인성교육으로 미술 기반 영유아교사 인성교육, 음악 기반 영유아교사 인성교육을 다루고 있으며, 12장에서는 영상매체 기반 영유아교사 인성교육으로 영상매체와 인성교육, 영상매체 기반 인성모형 및 수업단계 등을 다루고 있다. 13장에서는 영유아교사 인성평가 및 인성교육의 실천으로 영유아교사의 인성평가, 영유아교사 인성교육의 실천, 영유아교사 인성교육 실천의 실제를 다루고 있다.

본서에서 제시된 영유아교사를 위한 다양한 인성교육 이론과 실제 활동은 예비영유아교사와 현직 영유아교사의 8대 인성덕목에 대한 이해와 인성덕목을 실천함으로써 인성을 함양하고 체화시키는 데 유용한 자료로 활용될 수 있을 것이다. 또한, 본서에서는 실제 인성덕목 함양을 위한 교수 · 학습계획안을 포함하여 활동지를 함께 수록하였으므로 영유아교사 인성교육의 실제를 적용하는 데 용이할 것이다.

본서에서 제시한 인성교육 활동은 예비영유아교사와 현직 영유아교사들에게 도덕적 딜레마 및 다양한 문제해결 상황을 제공하고 있으며, 예, 효, 정직, 책임, 존중, 배려, 소통, 협동의 8대 인성덕목뿐만 아니라 핵심역량으로 인성, 실천지식, 의사소통 능력, 갈등 해결 능력 증진과 더불어 영유아교사 역할을 수행함에 있어 올바른 가치관 형성과 확고한 교사관을 형성하는 데 도움이 될 것이다.

저자들은 본서를 통해 예비영유아교사와 현직 영유아교사들이 영유아들의 인성교육에 무한한 관심과 책임감을 가지기를 바라며, 영유아교사로서 바람직한 인성을 갖추고 행복한 교사생활을 하기를 희망한다.

양서를 만들고자 한 초심에 비해 다소 부족한 결과물임에도 불구하고 출판을 시도하게 된 것은 영유아교사 양성기관을 비롯하여 현직 영유아교사를 대상으로 인성교육을 실시함에 있어 이론 중심의 인성교육이나 오래전에 개발된 활동들이 대부분이라는 문제점에 당면하며, 학습자의 특성을 고려한 흥미 있는 인성교육 교수・학습방법이나 구체화된 프로그램 및 실제 활동들을 담은 인성교육을 실천해야겠다고 판단하였기 때문이다. 저자들은 선행연구 고찰을 통해 인성교육의 이론에 바탕을 두고 다양한 매체 중심의 흥미 있는 실제 활동을 통해 인성교육이 자연스럽게 체화되도록 개발하고자 노력하였다. 따라서 본서는 최종의 결과물이 아니라 지속적으로 수정・보완의 과정에 있으므로 양서로 거듭나는 과정에 있어 독자들의 진심 어린 충고와 조언을 얻고자 한다.

끝으로 본서의 출간을 적극적으로 지지해 주시고 격려를 아끼지 않으셨던 창지사 김영식 상무님과 바쁜 일정 속에서 편집을 위해 애써주신 직원 여러분께도 진심으로 감사의 말씀을 드린다.

2024년 8월

저자 일동

차 례

PART 2 실제편

PART 1

이론편

1. 영유아교사의 기초 이론
2. 영유아교사 발달과 전문성 개발
3. 영유아교사의 자질과 역할
4. 발달단계에 따른 영유아교사
5. 영유아교사의 협력과 지원
6. 영유아교사의 교직관, 교직윤리와 교직인성
7. 영유아교사 인성교육
8. 인성교육의 원리 및 교수 · 학습방법
9. 영유아교사 인성교육을 위한 8대 인성덕목

CHAPTER 01

영유아교사의 기초 이론

1. 영유아교사의 개념

1) 영유아교사의 정의

영유아교사란 일련의 양성 과정을 거쳐서 교사 자격을 취득하고 영유아교육기관에서 0~5세까지 영유아의 바람직한 성장과 발달을 위해 보호와 교육 서비스를 제공하는 사람이다. 영유아교사는 교육뿐만 아니라 영유아들과 의사소통하면서 하루 중 거의 대부분의 시간을 함께 보내며 격려와 존중을 통해 관계하는 존재이다(전상희, 2012). 즉, 영유아에게 영유아교사란 그들의 신체, 언어, 인지, 정서 및 사회성 등의 전인발달을 도와주는 양육자로서 보육과 교육의 역할까지 맡아서 책임져야 하는 사람인 것이다.

영유아교사의 정의를 교육적 측면, 사회적 측면 및 학부모 측면에서 살펴보고자 한다.

(1) 교육적 측면

교육적 측면에서 영유아교사는 단순히 양육자의 역할을 넘어서 기본적으로 영유아를 사랑하는 마음을 갖추어야 한다. 이는 영유아교사와 영유아들 간의 상호작용에 있어서 가장 중요한 요소이다. 영유아교사는 자신만의 투철한 교육철학을 갖추고 있고, 이를 기반으로 영유아교육기관에서 바람직한 발달 및 학습을 촉진할 수 있는 교육환경을 조성해야 한다. 또한, 다양한 정보를 영유아에게 전달하고 적절한 교육과정을 개발하여 계획하며, 실행 후에는 이를 평가하여 지속적인 향상을 위한 노력을 기울여야 한다.

(2) 사회적 측면

영유아교사는 영유아의 신체, 언어, 인지, 정서 및 사회성의 전인적 발달을 위해 다양한 경험을 제공하는 교육과정을 계획해야 하고, 그들에게 적절한 환경을 조성해야 한다. 또한 영유아교사는 영유아들이 다양한 상황에서 효과적인 상호작용 경험을 통해 사회성과 대인관계 능력이 발달할 수 있도록 지도해야 한다. 그뿐만 아니라 영유아교사는 통합적이고 유기적인 방식으로 교육과정을 운영하는 실행능력을 갖춰야 한다(박은혜, 2009).

(3) 학부모 측면

영유아교사는 단순히 교육을 제공하는 역할뿐만 아니라 영유아들을 돌보며 정서적인 안정을 주는 등 부모와 같은 역할을 해야 한다. 또한 영유아교사는 영유아기 부모들과의 원활한 의사소통을 통해 그들의 자녀를 안심하고 맡길 수 있도록 지원해야 한다(최수아, 2005). 즉, 영유아교사는 부모 교육을 통해 올바른 양육방법 및 자녀의 특성을 이해하고 영유아의 행복한 성장을 뒷받침하도록 가정과의 협력 관계를 강화해야 한다. 이를 통해 부모들이 영유아교사와 교육기관에 대한 높은 신뢰감을 가지게 된다.

2. 영유아교사의 중요성

현대사회에서 영유아들은 대부분의 시간을 영유아교사와 함께 생활하고 있어 영유아교사는 이제 부모만큼이나 중요한 제2의 양육자이다. 즉, 영유아교사는 부모를 대신하여 영유아교육기관에서 영유아와 많은 시간을 함께 보내며 그들의 양육을 책임지고 있다.

특히, 영유아기는 미분화된 발달상의 특징을 보이는 시기로, 어느 시기보다 영유아교사의 영향을 많이 받게 된다(안미숙, 2000). 영유아교육은 초 · 중 · 고등학교 교육과정과 달리 교과서 없이 영유아의 주도적, 자발적 놀이를 권장하고 다양한 교수매체나 직접적인 상호작용 및 구체화된 활동을 중심으로 이루어지고 있다. 이에 다양한 환경을 마련해 주고 활동에 대하여 적절하게 개입하거나 촉진하는 등의 영유아교사 역할이 매우 중요하다.

영유아기는 가족에서 타인으로 사회적 관계의 대상이 점차적으로 확대되는 경험을 하는 중요한 시기로, 영유아가 이 시기에 영유아교사와 상호작용을 통해 긍정적인 관계를 형성하는 것은 발달적 측면에서도 매우 중요한 의미가 있다(Bronfenbrenner & Morris, 1998). 영유아교사는 영유아의 사회화에 중요한 역할을 담당하고 영유아의 언어, 인지, 정서 및 사회성 등 전인발달에 영향을 미치며(Kontos & Wilcox-Herzog, 1997; Pianta, 1999), 의미 있는 사회적 경험을 제공한다.

21세기는 영유아교육의 질적 향상을 위해 학습자의 변화를 요구하고 있다. 이러한 교육 패러다임의 변화는 영유아교사의 변화를 야기시킨다. "교육의 질은 교사의 질을 능가할 수 없다."는 말처럼, 좋은 교육환경을 제공하고 우수한 영유아교육 프로그램이 개발되어 있다 할지라도 그것을 실행하고 운영하는 영유아교사가 교육목표를 계획하고 실행하는 과정에서 적절하게 잘 적용하지 못한다면 바람직한 교육적 효과를 기대하기 어려울 것이다. 따라서 영유아교육의 핵심 요소인 '영유아교사'의 중요성을 제대로 인식하고 바람직한 영유아교사 양성교육과정의 변화가 절대적으로 요구된다.

3. 영유아교사의 자율성과 책무성

1) 영유아교사의 자율성

현재 영유아교육기관에서 운영 중인 2019 개정 누리과정은 교육내용을 간소화하고 유아가 주도하는 놀이를 통해 배움이 구현될 수 있도록 유아 · 놀이중심의 중요성을 강조하면서 교사의 자율성을 부여하고 있다(교육부 · 보건복지부,

2019). 즉, 영유아교육기관에서는 획일화된 교사 주도의 교육과정에서 벗어나 유아가 놀이에 몰입하고 즐거움을 느끼며 놀이과정 속에서 다양한 경험을 하도록 유아 · 놀이중심 교육과정을 운영하고 있다(김영옥, 2020).

자율성은 영유아교사가 외부의 대상이나 사태에 좌우되지 않고 스스로 판단하여 영유아를 이해하고 양육과 교육을 위해 자율성을 활용하면서 독립적이면서도 창의적인 결정을 내린다. 또한 영유아의 놀이를 중심으로 교실의 고유한 특성이 드러나도록 교육과정을 운영하는 것이다(김선영 · 소경희, 2014; 이현경, 2008; 조덕주, 2002). 즉, 영유아교사의 자율성은 직무를 수행함에 있어 영유아교사가 스스로의 힘과 권리를 가지고 외부 간섭에 관계없이 영유아를 가르칠 수 있는 능력인 것이다(Pearson, & Moomaw, 2005). 영유아교사가 자율성을 보장받기 위해서는 영유아교사로서 자신의 일에 대한 책임감을 가지고 실천해야 한다.

영유아교사의 자율성은 교사 자신의 경력과 전문성을 토대로 영유아교육기관에서 새롭고 창의적인 아이디어를 제안하고 영유아의 다양한 놀이와 교육을 연계시킬 기회를 제공하고자 한다(이상미 · 문병환, 2021). 영유아의 흥미와 요구, 연령, 특성, 지역사회와 창의적이고 자유로운 방식으로 그들의 성장과 발달을 담당하고 있다는 측면에서 영유아교사에게 있어서 매우 중요하다(박은혜, 2020).

2) 영유아교사의 책무성

(1) 책무성의 개념

'교육의 책무성'이란 교직원들이 행한 과업의 성과와 교직원들이 수립한 교육프로그램의 결과에 대해 책임질 것을 약속하고, 입증된 잘못에 대해서는 이를 인정하고 시정할 수 있는 정도를 말한다(김창걸, 2009). 책무성과 유사한 단어로는 의무(obligation), 직무(duty), 책임(responsibility)이 있으며 의미는 다음과 같다.

- 의무(obligation) : 법적이나 사회적으로 부여된 일, 또는 계약, 약속, 도의적 책임 등에 의해 행해져야 하는 측면
- 직무(duty) : 법적이고 도덕적인 의무에 기반을 둔 본분

- 책임(responsibility) : 부여된 임무와 의무를 떠맡고 이에 책임을 지려는 의무

(2) 책무성의 유형

책무성의 유형을 여러 학자별로 분류하면 다음과 같다.

- Neave(1985) : 법적 책무성, 계약적 책무성, 도덕적 책무성, 전문적 책무성
- Darling-Hammond와 Ascher(1991) : 정치적 책무성, 법적 책무성, 관료적 책무성, 전문적 책무성, 시장적 책무성
- 배호순(1996) : 도덕적 책무성, 전문적 책무성, 계약적 책무성
- 정우일(1996) : 조직적 또는 행정적 책무성, 법적 책무성, 전문적 책무성, 정치적 책무성, 도덕적 책무성
- Adams와 Kirst(1999) : 관료적 책무성, 법적 책무성, 전문적 책무성, 정치적 책무성, 도덕적 책무성, 시장적 책무성

송옥란(2005)은 교사의 교육적 책무성의 유형을 관료적 책무성, 전문적 책무성, 도덕적 책무성, 고객 지향적 책무성으로 구분하여 설명하였다.

- 관료적 책무성 : 공식조직에서 활용되는 책무성으로, 관료적 기대와 역할, 위계적 구조, 규칙과 규정을 통한 표준화 절차 등을 특징으로 하는 구조를 의미한다. 즉, 공식조직에서 상사는 부하에게 복종과 충성을 요구할 권리, 직무에 대한 권한과 책임을 부여하고 감독할 권리, 표준화된 규칙과 규정의 제정권 등을 갖는다. 반면, 부하는 상사의 명령과 권위에 대해 순응할 의무, 성문화된 규칙 · 규정을 준수할 의무, 부여된 직무 권한과 책임의 이행 사항에 대해 보고할 의무 등을 성실히 이행해야 한다.
- 전문적 책무성 : 전문직으로서의 교수자 집단의 특성을 전제로 성립된 것이다. 전문가로서의 교수자는 장기간의 훈련을 통해 전문지식체계인 교수 실천에 대한 지식, 내용지식, 교육과정을 확실히 파악하고 있어야 한다. 교수자는 자신의 지식과 기술에 따라 스스로 결정할 수 있는 '자유재량권'을 행사할 수 있다(허병기, 1994). 또한, 교수자는 교육을 통해 불확실하며 복잡

하고 애매모호하며 개별적이고 주체적인 인간의 경험을 풍부하고 확실하게 이해하고 인간의 행동을 바람직한 방향으로 변화시키는 행위를 수행해야 한다.

- **도덕적 책무성** : 교수자들이 교육을 실천하는 과정에서 자신들의 도덕적 판단과 행위, 당사자 간의 상호관계 속에서 도덕적 판단력, 심성과 도덕적 매너 등의 요인들이 보편적으로 편재되어 정의된 개념이다. 교수자의 도덕적 책무성은 교육 실행에서 교육자들이 외부의 압력, 법규 및 규칙 등의 강제적 의무에 의해 자신의 책무를 이행하기보다는 자신의 양심, 신념과 동기에 의해 자신의 책무를 이행해야 한다.
- **고객 지향적 책무성** : 공급자들이 그 활용에 적합하도록 충분한 효용과 질을 지닌 생산품과 서비스를 소비자 또는 고객에게 제공할 것이라는 기대에서 비롯한 것이다. 즉, 교육에 있어서 고객 지향적 책무성은 교육기관의 선택 요소가 교육기관의 수행, 학습자들의 학업 성취, 교사의 질, 행정시스템, 기타 교육기관 프로그램 등이라는 것이다. 이러한 고객 지향적 책무성을 통해 영유아교육기관은 학부모의 선호를 충족시키기 위해 프로그램의 개선과 서비스 질의 향상 등 자신들의 과업 수행 방식을 변경해야 한다.

(3) 영유아교사의 책무성

영유아교사의 책무성은 영유아교사가 영유아에게 지도자, 관리자, 안내자, 촉진자로서의 전문성을 실현함으로써 영유아 개개인에게 올바른 교육적 책무를 이행하고 끊임없는 자기 계발과 훈련에 대한 의무 이행과 교육 지원, 학부모와 지역사회에 대한 의견 수렴 및 교육 홍보에 대한 의무를 이행하는 것이다.

영유아교사의 책무성은 영유아의 생활지도 및 놀이지도 등 영유아교육기관의 모든 부분에서 책임감을 가지고 지도하는 것이다(이유진, 2002). 즉, 영유아교사가 책임과 의무를 동시에 가지며 영유아나 학부모에게 책무를 요구받아 이행하며 상호작용하는 것이다. 영유아교사의 책무성은 학부모의 판단에 의한 영유아기관의 선택, 영유아의 지적, 정의적 성장과 발달을 위한 역할 수행 및 지속적인 평가를 통해 그 결과에 대한 책임을 지는 것이기 때문에 그 중요성은 더욱 강조되고 있다(손순복 · 권경순, 2012; 유선영, 2012). 따라서 영유아교사의 책무성이란 자율성을 가지고 업무처리 및 결정에 따른 책임감 있는 활동을 하는 것이다.

이러한 책무성은 영유아교사의 연령과 경력(송옥란, 2006), 교사의 자율성(정지현, 2011) 이 높을수록, 직책(윤응원, 2004)이 높을수록 더 높아진다.

교육 패러다임의 변화에 따른 영유아교사의 책무를 살펴보면 다음과 같다(박선해 외, 2013).

첫째, 영유아교사도 현대사회 교육의 확대 및 팽창과 더불어 공공재(public goods)로서의 영유아 교육을 인식하고 이에 능동적으로 대처해야 한다.

둘째, 급속한 사회변화가 초래한 영유아 생활의 변화로 인해서 영유아를 대하는 영유아교사의 시각과 역할이 달라져야 하며, 아울러 변화된 부모를 이해해야 한다.

셋째, 변화하는 사회 속에서도 영유아교사는 교육의 가치를 찾고, 나아가 변화를 도모하는 균형과 창조를 생각해야 한다.

넷째, 영유아교사는 세계를 보는 시각을 넓혀 인류 공동의 미래를 생각하고, 지속가능한 사회에 대한 중요성을 인식하고 영유아의 교육에 임해야 한다.

〈표 1-1〉 교육 패러다임의 변화

구분	교육 패러다임 변화
교육환경의 변화	시공간의 제한성 → 시공간을 초월한 사이버 공간
인식론에 대한 인식의 변화	객관주의 인식론 → 구성주의 인식론
지능에 대한 인식의 변화	전통적인 지능이론 → 다중지능이론
교육매체의 변화	언어매체 → 인쇄매체 → 영상매체 → 전자매체 → 웹
교육목적관의 변화	지식중심 교육 → 인성 및 창의성이 강조되는 교육
교육과정의 변화	주어진 교육과정 → 만들어 가는 교육과정
수업방식의 변화	계획되고 의도된 과정 → 학습자와 환경의 상호작용에 의한 경험 과정

구분	교육 패러다임 변화
수업설계의 변화	발문응답형 → 내용중심형 → 활동중심형
학생관의 변화	지식흡수자 → 지식구성자

출처: 교육과학기술부(2009).

4. 바람직한 미래의 영유아교사상

바람직한 영유아교사상은 다음과 같다(박세정 외, 2014).

- 바람직한 인간적 모델이 된다.
- 폭넓은 교양을 쌓는다.
- 바람직한 인격을 소유한다.
- 뚜렷하고 건전한 가치의식과 윤리의식을 가진다.
- 바람직한 교육관과 교직관을 가진다.
- 올바른 역사의식을 가진다.
- 영유아교사로서의 투철한 사명감을 가진다.
- 순수한 교육애와 인간애를 지닌다.
- 개혁자로서의 자질과 능력을 갖춘다.
- 교육이라는 전문직에 대해 폭넓은 지식과 과제에 대한 이해와 교직 수행에 필요한 능력을 갖춘다.
- 전문적인 자질을 함양하기 위해 끊임없이 노력하는 자세가 필요하다.

미래의 영유아교사는 영유아들에게 보다 포용적이고 창의적인 교육환경을 조성하는 역할이 강조될 것이다.

이에 이상적인 영유아교사는 다음과 같은 특성과 역할을 갖춰야 한다.

- **포용적인 마음가짐** : 미래의 영유아교사는 모든 영유아들을 동등하게 대우하고 다양성을 존중하는 마음가짐을 가져야 한다. 각 영유아의 고유한 성격과 능력, 특성을 제대로 잘 이해하며, 그에 맞는 개별화된 지도를 통해 모든 영유아가 자신의 잠재력을 최대한 발휘할 수 있도록 도와야 한다.
- **창의적이고 적응력 있는 교육 방법** : 미래의 영유아교사는 빠르게 변화하는 사회와 기술에 대응하기 위해 창의적이고 유연한 교육방법을 개발하고 적용할 수 있어야 한다. 즉, 새로운 교육 기술과 효과적인 학습 전략을 도입하여 학습 경험을 보다 흥미롭게 만들어야 한다.
- **사회성 강화 및 협력 촉진** : 미래의 영유아교사는 영유아들에게 사회적인 기술을 가르치는 것뿐만 아니라, 그들 간의 협력과 소통능력을 촉진하는 데 초점을 맞추어야 한다. 그 결과 영유아들은 또래나 타인과의 관계에서 상호 존중과 협력의 가치를 이해하고 실천할 수 있게 될 것이다.
- **디지털 리터러시 강화** : 미래의 영유아교사는 디지털 시대에 걸맞은 교육을 제공하기 위해 디지털 리터러시를 강화해야 한다. 영유아들이 현대사회에서 필요로 하는 디지털 기술과 미디어를 제공하고 능숙하게 다룰 수 있도록 지원하는 것이 중요하다.
- **지속적인 전문성 개발** : 변화하는 교육환경에 대응하기 위해 미래의 영유아교사는 자기 계발에 대한 책임을 가지고 지속적인 전문성 개발에 노력해야 한다. 최신 영유아교육의 동향을 파악하고 자신의 교육철학과 방법을 지속적으로 발전시켜 나가야 한다.

이러한 바람직한 미래의 영유아교사상은 영유아들이 풍부한 경험과 안정된 환경에서 성장하며, 미래 사회에 적응하고 기여할 수 있는 능력을 길러낼 수 있도록 도와줄 것이다.

CHAPTER 02

영유아교사 발달과 전문성 개발

1. 영유아교사 발달

1) 영유아교사 발달의 개념

인간의 삶은 끊임없는 변화의 과정이다. 영유아기에서 아동기로, 청소년기에서 성인기, 노년기 등으로 개인의 가치관이나 지식, 능력은 변화와 발달의 과정을 거친다(이문구, 2006). 특히 영유아교사는 교직생활을 통하여 다양한 방식으로의 변화와 성장의 과정을 거치게 된다.

영유아교사는 영유아를 건강하고 안전하게 보호, 양육하고 영유아의 발달특성에 맞는 교육을 제공하며 미래의 인재로 성장할 수 있도록 영유아의 발달에 영향을 주는 요인이다. 즉, 보호와 교육, 가족서비스 등의 포괄적인 서비스를 제공하는 주체이다(조성연 외, 2005). 또한 영유아교사는 교직생활을 통해 교직에 대한 신념, 가치관을 갖추고자 한다. 교육과정의 구성 및 계획, 수업 전략, 수업 절차와 실행, 학습과 생활지도, 학급경영 및 업무 수행 등과 같은 영역에서도 다양한 기술과 지식을 갖추고자 끊임없이 노력한다. 이러한 영유아교사의 행동이 시간적인 변화에 따라 전 영역에 걸쳐 성장하거나 발전, 혹은 퇴보하려는 현상이 보여지는 것을 '영유아교사 발달'이라고 한다(김선희 · 신재흡, 2010).

영유아교사 발달은 영유아교육기관에서의 생활을 통해 어떻게 변화되어 나가는지를 밝히려는 시도와 관련되어 있다(박수미, 2001). 영유아교사의 발달은 성인인 영유아교사가 영유아와 마찬가지로 교직생활을 통하여 교수법과 교육관,

직업과 관련된 여러 측면에서 끊임없이 변화되어 가는 것을 의미한다. 즉, 영유아교사의 발달은 교직생활과 관련된 신념, 태도와 지식, 그리고 행동에 있어서의 양적 · 질적인 변화 및 기능적인 발달을 의미한다(이윤식, 1999).

영유아교사 발달의 개념을 살펴보면 다음과 같다(Feiman & Floden, 1980, 재인용).

첫째, 영유아교사 발달은 영유아교사들이 교직기간 중에 어떻게 변화하고 발달하는가에 대해 설명한다. 이 개념에서 영유아교사는 몇 단계의 발달단계를 거쳐 변화, 발달한다.

둘째, 영유아교사 발달은 자아, 도덕성, 인지 발달 등에 관한 이론에 기초하여 교사의 개인적 차이와 교사발달을 촉진할 수 있는 지침을 의미한다.

셋째, 영유아교사 발달은 영유아교사의 성장과 발달을 촉진하기 위해 현직 교육과 전문적인 프로그램의 운영에서의 양적, 질적 능력이 성장되는 것을 의미한다.

모든 것을 갖춘 상태로 교사직을 시작하는 영유아교사는 거의 없다. 개인적으로 영유교사로서의 기본적인 소양과 자질을 갖추고 있을지라도 교사생활을 하는 동안 새로운 시도와 배움을 통해 다양한 경험을 쌓아간다. 이러한 영유아교사 발달은 교직에 입문하는 순간부터 전 기간에 걸쳐 교육에 대한 신념과 철학, 관심사 등 정의적 태도 및 관점, 학급 경영과 교수 · 학습기술 및 방법, 업무수행 능력 등 인지적 · 행동적 측면이 긍정적이거나 부정적으로 변하게 된다(최윤아, 2015).

2. 영유아교사 발달이론

1) 영유아교사 발달의 관점

영유아들이 성장하고 발달해가는 것처럼 영유아교사도 직전교육에서부터 교직의 전 기간에 걸쳐 성장, 발달한다. 영유아교사 발달이 시작되는 시점은 교사 양성교육을 받는 예비교사와 초임교사로서 교직생활을 시작하는 순간부터이다. 개인적인 환경 즉, 영유아교사의 성장과정, 가르치는 일에 대한 관심의 변화, 욕구, 지식과 경험, 전망 등이 더해지는 만큼 성숙해지고, 이후 쇠퇴기를 거쳐 교직을 마치게 된다(김성원 외, 2011).

Katz(1985)는 영유아교사 발달의 관점을 다음과 같이 제시하였다.

첫째, 영유아교사 자신이 교사로서 성장하고 발달해가는 존재로 인식한다. 이에 현재 자신의 위치와 능력을 파악하고, 미래의 목표를 향해 점차적으로 자신의 역량을 발휘하면서 만족감을 얻게 된다.

둘째, 영유아교사는 자기 성장의 가능성을 위해 교육자로서의 자기 개발, 전문적인 수업 방안을 위한 동료교사와의 활발한 교류, 다양한 교수 자료 활용, 학회 가입, 학술대회 참석, 교육적 가치관 재정비 등 배우고 성장하는 자기갱신의 과정을 경험한다.

셋째, 영유아교사는 조력자로서 동료교사나 후배 교사들과 정보를 공유하고, 서로 지지하고 격려하며 그들의 전문적인 성장과 발달을 촉진시키고자 노력한다.

2) 영유아교사 발달이론

영유아교사는 예비교사 시절을 거쳐 교사로서의 첫 교직 생활을 하면서 전문직으로 성장하고 발달하게 된다. 초기에는 다소 부족하고 불안감이 있지만 경력이 쌓이면서 자신감이 생기고 실력 있는 영유아교사로 성장해 간다. 특히 영유아교사가 지각하는 관심분야는 교직과정에서 조금씩 변화된다. 이러한 영유아교사의 관심사는 Fuller(1969)에 의해 개념화되기 시작하였고, Katz(1972)는 영유아교사 관심사 이론을 확장하였다.

영유아교사 발달이론은 교직에 있는 동안 변화되어 가는 일련의 과정으로 직선적 · 순차적 발달 이론과 복합적 · 순환적 발달 이론으로 나눌 수 있다.

먼저 영유아교사의 발달과정이 순서적으로 발달해가는 직선적 · 순차적 발달 이론에서는 대부분 경력이 증가할수록 영유아교사의 성장과 발달이 긍정적으로 변화하는 것으로 본다. 복합적 · 순환적 발달 이론에서는 영유아교사의 연령 및 경력과는 상관없이 영유아교사의 발달과정이 개인적 · 환경적 요인에 따라 앞으로 나아가기도 하고 뒤로 퇴보하기도 하는 발달과정을 거친다. 이에 직선적 · 순차적 발달 이론과 복합적 · 순환적 발달 이론을 나누어 살펴보면 다음과 같다.

(1) 직선적 · 순차적 발달 이론

① Fuller의 영유아교사 관심사 단계

Fuller는 예비교사와 현직교사를 대상으로 영유아교사의 관심사를 3단계로 구분하여 제시하였다(염지숙 외, 2016).

▣ 1단계 : 교직 이전 단계

교직 경험 직전의 예비교사로 무엇에 관심을 두어야 하는지 모르는 시기이다. 가르치는 일에 대한 관심사가 불확실하고 자신의 경험에 기초하여 생각하는 단계이다.

▣ 2단계 : 초기 교직 단계

영유아교육기관의 상황에 대해 파악하는 시기이다. 영유아를 가르치는 일에 관심이 있는 것처럼 보이지만 자아에 대해 관심을 가지는 단계이다.

▣ 3단계 : 후기 교직 단계

경험이 많은 영유아교사들이 영유아의 발전에 많은 관심을 가지는 단계이다.

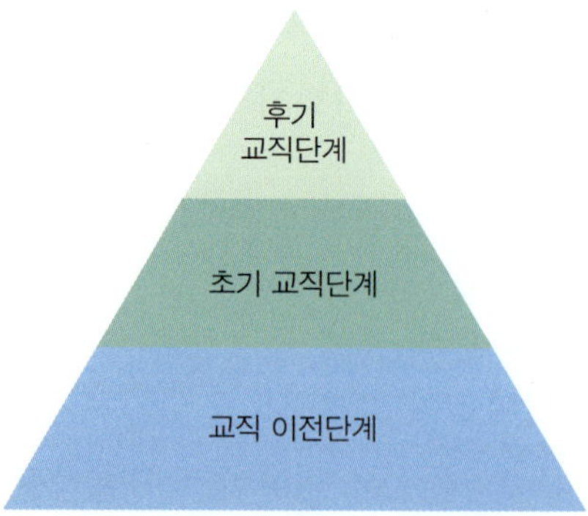

[그림 2-1] Fuller의 영유아교사 관심사 단계

② Fuller와 Brown의 영유아교사 관심사 단계

Fuller(1969)의 영유아교사 관심사 이론을 Fuller와 Brown이 제시하였다(염지숙 외, 2016).

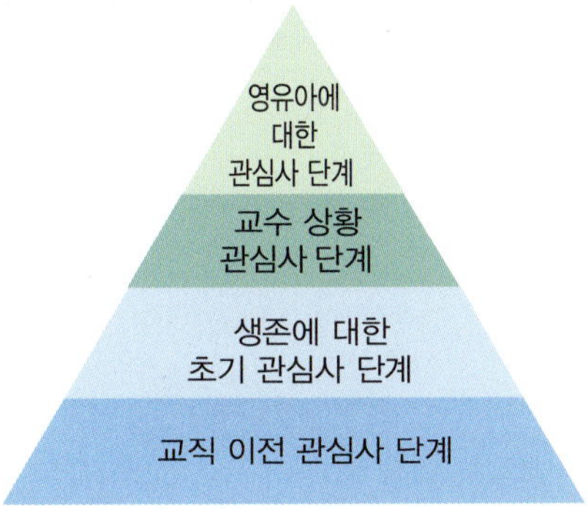

[그림 2-2] Fuller와 Brown의 영유아교사 관심사 단계

▣ 교직 이전 관심사 단계

교직 경험이 없는 예비영유아교사들은 영유아에 대한 관심뿐만 아니라 영유아교사에 대해 환상적, 이상적으로 바라보는 경향이 있다.

▣ 생존에 대한 초기 관심사 단계

교직을 경험하면서 이전에 가졌던 교직에 대한 관심사로 교직과 자신의 생존과 관계된 교수 · 학습방법 및 업무내용, 평가 등에 관심을 보인다.

▣ 교수 상황 관심사 단계

영유아교육현장에서 직면한 교수 상황에서 겪게 되는 수업관련 업무, 교수 자료 준비 등 현실적인 한계와 좌절 속에서 자신의 교수행위 등에 관심을 가진다.

▣ 영유아에 대한 관심사 단계

영유아의 요구와 학습, 발달 등에 관심을 기울이면서 영유아와의 관계 및 상호작용, 영유아에 대한 공정한 대우, 영유아에게 맞는 교수 · 학습방법 등을 구성하는 것에 관심을 가진다.

③ Katz의 영유아교사 관심사 발달단계

Katz(1972)는 Fuller(1969)가 제시한 영유아교사 관심사 이론을 확장하여 영유아교사 관심사 발달단계를 4단계로 구분하였다. Katz가 제시한 발달단계는 영유아교사 경력에 따라 구분하였지만 영유아교사 개인의 특성이나 상황 등에 따라 다르게 나타날 수 있다.

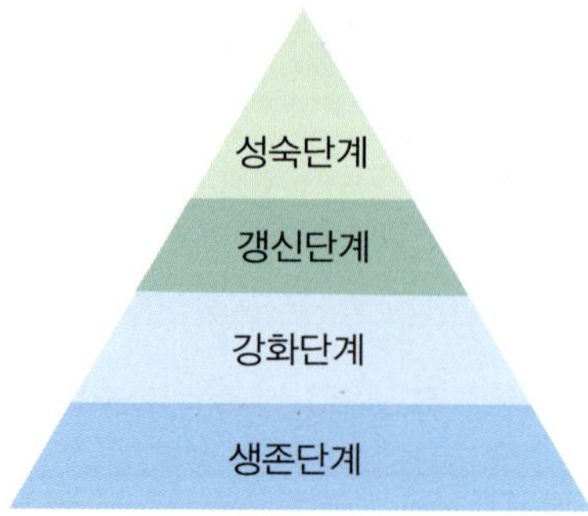

[그림 2-3] Katz의 영유아교사 관심사 발달단계

▣ 생존단계(survival stage)

교직을 시작한 처음 1년 동안의 시기이다. 자신이 영유아교사로서 생존할 수 있을지, 영유아교육기관에서 부딪치는 여러 가지 문제를 원활하게 대처할 수 있을지 걱정하고 관심을 보인다. 따라서 이 시기의 영유아교사들에게 경험이 풍부한 동료교사의 적극적인 지원과 격려, 위로 등이 필요하며, 영유아교육기관에서 발생하는 문제에 대해 지속적이고 구체적인 기술적인 도움이 제공되어야 하는 시기이다.

▣ 강화단계(consolidation stage)

교사 경력 1년부터 3년 정도의 시기이다. 어느 정도 안정감과 자신감을 갖게 되며 교수와 관련된 다른 업무처리나 기술을 몸에 익히는 시기이다. 또한 영유아교사로서 생존할 수 있다는 확신을 갖는 시기이며 문제를 가진 개별 영유아에게도 관심을 갖기 시작한다. 이 시기의 영유아교사에게는 수업 현장에서의 문제 상황을 해결해 가는 방법이나 교육방법 등에 대해 다양한 지원과 정보 제공, 경력교사의 자문과 장학, 동료교사와의 협력학습 및 전문가 컨설팅 등이 필요하다.

■ 갱신단계(renewal stage)

교사 경력 3년에서 5년 정도의 시기이다. 영유아교사들은 이전과 같은 방법으로 반복하는 일에 싫증을 느끼며 워크숍이나 수업 참관, 전문 서적, 학술지 등에서 다양한 프로그램에 대한 정보를 얻고자 한다. 따라서 이 시기의 영유아교사에게는 자기 분야에 대한 전문적 지식의 확장과 전문가로서의 자리매김을 돕기 위한 타 기관의 방문이나 폭넓은 교육 프로그램이 필요하다.

■ 성숙단계(maturity stage)

교사 경력 5년 이상이 되어야 가능한 시기이다. 영유아교사는 자신을 성숙한 교사로 인식하며 영유아교사로서의 신념과 자신감을 갖게 된다. 또한 영유아교사로서의 자신만의 관점, 교육 철학 및 가치관, 교육적 안목을 갖게 된다. 따라서 이 시기의 영유아교사에게는 자신의 요구를 충족시켜 줄 수 있는 대학원 학위 취득의 기회나 다양한 분야의 전문가들과의 만남, 전문적인 협의회나 세미나 참가 등이 발달에 도움이 된다.

Katz가 제시한 영유아교사 발달단계와 그에 따른 지도방법은 다음과 같다.

〈표 2-1〉 Katz가 제시한 영유아교사 발달단계와 지도방법

교사 발달단계	지도방법
생존단계 (0~1년)	• 현장에서의 지원 • 구체적인 기술적 도움
강화단계 (1~3년 사이)	• 수업 현장 문제상황에 대한 도움 • 전문가의 접촉 • 동료교사, 상담 등을 통한 도움
갱신단계 (3~5년 사이)	• 수업 참관 • 학회 참석 • 협회, 전문단체 방문 • 전문서적과 잡지를 통한 정보수집
성숙단계 (5년 이상)	• 학술 대회, 세미나 참석 • 학위 취득 • 폭넓은 독서의 기회

영유아교사는 항상 자신의 관심사가 어느 단계에 있는지 체크하고, 현재 자신의 관심사보다 높은 단계의 관심사에 도달하기 위한 노력이 필요하다. 이러한 영유아교사의 노력이 곧 교육의 질을 높일 수 있는 기회가 된다.

(2) 복합적 · 순환적 발달 이론

① Burke와 동료들의 영유아교사 발달 순환 모델

Burke와 동료들(Christensen, Fessler, McDonnell, & Price, 1984)에 의하면 교사는 일련의 교육과정을 거친 후 교직에 입문하여 영유아교사로서의 다양한 경험을 하면서 성장하고 발달하는 과정을 거친다. Burke와 동료들은 영유아교사로서의 성장과 발달을 직선적인 과정이 아닌 복합적 · 순환적 과정으로 이루어진다고 보고 영유아교사발달 순환모델(TCCM: Teacher Career Cycle Model)을 제시하였다. 영유아교사발달 순환모델의 교직 주기는 순차적으로 진행되는 것이 아니라 개인적이고 환경적 경험에 의해 역동적으로 움직인다. 영유아교사가 거치게 되는 교직 주기는 발달의 단계가 반드시 단계적으로 진행하거나, 모든 단계를 거쳐야 하는 일직선적인 변화는 아니다. 영유아교사의 교직주기 단계는 다음과 같다.

〈표 2-2〉 영유아교사발달 순환모델 교직 주기

<table>
<tr><th>교직주기단계</th><th>내용</th><th>특징</th></tr>
<tr><td>교직 준비</td><td>• 대학에서 교사가 되기 위한 준비기간
• 전문적 지식과 기술 습득을 위한 교육 시기</td><td rowspan="4">• 높은 동기 부여
• 높은 과업 성취
• 교사의 정체감 확립</td></tr>
<tr><td>교직 입문</td><td>• 영유아교육기관에 익숙해져 가며 영유아교사로서 생존하려는 시기</td></tr>
<tr><td>능력 구축</td><td>• 교수 행위와 관련된 기술 증진을 위해 능동적, 적극적으로 노력하는 시기</td></tr>
<tr><td>열중과 성장</td><td>• 직업에 대한 높은 수준의 직업 만족도를 가지고 직무 수행하는 시기</td></tr>
</table>

교직주기단계	내용	특징
교직 좌절	• 교직 수행에 필요한 전문적 지식과 기술을 가지는 시기 • 교수 행위에 대한 좌절감과 환멸감을 느끼는 시기	• 교직에 대한 만족감 감소 • 교수 행위에 대한 기대감 감소
안정과 침체	• 현실에 안주하고 현 상태를 유지하고자 함 • 안정적인 직위를 누리는 시기	
교직 쇠퇴	• 교직을 떠나려고 준비하는 시기	
교직 퇴직	• 은퇴하거나 교직에 대한 대안을 찾는 시기	

▣ 교직 준비 단계(preservice stage)

교사가 되기 전 양성기관에서 직전교육을 받는 시기이다. 또한 직위나 역할에 따른 성공적인 역할 수행을 위해서 자격연수나 직무연수 등을 통해 새로운 준비교육이 이루어지기도 한다.

▣ 교직 입문 및 적응의 단계(introduction stage)

공식적으로 교사로 임용되어 영유아교사가 되어가는 2년 동안의 시기이다. 영유아교사의 사회화는 개인적 특성과 영유아교육기관의 풍토에 따라 다르며, 영유아와 동료교사, 영유아교육기관의 체제에 대해 알아가려는 노력이 필요하다. 또한 새로운 과제나 영유아교육기관의 요구를 수용하고자 노력하거나 기관 이동에 따른 조직 적응 단계도 필요하다.

▣ 능력 구축의 단계(competency building stage)

자신의 역할을 보다 적극적으로 수행하기 위해 노력하며 수업에 대한 훈련과 경험을 쌓는 시기이다. 영유아교사는 자신의 능력을 향상시키기 위해 연수 참여의 기회를 갖거나 상급 학교 진학, 업무에 필요한 역량이나 지식을 파악하기 위해 노력한다. 이러한 과정에서 영유아교사의 성장이 성공 여부에 따라 안정적인 성공단계로 이어지기도 하지만 그렇지 않은 경우에는 좌절 및 침체 단계로 넘어

가기도 한다.

▣ 열중과 성장의 단계(enthusiastic & growing stage)

문제를 분석하고 해결 방안을 모색하거나 적절한 수업방법과 계획안 작성, 수업전략 등을 바꾸면서 배워나가는 시기이다. 영유아교사로서의 자신의 능력과 역할 수행에 만족하며, 성공담을 동료교사들과 공유하고 서로 지원해 주는 긍정적 성장의 단계이다. 직업에 대한 높은 만족도, 자신의 전문적인 지식과 기술 증진을 위해 좀 더 적극적인 자세로 노력한다.

▣ 교직 좌절의 단계(career frustration stage)

더 이상 승진의 기회가 보이지 않아 교직에 대한 좌절감을 느끼고 직무만족감도 약해진다. 이 시기 영유아교사는 교직 생활에 대한 고민으로 이직률이 대체로 증가하며 좌절감을 느끼는 시기이다.

▣ 안정과 침체의 단계(stable and stagnant stage)

영유아교사는 대부분의 일에 익숙해져 있으므로 발달을 위해 노력하기보다 자신의 수행에 만족하는 수준이다. 또한 새로운 도전이나 변화에 대한 시도보다는 현재 상태를 계속 유지하고자 한다. 특히 영유아교육기관에 적용하는 지식과 기술의 한계, 성공적이지 못한 경험으로 인해 자신의 적성이 교직과 맞는지를 고민하는 시기이다.

▣ 교직 쇠퇴 단계(career wind down stage)

점차 활동이 적어지면서 퇴직을 준비하는 시기이다. 정년을 앞둔 상태이거나 다른 기관으로 이직 또는 은퇴를 고려하는 시기이다. 이 시기의 영유아교사는 드러나는 이유에 따라 퇴직을 긍정적 또는 부정적으로 받아들이기도 한다.

▣ 교직 퇴직 단계(career exit stage)

영유아교사가 결혼, 이직, 진학 등의 이유로 직무가 끝나는 순간이나 교육기관을 그만두는 경우가 포함되어 있다. 평소 구체적인 계획과 철저한 준비로 퇴직을 준비하는 경우도 있지만 간혹 주변 환경으로 인해 자신의 선택에 대한 갈등과 혼란에 빠질 수 있다. 따라서 이 시기에는 구체적인 계획을 세워 긍정적으로 퇴직을 준비해야 한다.

이처럼 교직 주기는 가르치는 일에 종사하면서 영유아교사가 거칠 수 있는 단계이다. 영유아교사는 각기 다른 모습으로 교직 생활을 하므로 영유아교사의 교직 주기는 역동적인 변화 과정이다. 그러므로 영유아교사의 발달단계를 기술하고 설명함에 있어 직선적 · 순차적 관점과 복합적 · 순환적 관점은 서로 보완적으로 활용될 수 있다(이윤식, 1999). 즉, 한 단계를 지나서 다음 단계로 이행되면서 진행되거나 각 단계를 꼭 거쳐서 영유아교사의 발달이 진행되는 것이 아니라, 개인적인 요소와 조직적인 요인에 따라 그 상황이 달라질 수 있다. 또한 교직에 대한 애정과 자발적인 참여로 높은 수준의 만족도를 가지고 교직을 수행하던 영유아교사가 학부모와의 관계에서의 갈등, 잦은 실수로 인해 좌절을 경험하기도 한다. 이때 교직에 대한 회의가 많았으나 주변 동료교사들의 도움으로 다시 열정적인 영유아교사가 될 수도 있다.

3) 영유아교사발달에 영향을 주는 요인

Fessler & Christensen(1992)에 의하면 영유아교사의 발달은 경력뿐만 아니라 개인적인 요인과 조직적 요인의 영향을 동시에 받는다. 이때 영유아교사의 개인적인 요인은 가정적 배경, 긍정적인 경험, 위기적 사건, 개인적 경험, 개인적 관심사 및 성향 등을 포함한다. 조직적 요인은 영유아교사의 전반적인 생활과 관련된 영유아교육기관의 규정, 운영 형태, 신뢰감, 전문단체 등을 포함한다.

〈표 2-3〉 영유아교사발달에 영향을 주는 요인

구분	범주	내용
개인적 요인	가정적 배경	• 가정 내 역할 기대 • 가족 수 • 가족들의 특별한 요구
	긍정적 경험	• 결혼 • 자녀의 출생
	위기적 사건	• 이혼 • 재정적 손실 • 가족의 병이나 사망 • 가정 내의 갈등
	개인적 경험	• 자녀와의 경험 • 교육적 배경 • 전문적 발달을 위한 활동 • 다양한 교직활동
	개인적 관심사 및 성향	• 취미 • 종교 • 자원봉사 • 체력관리 • 개인적 목표 및 포부 • 가치관
조직적 요인	기관 규정	• 인사 정책 • 자격 요건 • 교육과정 운영의 자율성
	운영 형태	• 교육 철학의 일치성 • 영유아교육기관의 분위기 • 의사소통 방식
	신뢰감	• 교사에 대한 신뢰 • 재정적 후원
	전문단체	• 교육학회의 방향 • 학회 활동 및 참여 • 학회에서 제공하는 정보

3. 영유아교사의 전문성 개발

영유아교사의 전문성이란 교사의 신념과 책임감에 기초하여 영유아에게 양질의 교육서비스를 제공하기 위한 지식과 기술이다(성현숙, 2013). 또한 영유아교사의 전문성은 자기 성장을 위한 반성적 사고와 관련이 있다. 영유아의 발달과 교육과정에 대한 지식을 통해 계획하고 실행, 평가하는 능력뿐만 아니라 교육 전문가로서의 책임감을 가지고 영유아, 부모 및 동료, 지역사회 등과 원활히 의사소통할 수 있는 능력이다(박혜란, 2021). 따라서 끊임없이 변화하는 환경에서 영유아들의 발달수준을 파악하고, 그들을 이끌어가기 위한 필요조건을 충족하여 교육적 성장을 도와줄 수 있는 역량을 의미한다(이종재, 2004). 이렇듯 영유아교사의 전문성은 영유아발달의 이해, 보육과 교직에 대한 태도, 보육 및 교육신념, 행정적인 업무 처리능력 등을 포함한다(정현정, 2017).

영유아교육기관은 초 · 중등교육 기관과 달리 영유아교사의 전문성이 더욱 중요시된다. 영유아교사의 전문성은 교육의 질을 높이고, 영유아의 발달을 촉진한다. 즉, 단순한 것처럼 보이는 상황도 맥락이나 영유아들의 동기와 경험, 하루일과나 친구와의 관계, 수업의 방향 등으로 인해 다양하게 전개될 수 있으므로 영유아교사의 전문성은 교수활동 및 직무수행에 많은 영향을 준다. 이렇듯 영유아교사의 전문적 자질과 능력은 보육 효과를 극대화하고 지속적인 교육의 성장을 좌우하는 핵심적 요인이다(양옥승, 2002b; 지성애, 2001; 허혜경 · 박인숙, 2010; Barbour & Lash, 2009; Saracho & Spodek, 1993).

영유아교사의 전문성을 구성하는 요소에 대해서는 학자들마다 다양한 의견을 제시하고 있다. 특히 지식과 기술의 발달, 자기 이해 발달, 생태적 발달 측면이 통합적으로 발달할 때 영유아교사의 전문성 발달이 이루어진다(백은주 · 조부경, 2004).

유아교사의 전문성을 구성하는 요소를 살펴보면 다음과 같다(황해익 외, 2012).

첫째, 기술을 기반으로 한 전문성이다. 즉, 교수기술, 수업 계획 및 교재 · 교구 제작 및 상호작용 능력 등을 포함한다.

둘째, 지식을 기반으로 한 전문성이다. 즉, 영유아 발달에 대한 지식, 교육과정에 대한 지식, 교육 평가와 관련한 지식, 물리적 환경 구성에 대한 지식 등을 포함한다.

셋째, 신념을 기반으로 한 전문성이다. 영유아관, 교직관, 인성 및 가치관, 자신에 대한 태도 등이 포함된다.

또한 영유아교사의 전문성은 영유아의 발달과 학습에 중요한 영향을 미치므로 계속적인 개발의 과정이 필요하다. 특히 영유아교육기관에서 높은 전문성을 보유한 영유아교사는 자신의 전문성 강화를 위한 지속적인 노력으로 영유아와의 상호작용의 질(권미성 · 문혁준, 2013; 김기철 · 신애선, 2016; 신희이, 2011), 교수효능감, 교수몰입도와 행복감이 높은 것으로 나타났다(고경미 · 이선경 · 심성경, 2014; 박은미 · 이석순, 2013; 이현주, 2015). 이에 전문성 향상을 위해 영유아교사는 다음과 같은 노력을 해야 한다.

첫째, 영유아교사로서 주어진 자신의 일에 대한 지식에 기초하여 반성적 태도와 비판의식을 가지고 다양한 정보에 기초하여 적절한 의사결정을 내릴 수 있어야 한다.

둘째, 영유아교사 스스로가 자신이 전문가 집단에 속한 일원임을 인식하고 자부심과 책임감을 가지며, 이를 위한 윤리강령을 이해하고 실천해야 한다.

셋째, 영유아교사들은 영유아들을 위한 교육활동과 정책에 대한 적극적인 옹호자가 되어야 한다.

이처럼 영유아교사는 사회적 차원의 체계적인 지원 속에서 자신의 전문성을 개발하기 위해 일에 대한 풍부한 지식과 반성적인 사고, 비판적인 관점을 가지고 적절한 의사결정을 내릴 수 있어야 한다. 따라서 영유아교사의 전문성은 교사 자신이 끊임없이 성장하고 발전해 나가려고 노력할 때 비로소 유지되고 발전된다.

〈표 2-4〉 영유아교사 전문성 발달 자기 평가표

	문 항 내 용	전혀 그렇지 않다	그렇지 않다	보통이다	그렇다	매우 그렇다
1	교사는 시끄러운 영역과 조용한 영역을 구분하여 배치한다.	①	②	③	④	⑤
2	교사는 실내 흥미영역에 다양한 활동 공간을 마련한다.	①	②	③	④	⑤
3	교사는 실외공간을 다양한 활동영역으로 구성한다.	①	②	③	④	⑤
4	교사는 영유아가 편안히 쉴 수 있는 안락한 공간을 마련한다.	①	②	③	④	⑤
5	교사는 생활 주제에 적절한 교재 및 교구를 각 흥미영역에 배치한다.	①	②	③	④	⑤
6	교사는 교재 및 교구를 수준별로 다양하게 제공한다.	①	②	③	④	⑤
7	교사는 안전하고 위생적인 환경을 유지한다.	①	②	③	④	⑤
8	교사는 영유아의 각 발달 영역에 대하여 이해한다.	①	②	③	④	⑤
9	교사는 각 연령별 영유아발달에 대하여 이해한다.	①	②	③	④	⑤
10	교사는 영유아의 흥미와 욕구에 대하여 이해한다.	①	②	③	④	⑤
11	교사는 영유아들의 개인차를 이해한다.	①	②	③	④	⑤
12	교사는 특수아의 발달 특성에 대하여 이해한다.	①	②	③	④	⑤
13	교사는 허용적 분위기를 조성한다.	①	②	③	④	⑤
14	교사는 일상생활 속에서 영유아들 간의 의견과 생각을 교환하도록 장려한다.	①	②	③	④	⑤
15	교사는 활동의 계획 및 평가 과정에 영유아들을 참여시킨다.	①	②	③	④	⑤
16	교사는 영유아 스스로 선택한 활동에 참여하여 성취감을 느끼도록 격려한다.	①	②	③	④	⑤
17	교사는 영유아의 욕구와 질문에 적극적이로 긍정적으로 반응한다.	①	②	③	④	⑤
18	교사는 교육 목표에 적절한 내용 및 방법을 계획, 실시한다.	①	②	③	④	⑤
19	교사는 여러 가지 교육활동을 통합적으로 조직한다.	①	②	③	④	⑤
20	교사는 융통성 있게 일과 운영을 한다.	①	②	③	④	⑤

	문 항 내 용	전혀 그렇지 않다	그렇지 않다	보통 이다	그렇다	매우 그렇다
21	교사는 개인차 및 흥미에 따라서 활동을 전개한다.	①	②	③	④	⑤
22	교사는 개인 혹은 소집단 · 대집단의 학습기회를 제공한다.	①	②	③	④	⑤
23	교사는 영유아들이 반응하고 활동을 마무리할 적절한 시간을 제공한다.	①	②	③	④	⑤
24	교사는 영유아들이 효과적으로 전이활동을 할 수 있도록 유도한다.	①	②	③	④	⑤
25	교사는 일과 계획을 통해 영유아들이 활동과 일과의 순서를 인지하도록 돕는다.	①	②	③	④	⑤
26	교사는 동적활동과 정적활동의 균형을 유지한다.	①	②	③	④	⑤
27	교사는 영유아 및 교육과정에 대한 다양한 평가 방법을 계획, 실시한다.	①	②	③	④	⑤
28	교사는 영유아교사가 천직이라고 생각한다.	①	②	③	④	⑤
29	교사는 영유아교사가 발전성 있는 직업이라고 생각한다.	①	②	③	④	⑤
30	교사는 영유아교사로서 도전적이고 매력적인 일을 하고 있다.	①	②	③	④	⑤
31	교사는 영유아교사로서 성취감을 느낀다.	①	②	③	④	⑤
32	교사는 영유아의 질문을 반기고 격려한다.	①	②	③	④	⑤
33	교사는 자신이 배운 지식과 기술을 잘 적용하고 있다.	①	②	③	④	⑤
34	교사는 변화에 적극적으로 대처할 수 있다.	①	②	③	④	⑤
35	교사는 개인적인 문제에 스스로 대처하고 해결하려고 한다.	①	②	③	④	⑤
36	교사는 이 세상에 살 만한 가치가 있는 사람이다.	①	②	③	④	⑤
37	교사는 새로운 사람들을 만나기를 꺼려하지 않는다.	①	②	③	④	⑤
38	교사는 대부분의 사람으로부터 사랑받고 있다.	①	②	③	④	⑤
39	교사는 어떤 사람과도 잘 지낸다.	①	②	③	④	⑤
40	교사는 다른 사람을 즐겁게 해준다.	①	②	③	④	⑤
41	교사는 동료교사들과 서로의 관심사에 대해 함께 이야기를 나눈다.	①	②	③	④	⑤
42	교사는 행정적 업무를 수행함에 있어 동료교사들과 서로 돕는다.	①	②	③	④	⑤
43	교사는 영유아들에 대하여 동료교사들과 정보를 주고받는다.	①	②	③	④	⑤
44	교사는 수업에 대하여 동료교사들과 정보를 주고 받는다.	①	②	③	④	⑤
45	교사는 동료교사들에게 신뢰감을 느낀다.	①	②	③	④	⑤

	문 항 내 용	전혀 그렇지 않다	그렇지 않다	보통 이다	그렇다	매우 그렇다
46	교사는 동료교사들로부터 격려와 지지를 받는다.	①	②	③	④	⑤
47	교사는 부모 및 지역사회 인사와 긍정적이고 우호적인 관계를 형성하고 있다.	①	②	③	④	⑤
48	교사는 정기적으로 부모들과 의사소통하고 부모가 영유아의 학습과정에 적극적으로 참여할 수 있도록 격려한다.	①	②	③	④	⑤
49	교사는 부모들의 경제적 지위, 능력, 가치, 흥미의 다양성과 지역 사회의 특성을 이해하고 인정하며 존중한다.	①	②	③	④	⑤
50	교사는 부모와 지역사회에 대해 적절한 교육적 지원을 하고 있다.	①	②	③	④	⑤
51	교사는 필요시에 활동할 수 있도록 부모와의 긴밀한 연락체계를 수립한다.	①	②	③	④	⑤
52	교사는 일하는 시간을 융통성 있게 조절할 수 있다.	①	②	③	④	⑤
53	교사는 쾌적한 근무환경을 조성할 수 있다.	①	②	③	④	⑤
54	교사는 자기 발전을 위한 경비지원을 영유아교육기관에 요구할 수 있다.	①	②	③	④	⑤
55	교사는 대외 활동 시 필요한 경비를 영유아교육기관에 요구할 수 있다.	①	②	③	④	⑤

출처: 백은주·조부경(2004), 재인용.

CHAPTER 03 영유아교사의 자질과 역할

1. 영유아교사의 자질

영유아교사는 영유아에게 양질의 서비스, 즉 영유아의 건전한 성장과 인성 발달을 돕는 환경 및 프로그램을 제공하는 매우 중요한 요소이다. 영유아교사의 자질이란 영유아교사에게 요구되는 모범적 품성, 교양 및 전문지식, 교육기술, 교직에 대한 태도 등으로 영유아교사로서의 역할을 효과적으로 수행하는 데 필요한 능력을 말한다(김지현, 2007).

Katz(1984)는 영유아교사가 영유아의 학습과 발달에 큰 영향을 미치며, 질 높은 교육을 실현하기 위한 필수 요소인 영유아교사 자질의 중요성을 강조하였다. 영유아교사의 자질이 중요한 이유는 영유아교사는 영유아교육기관에서 영유아들과 대부분의 시간을 함께 보내며 직접적인 영향을 미치는 성인이기 때문이다(신화연, 2014). 즉, 훌륭한 영유아교사에게 필요한 자질은 가르쳐야 할 내용에 대한 지식과 학습자에 대한 이해와 같은 전문적인 지식과 기술뿐만 아니라 보다 근본적으로 영유아교사의 윤리적, 도덕적, 심미적, 영적 자질과 같은 개인적 또는 인성적 요소이다(류미향 · 김성숙, 2013).

영유아교사에게 요구되는 자질은 다양한 관점에서 모색되고 있으나 기본적으로 영유아교사가 갖추어야 할 자질은 다음과 같다(조복희 외, 2007).

- 영유아를 사랑하며 함께 있는 것을 즐길 수 있는 교사
- 영유아의 마음을 수용할 수 있고 온화하고 명랑하며 따뜻한 성품의 교사
- 인간에 대해 사랑하는 마음을 가지며 원만한 인간관계를 지닌 교사
- 몸과 마음이 건강하며 긍정적인 사고를 가진 교사
- 인내심이 강한 교사
- 교육에 대한 소명의식이 있는 교사
- 일반적 상식과 교과과정에 관한 지식이 있는 교사
- 영유아 발달에 관한 전문적 지식과 교수기술, 실제 적용기술을 지닌 교사
- 위급 상황 대처 기술 능력이 있는 교사
- 전문성 함양을 위해 꾸준히 노력하는 교사

〈표 3-1〉 우수한 영유아교사의 자질

• 여러 가지의 갈등을 잘 대처 및 해결하는 능력을 갖고 있다. • 차분하며 여러 가지 활동을 한 번에 지도할 수 있다. • 영유아들에게 친절하게 행동을 한다. • 영유아들과 대화가 잘 통하고 사이가 좋다. • 목소리나 행동에 독창성이 있고 흥미롭게 집중할 수 있도록 돕는다. • 유머가 있고 어떤 일에서나 영유아들이 행복한 마음으로 참여할 수 있도록 유도한다. • 영유아의 활동에 흥미를 갖고 참여한다. • 영유아를 돕고 영유아가 자기 일을 해결할 수 있게 돕는다.

출처: 김교은(2017).

바람직한 영유아교사의 자질 요소는 다음과 같다.

〈표 3-2〉 바람직한 영유아교사의 자질 요소

<table>
<tr><th>구 분</th><th colspan="2">인성</th><th>건강</th></tr>
<tr><td>개인적 자질</td><td colspan="2">• 영유아에 대한 사랑
• 인간에 대한 사랑
• 성실성, 봉사성
• 자발성, 도덕성, 인간관계</td><td>• 신체적 건강
• 정신적 건강–긍정적 자아관
• 타인에 대한 긍정적 사고
• 건전한 인생관
• 정서적 안정</td></tr>
<tr><td rowspan="2">전문적 자질</td><td>지식</td><td>교수기술</td><td>교직관</td></tr>
<tr><td>• 일반 교양지식
• 교육과정에 대한 지식
• 교수방법, 평가에 대한 지식
• 영유아에 대한 지식</td><td>• 교육과정 구성기술
• 프로그램실천평가기술
• 의사소통기술
• 부모, 전문가 참여기술
• 창의성 • 융통성
• 교구 · 교재 제작 및 활용 기술</td><td>• 교육에 대한 소명감
• 직업윤리
• 전문성 함양 노력</td></tr>
</table>

출처: 이은화 · 배소연 · 조부경(2007).

영유아교사에게 요구되는 자질은 개인적 자질과 전문적 자질로 구분할 수 있다. 개인적 자질은 교사 개인의 사람됨을 이야기하는 인성적 측면을 말하고, 전문적 자질은 영유아에 대한 전문적 지식을 포함한 영유아교사의 전문성과 관련된 자질을 말한다.

1) 영유아교사의 개인적 자질

개인적 자질이란 영유아교사의 역할을 수행하는데 요구되는 기본적인 측면으로 인성, 건강 등을 말한다(임부연 · 김성숙 · 송진영, 2015). 또한 영유아교사의 개인적 자질로는 영유아에 대한 사랑, 신체적 · 정신적 건강, 열정, 자연을 사랑하는 마음, 창의력, 원만한 인간관계를 맺을 수 있는 능력, 긍정적 자아존중감 등이 있다.

(1) 영유아에 대한 사랑

교육은 곧 사랑으로 가르치는 일이다. 영유아는 교사에게 사랑을 받을 때 안정감과 긍정적 자존감이 발달한다. 그러기 위해서는 영유아 개개인이 귀중한 가치를 지닌 존엄한 인격체임을 믿는 태도를 지녀야 한다.

(2) 신체적 · 정신적 건강

영유아교사의 신체적 · 심리적 상태는 영유아에게 큰 영향을 미친다. 영유아교사는 신체적으로 건강해야 교사로서의 책무를 다할 수 있으며, 심리적 안정감과 신체적, 정신적 건강의 균형을 맞추고 매사에 긍정적인 사고를 해야 한다.

(3) 열정

열정은 영유아들과 함께 일하고 영유아와의 상호작용을 촉진시키려는 영유아교사의 강한 욕구이다. 영유아교사는 영유아들과 함께하는 자신의 삶으로 인해 의욕이 넘치며 성취감을 느끼므로 열정적으로 영유아들의 잠재력을 이끌어내고 새로운 놀이 방법을 찾기 위해 힘써야 한다.

(4) 자연을 사랑하는 마음

영유아교사는 다양한 자연경험을 통하여 올바른 자연관과 자연친화적 태도를 지녀야 한다. 스스로 자연의 아름다움을 느끼고 지적 호기심과 탐구력을 키워가면서 자연을 보호하고 즐길 수 있어야 한다.

(5) 창의력

영유아교사는 창의적 사고와 다양한 표현으로 창의적인 활동을 즐길 수 있어야 한다. 고정관념에서 벗어나 창의적인 활동을 계획하고 진행할 수 있어야 영유아를 창의적인 인재로 만들 수 있다.

(6) 원만한 인간관계를 맺을 수 있는 능력

영유아교사는 학부모를 비롯한 모든 교육과 관련되는 사람들과 함께 협동하고 봉사함으로써 공동육아를 실현하기 위한 원만한 인간관계를 갖추어야 한다.

(7) 긍정적 자아존중감

영유아교사는 스스로 소중하고 가치있는 존재이고 유능하다고 믿는 믿음과 긍정적, 독립적인 행동, 사고하는 것을 즐기고 자신의 정체성을 발달시킬 수 있어야 한다.

〈표 3-3〉 연구자에 따른 영유아교사의 개인적 자질

연구자	내용		
이병래 외 (2004)	영유아에 대한 사랑	원만한 인간관계	자제력
	적극성(자발성)	융통성	도덕성(정직성)
	공정성	성실성	사례성
	봉사성	협동심	신체적 건강
	건전한 자아 존중감	긍정적인 인간관	정서적 안정
교육부 (2006)	영유아교사는 건전한 이성과 교직 사명감 및 윤리의식을 가진다.		
	영유아교사는 건전한 이성을 가진다.		
	영유아교사는 교직 사명감을 가진다.		
	영유아교사는 윤리의식과 책임의식을 가진다.		
	영유아교사는 학생을 존중하고 공정하게 대우한다.		
	영유아교사는 학생이 잠재력을 많이 발휘하도록 돕는다.		
	영유아교사는 학생 개인의 교육적 요구에 적극 대답한다.		

출처: 김교은(2017), 재인용.

〈표 3-4〉 영유아교사의 개인적 자질 - 인성척도

내용	매우 부족	부족	보통	충분	매우 충분
1. 나는 영유아를 많이 안아주고 따뜻하게 대해준다.	①	②	③	④	⑤
2. 나는 긍정적인 인간관을 가지고 있다.	①	②	③	④	⑤
3. 나는 주어진 일을 성실하게 수행한다.	①	②	③	④	⑤
4. 나는 영유아를 위해서 헌신적으로 봉사한다.	①	②	③	④	⑤
5. 나는 다른 사람을 잘 배려한다.	①	②	③	④	⑤
6. 나는 학부모를 포함한 동료교사, 기관장과 좋은 관계를 유지한다.	①	②	③	④	⑤
7. 나는 모든 일에 인내심을 갖고 일을 한다.	①	②	③	④	⑤
8. 나는 모든 영유아를 공평하게 대한다.	①	②	③	④	⑤

출처: 김교은(2017), 재인용.

〈표 3-5〉 영유아교사의 개인적 자질 - 건강척도

내용	매우 부족	부족	보통	충분	매우 충분
1. 나는 신체적으로 건강하다.	①	②	③	④	⑤
2. 나는 정서적으로 안정되어 마음이 평온하다.	①	②	③	④	⑤
3. 나는 유능하고 가치 있는 사람이다.	①	②	③	④	⑤
4. 나는 용모가 단정하고 자세가 바르다.	①	②	③	④	⑤

출처: 김교은(2017), 재인용.

2) 영유아교사의 전문적 자질

전문적 자질은 영유아의 성장과 발달에 필요한 전문적 지식과 영유아교사로서의 역할수행에 필요한 전문적 지식, 교수기술, 교직관을 의미한다.

(1) 전문적 지식

영유아교사가 지녀야 할 전문적 지식으로는 영유아 교육과정에 대한 지식, 교수방법 및 평가에 대한 지식, 영유아에 대한 지식 등을 들 수 있다. 아울러 영유아의 전인적 발달을 돕기 위해 영유아교사는 풍부한 교양지식을 습득해야 한다.

(2) 교수기술

전문적 자질에 요구되는 교수기술로는 교육과정 구성기술, 프로그램 실천 및 평가 기술, 의사소통기술, 부모 및 전문가 참여기술, 창의성, 융통성, 교재 · 교구의 제작 및 활용기술 등을 들 수 있다. 이러한 교수기술들은 현장에서의 경험을 통하여 보다 효과적으로 습득할 수 있다.

(3) 교직관

영유아교사는 교육에 대한 자기 나름대로의 뚜렷한 교육관과 철학이 있어야 한다. 교사의 교직관은 성직으로서의 교직관, 노동직으로서의 교직관, 전문직으로서의 교직관으로 나누어진다. 성직으로서의 교직관은 교사라는 직업은 '하늘에서 내려준 신성한 것'으로 영유아에게 지식과 정보를 전달하고 가르치는 사람이기보다 영유아의 전인적인 성장과 발달을 책임지는 스승으로 생각한다. 노동직으로서의 교직관은 가르치는 일을 노동으로 보며, 교사를 노동자로 인식한다. 전문직으로서의 교직관에서 교사라는 직업은 아무나 될 수 있는 것이 아니라 오랜 시간 훈련을 통해 습득할 수 있는 전문적인 직업이라는 관점이다. 이처럼 교사가 자신만의 명확한 교직관을 가질 때 일관성 있는 교육활동 수행에 방향성을 제시하고 자신의 일에 대한 소명감과 책임감, 직업윤리를 갖게 된다.

〈표 3-6〉 영역별 영유아교사의 전문적 자질

영역	내용	구성요소
계획과 준비	좋은 수업을 위해 교사가 계획하고 준비해야 할 내용	교과 및 교육학적 지식의 이해
		영유아에 대한 이해
		교육목표 설정
		자원에 대한 준비
		일관된 교수 설계
		영유아 학습 평가
학습 환경	좋은 수업을 위해 교사가 조정해야 하는 학습 환경에 대한 내용	존중과 신뢰의 라포 형성
		놀이중심 문화 형성
		학습 운영 관리
		영유아 생활 지도
		물리적 공간 구성
수업	좋은 수업을 하기 위해 필요한 요소에 대한 내용	명확하고 정확하게 의사소통하기
		다양한 학습 전략 사용하기
		영유아를 주도적, 능동적으로 활동에 참여시키기
		영유아를 위한 피드백 제공하기
		융통성 있게 교육과정 운영하기
전문가 되기	영유아교사의 전문성에 대한 내용	수업에 대해 반성적 사고하기
		기록의 체계적 관리하기
		가족과 의사소통하기
		영유아교육기관과 지역사회에 기여하기
		전문적인 성장과 실천하기
		전문가로서의 자질을 갖추기

출처: 김교은(2017), 재인용.

〈표 3-7〉 영유아교사의 전문적 자질 척도 – 전문적 지식 척도

내용	매우 부족	부족	보통	충분	매우 충분
1. 나는 다양한 영역에 지식이 풍부하다	①	②	③	④	⑤
2. 나는 영유아의 신체운동과 건강을 신장시킬 수 있다.	①	②	③	④	⑤
3. 나는 영유아의 의사소통을 향상시킬 수 있다.	①	②	③	④	⑤
4. 나는 영유아 간의 사회관계를 촉진시킬 수 있다.	①	②	③	④	⑤
5. 나는 영유아의 예술경험을 넓게 해 줄 수 있다.	①	②	③	④	⑤
6. 나는 영유아의 자연탐구에 도움을 줄 수 있다.	①	②	③	④	⑤
7. 나는 많은 영역에서 영유아의 발달을 촉진시킬 수 있는 여러 가지 활동을 계획하고 실시한다.	①	②	③	④	⑤
8. 나는 영유아의 발달 및 학습에 직접적인 경험과 놀이의 중요성을 이해한다.	①	②	③	④	⑤
9. 나는 영유아의 행동을 관찰, 기록해서 평가한 것을 교육과정에 실시할 수 있다.	①	②	③	④	⑤
10. 나는 영유아의 발달과 학습 과정에 나타나는 개인 간 차를 이해한다.	①	②	③	④	⑤

출처: 김교은(2017), 재인용.

〈표 3-8〉 영유아교사의 전문적 자질 척도 – 교수기술 척도

내용	매우 부족	부족	보통	충분	매우 충분
1. 나는 교육과정을 영유아의 발달에 맞게 재구성을 하여 실시한다.	①	②	③	④	⑤
2. 나는 교육목표에 적절한 내용과 방법을 계획 · 실시한다.	①	②	③	④	⑤
3. 나는 많은 활동을 통합적으로 조직한다.	①	②	③	④	⑤
4. 나는 계획한 프로그램을 잘 적용한다.	①	②	③	④	⑤
5. 나는 다양한 발달영역을 통해서 영유아를 평가한다.	①	②	③	④	⑤
6. 나는 영유아 및 교육과정에 대해서 평가 자료를 효율적으로 활용한다.	①	②	③	④	⑤
7. 나는 영유아가 쉽게 이해하고 영유아의 사고를 촉진할 수 있는 말을 사용한다.	①	②	③	④	⑤
8. 나는 영유아들과 의견과 생각을 교환하도록 장려한다.	①	②	③	④	⑤
9. 나는 창의적으로 사고하여 문제를 해결한다.	①	②	③	④	⑤
10. 나는 생각하지 못한 일이나 영유아의 요구에 따라 활동을 변화 할 수 있는 융통성이 있다.	①	②	③	④	⑤
11. 나는 정기적으로 부모들과 이야기를 하고 부모가 영유아의 학습 과정에 적극적으로 참여하도록 격려한다.	①	②	③	④	⑤
12. 나는 교육프로그램의 계획이나 실천에 있어서 지역사회의 자원과 인사를 적절히 활용한다.	①	②	③	④	⑤
13. 나는 영유아의 흥미와 요구를 생각하여 자료와 교수매체를 선정, 조합 또는 수정한다.	①	②	③	④	⑤
14. 나는 학급 규칙을 긍정적이고 쉽게 이해하도록 만들어서 일관성 있게 적용한다.	①	②	③	④	⑤
15. 나는 적합한 문제 해결 방법을 이용해서 영유아들이 기본생활 습관을 기르도록 지도한다.	①	②	③	④	⑤

출처: 김교은(2017), 재인용.

〈표 3-9〉 영유아교사의 전문적 자질 척도 – 교직관 척도

내용	매우 부족	부족	보통	충분	매우 충분
1. 나는 영유아교사에 대해서 신념과 사명감을 가지고 있다.	①	②	③	④	⑤
2. 나는 영유아의 능력을 인정하고, 독립적인 개인으로 대한다.	①	②	③	④	⑤
3. 나는 영유아의 권리 옹호를 위해 노력한다.	①	②	③	④	⑤
4. 나는 영유아교육기관과 관련된 최근 동향과 문제점들을 알고 개선하려고 한다.	①	②	③	④	⑤
5. 나는 전문성 신장을 위한 활동에 지속적이고 적극적으로 참여한다.	①	②	③	④	⑤

출처: 김교은(2017), 재인용.

2. 영유아교사의 역할

영유아교사는 영유아들을 대상으로 포괄적인 교육서비스를 제공하는 사람으로서 영유아교육기관 종사자 중에서 가장 중요한 역할을 수행하고 있다. 이러한 영유아교사의 역할은 사회적 · 문화적 · 제도적 변화 등에 따라 다르게 규정되고 있다. 특히, 영유아교사가 담당하는 영유아의 연령, 프로그램의 종류와 특성에 따라 영유아교사의 역할은 크게 달라질 수 있다.

초기에는 보호의 역할에서 점차 교육의 역할도 강조하면서 교육과정을 계획하고 실행하며 평가하는 역할이 첨가되었다. 21세기에 요구되는 영유아교사의 모습은 단순히 영유아를 보호하고 교육과정을 계획하고 실행하며 평가하는 데서 그치는 것이 아니라 능동적인 교사상을 요구하고 있다. 또한 교육과 보호를 동시에 수행하는 역할을 크게 강조하면서 영유아와 관계되는 모든 일에 대해 판단과 결정을 내리는 의사결정자로서의 역할이 강조되었다(정혜진, 2004).

한국보육진흥원(2010)에서는 영유아교사의 역할로 양육자로서의 역할, 교수자로서의 역할, 관찰자로서의 역할, 지지자로서의 역할, 교육실(보육실) 운영자 및

평가자로서의 역할을 강조하고 있다. 특히, 평가자로서의 역할은 자신이 계획한 교육과정 전반에 걸쳐 평가해야 함을 말한다.

영유아교사의 구체적인 역할을 살펴보면 다음과 같다(한국보육진흥원, 2010).

1) 보호 및 양육자로서의 역할

보호 및 양육자로서의 역할은 가장 기본적인 역할이며, 영유아교사는 영유아들을 사랑과 관심으로 돌보는 대리양육자의 역할을 해야 한다. 영유아교사는 영유아의 식사량, 선호하는 음식 등 영양을 챙기고 수면패턴과 잠자는 시간 등 일상적인 습관에 개인차가 있음을 인정하고 영유아의 욕구를 충족시켜 주기 위해 건강과 안전에 대해 민감하게 반응해야 한다. 이러한 과정을 통해 영유아에게 정서적 안정감을 주고 신뢰감을 형성해야 한다.

2) 관찰자 및 평가자로서의 역할

영유아의 개인적 발달수준과 요구파악은 영유아교사의 기본적 역할이다. 이에 관찰자 및 평가자로서의 영유아교사는 영유아의 발달, 환경 및 활동 전반에 걸쳐 지속적인 관찰과 기록, 영유아에 대한 객관적인 자료 수집, 영유아의 발달에 대한 정보와 발달에 적합한 활동 및 평가를 해야 한다. 또한 영유아교사 자신의 교육계획과 수행을 점검하여 교육목표 달성 여부를 확인하고 부모상담에 임해야 한다.

3) 교수자로서의 역할

영유아교사는 영유아를 보호할 뿐만 아니라 바람직한 방향으로 성장 · 발달시키기 위해 교육철학과 교육목표에 근거하여 교육과정을 설계하고 활동계획 수립과 효과적인 교수-학습방법을 선정해야 한다. 또한 영유아의 탐구심을 충족시키고 발전시키는 학습환경 조성자가 되어야 한다.

4) 상호작용자로서의 역할

영유아교사는 하루 종일 영유아와 생활하면서 신체적으로나 언어적으로 원활한 상호작용을 해야 한다. 영유아와의 개별화된 상호작용은 영유아 발달과 교육에도 아주 중요하며 드러나는 행위만이 아닌 감정의 교류를 포함한다. 이는 서로에 대한 이해와 신뢰를 바탕으로 인간적인 관계를 맺어가는 것으로 이러한 영유아교사와 영유아 간의 감정적인 상호작용은 매우 중요하다.

5) 동일시 대상으로서의 역할

영유아교사는 영유아에게 의미 있는 존재이다. 진정한 교육은 말로 가르치는 것이 아닌 행동으로 보여주고 서로 교감할 수 있는 것이다. 따라서 영유아교사는 하루 일과 속에서 일관성 있고 올바른 행동을 지속적으로 하여 자신의 언행과 생활태도에 대한 자기관리와, 좋은 본보기로서 바르게 살아가는 모습을 실천하도록 해야 한다.

6) 상호 교류자로서의 역할

영유아교사는 영유아교육기관 내의 동료교직원과 개방적인 태도로 대화를 나누며 의견을 교환하고 조정해 나가는 상호 협력적인 관계를 가진다. 또한 영유아교사는 부모와의 신뢰감 형성 및 지역사회와의 교류, 협력의 관계를 유지하고 원만한 인간관계 유지 및 협력적인 업무를 수행하는 역할을 수행해야 한다.

한편, 영유아의 발달단계에 따라 영유아교사의 역할에는 차이가 있다. 영아를 대상으로 하는 교사는 주로 기초 돌봄과 정서적 안정에 중점을 두어야 하며, 유아를 대상으로 하는 교사는 교육적인 역할을 높이 평가하고 다양한 경험을 통해 영유아의 발달을 종합적으로 지원한다.

〈표 3-10〉 영유아 발달단계에 따른 교사의 역할

영아교사의 역할	기초적인 돌봄과 안전	영아는 아직 기본적인 생활 동작을 습득 중이기 때문에, 영아교사는 기초적인 돌봄과 안전에 중점을 준다. 올바른 영아의 자세, 식사, 수면 및 기저귀 교체 등의 기본 돌봄 등을 제공해야한다.
	정서적 안정과 안정적인 환경	영아는 부모와의 안전한 부착을 통해 정서적 안정감을 얻는다. 따라서 영아교사는 정서적으로 안정적인 환경을 조성하고, 각 아이에 맞게 따뜻하게 상호작용하여 안정감을 제공해야 한다.
	기초적인 신체적 발달	영아의 신체적 발달은 크롤링, 일어나기, 서기 등 기초 동작에 중점을 둔다. 이를 위해 영아교사는 적절한 활동 및 장난감을 활용하여 기본적인 운동 능력을 촉진해야 한다.
유아교사의 역할	기초 돌봄과 교육적 역할의 절충	유아는 언어 및 인지 능력이 발달하며 독립심이 강해진다. 따라서 유아교사는 돌봄뿐만 아니라 교육적인 활동도 포함하여 아이의 종합적인 발달을 지원해야 한다.
	사회적 상호작용과 유아 주도의 학습	유아는 더 많은 사회적 상호작용을 원하고 교사에게 관심을 갖는다. 유아교사는 그들의 호기심을 자극하고, 주도적인 학습을 촉진하여 사회성과 협력 능력을 키운다.
	다양한 경험 제공과 창의성 발달	유아교사는 다양한 교육 경험을 제공하여 창의성과 상상력을 증진시키는 역할을 한다. 미술, 음악, 놀이 등을 통해 유아들의 다양한 재능과 흥미를 발견하고 지원해야 한다.
	언어, 인지 및 창의성 발달 지원	유아는 언어 습득과 인지 능력의 발달이 빠르게 이뤄지기 때문에, 유아교사는 풍부한 언어 환경을 제공해야 한다. 또한 스스로 생각하게 하고 확산적인 사고를 할 수 있는 기회를 주는 등 문제해결 및 추론 능력을 향상시키는 활동을 통해 인지 및 창의성 발달을 지원해야 한다.

출처: 한국보육진흥원(2010), 재인용.

CHAPTER 04

발달단계에 따른 영유아교사

1. 초임교사의 성장

1) 초임교사의 개념과 특성

교사 발달 측면에서 초임교사는 교직에 입문한 지 1년 미만의 생존단계(Survival stage)로 구분된다(Katz, 1972). 초임교사는 영유아들을 만날 설렘과 새로운 환경에 대한 두려움이 공존하는 상태에서 첫 사회생활을 시작한다. 영유아교사로서 영유아를 가르치는 첫해는 기대를 가지고 출발한다. 직전교육에서 주로 영유아중심의 교수법을 배우지만 현장 적용과 실천적 지식에 대한 교육이 부족한 상태에서 영유아교육기관으로 들어오게 된다(김옥주, 2011; 이완희, 2006).

초임교사에게 영유아교육현장은 낯설고 익숙하지 않아 영유아를 보호하고 교육해야 하는 부담감으로 다가오며, 이는 교직 적응에 어려움을 주는 하나의 원인으로 작용하기도 한다(서정화, 2017). 또한 그 시기를 어떻게 보내느냐의 여부는 향후의 교직 생활의 지속 여부에도 영향을 준다. 즉, 이 시기를 잘 이겨낸 초임교사들은 교사로서 전문성을 갖춰나가며 성공적인 교직생활을 경험하지만 반대되는 상황이라면 이직이나 교직을 떠나기도 한다(송나리, 2016). 이에 초임교사 시기에 구체적인 경험을 토대로 자신만의 교사관을 형성하고, 새로운 교직 문화에 적응하는 것은 영유아교사로서의 지속적인 성장의 바탕이 된다(채현주, 1999).

학자마다 초임교사의 발달단계는 다양한 기준에 근거하여 제시하고 있다. 초임교사가 교직 첫 해에 겪는 긍정적 경험들이 교직 신념을 강화시키고, 초임교사 시기 동안 교직생활 적응이 원활한 경우에 심리적 안정과 자신감을 갖게 된다 (Liston 외, 2006, 재인용).

〈표 4-1〉 학자별 초임교사에 대한 정의

학자	시기	교사 발달단계	초임교사 발달 특성
Katz (1972)	교직 첫해 1년 미만	생존단계	• 교사로서 자신의 무능함을 느끼고 교사로 살아남을 수 있을까를 고민함 • 교사로서 하루 일과 진행, 영유아를 지도하는 것에 적응함 • 자신만의 노하우가 생김
Fuller & Brown (1975)	예비교사~ 교직 1, 2년 미만	생존관심 단계	• 교사의 관심사가 자기 자신의 생존으로부터 교수 상황이나 영유아들의 학업성취로 옮김
Huberman (1989)	교직 1~5년	생존과 발견	• 현실적 충격 • 수업 관리의 복잡성과 우연성에 직면
Feiman Nemser (2001)	교직 1~5년	초임교사 단계	• 교육 과정에 대한 맥락 인지 • 초기 전략 실행, 전문적 정체성 확립
Steffy & Woife (2001)	교직 첫해부터 2, 3년 미만	견습 단계	• 새로운 사상과 변화 수용에 개방적임 • 교사 교육을 통해 배운 전문적 지식을 실행함
Kathleen (2008)	교직 첫해~ 1년 미만	교직 입문단계	• 수업 기대, 직업적 기대감 높음 • 현실의 괴리감으로 절망함
Marcella Franczkowski 외 (2013)	교직 첫해 1년 미만	보편적 지식	• 기본적인 지식은 있지만 경험이 부족하거나 없음

2) 초임교사의 발달단계

초임교사는 각 발달단계를 거치면서 다양한 경험을 하게 된다. 입문 과정에서부터 교직에 진출하면서 영유아를 가르치는 것에 대한 기대감으로 가득 차지만, 점차 일상생활과 같은 생존의 단계를 경험하면서 기대는 감소된다(Kathleen, 2008). 또한 영유아들과의 적극적인 관계 형성에도 노력을 기울이지만 잦은 실수나 자신의 교수행위에 실망감을 느끼기도 한다.

초임교사의 발달단계를 연구한 Moir(1999)는 초임교사 첫 1년의 발달단계를 교수에 대한 태도와 열정 측면에서 기대(Anticipation), 생존(Survival), 절망(Disillusion ment), 회복(Rejuvenation), 반영(Reflection)의 5단계로 나누었다.

〈표 4-2〉 초임교사의 발달단계

발달단계	내용
기대	• 교사라는 직업에 대한 낭만적인 생각을 가짐 • 교직에 입문하는 초기 몇 주 동안 가르치는 일에 대해 흥분된 기대와 이상적인 교사 역할을 위해 노력함 • 끊임없이 발생하는 문제 상황에 직면하면서 생존의 위기를 느끼는 압도적인 상황 때문에 초임교사의 기대는 오래가지 못함
생존	• 직전교육에서 배웠던 이론과 영유아교육 현장 사이의 괴리로 인해 절망을 경험함 • 교수법에 대한 어려움을 느낌
절망	• 쉼 없는 일과와 스트레스로 인해 절망함 • 계속되는 업무시간 초과, 계획한 일이 매끄럽게 진행되지 못하는 현실로 인해 사기가 저하됨 • 친구들이나 가족들로부터 듣는 불평, 학부모의 불만, 교실 통제의 어려움을 겪음 • 초기에 교사 역할에 충실하고자 했던 결의와 본인의 역량 등에 대해 스스로 의문을 제기함
회복	• 휴가 등의 쉼을 통해 과중했던 교사로서의 역할을 내려놓음
반영	• 영유아교육 현장에 대한 이해의 폭을 넓힘 • 다양한 경험을 바탕으로 해결해야 하는 문제들에 대한 전략들을 얻고 참조할 수 있는 마음의 여유가 생김 • 일상 속에서 교사로서의 정체감을 반추함

초임교사 시기는 교사로서의 정체성을 형성하고 많은 변화를 가져올 수 있는 시기이므로, 앞으로 영유아교사로서의 전문적 성장에도 큰 영향을 끼친다(신세니, 2001; 임진형, 2000; Feiman, 2001; Rust, 1994).

박은혜(2013)는 초임교사가 교직에 입문한 1년 동안의 발달단계를 기대단계, 생존단계, 좌절 및 갈등단계, 반성 및 회복단계로 나누어 설명하였다.

▣ 기대단계

실습을 마친 뒤 학급을 맡기 직전까지의 시기이다. 이 시기 교사는 자신이 학교에서 배운 내용을 종합하고 좋은 영유아교사가 될 수 있을 것으로 기대한다. 아울러 영유아교육기관에서도 임용과 동시에 경력교사와 같은 역할을 할 수 있기를 기대한다.

▣ 생존단계

영유아교육기관에서 영유아교사가 하는 일은 경력과 관계없이 누구에게나 동일하게 주어진다. 학급을 맡아 기본적인 일들을 수행하게 되는 학기 초에는 1년을 끝까지 생존해 나가기 위한 생활이 이루어지므로 이 시기를 하루살이에 비유한다. 영유아교사가 해야 하는 기본적인 일은 다음과 같다.

- 영유아를 지도하기 위한 계획과 준비, 수업 실행과 평가하기
- 각 반 교실 환경 구성하기
- 등 · 하원, 간식 및 점심, 낮잠, 자유놀이 등 하루 일과 지원하기
- 동료교사들과 함께 공동체 형성하기
- 학부모와 지역사회 행정 관계자들과 의사소통하기
- 문서 작업과 관리하기

▣ 좌절 및 갈등단계

초임교사는 놀이나 활동을 계획하고 적절한 기준을 마련하는 등 나름대로의 방법을 발견하면서도 불안감을 가진다. 기관의 규칙과 절차를 잘 따르고 있는지, 동료교사들과의 관계에 있어서 잘 수용되고 있는지 걱정을 한다(박은혜 외, 2002).

이 시기는 초임교사의 기대단계에서 가졌던 이상은 사라지고, 이론으로 배웠던 많은 내용들이 현장에 적용되지 않는 현실에서 이론과 실제의 괴리를 느끼게 된다. 교직생활을 한 지 1~2개월이 지났을 때 영유아교사로서 자아개념이 가장 낮아진다. 초임교사로서 감당해야 할 과제에 비해 준비할 시간과 자신의 에너지가 적다고 느끼면서 한 주를 시작하는 것이 두려워지는 시기이다. 특히 자신이 영유아교사로서 적절한 사람인가에 대한 회의가 오기 시작하고, 학급을 운영하면서 여러 가지 어려움을 경험한다. 하지만 교사는 학급 운영, 인간관계, 수업, 기타 행정 업무 등을 수행하면서 동시에 총괄적인 책임을 져야 한다(Brock & Grady, 2007, 재인용).

- 영유아교육기관의 정책과 규칙에 민감하기
- 동료교사와 좋은 관계 유지하기
- 담당 업무 조직하기
- 교수 활동을 위한 준비 시간과 자원 마련하기
- 학부모와 좋은 관계 형성하기
- 영유아의 개인차를 고려하여 대처하기
- 영유아에게 동기 부여하기
- 영유아의 생활지도하기
- 영유아의 안전지도하기

▣ 반성 및 회복단계

한 학기가 지나고 방학 기간이 되면 초임교사는 휴식을 하며 자신을 되돌아보는 기회를 가진다. 이 기간 동안 자신의 직무 역량을 기르기 위해 직무 연수, 관심 있는 분야의 다양한 연수에 참여하여 새로운 계획을 세워보고 동료교사의 지원을 받는다면 다음 학기를 위한 에너지가 재충전된다. 그러나 이 기간 동안 전문적으로 지원을 받지 못하거나 인간적, 사회적 측면에서의 지원을 받지 못한다면, 생존과 좌절, 갈등의 시간을 보내다가 이직을 하거나 교직을 떠나게 될 가능성이 높아진다.

3) 초임교사의 어려움과 지원

초임교사 시절의 이야기

초임교사로 발령을 받아 커다란 꿈과 부푼 희망을 가지고 교직에 입문하게 되었다.

그러나 출근과 더불어 찾아오는 어려움과 딜레마는 처음으로 접해본 공문들, 학부모와의 관계, 동료교사와의 관계, 수업 준비 등 이었다.

이 가운데 가장 어렵고 힘든 부분들은 혼자 수업을 준비하고 객관적이지 못한 자기 평가였다. 틀 안에 갇혀 있게 되는 나의 모습을 보면서 겪는 딜레마와, 원장님과 교사 및 학부모와의 관계에서 일어나는 갈등들을 누구의 도움도 받지 못하고 혼자 해결해야 하는 어려움을 겪었기 때문이다.

출처: 최혜숙(2007).

영유아교육기관에 임용된 초임교사들은 교사로서의 첫발을 내딛는 순간부터 대학 친구나 교수의 지원 없이 스스로 의사결정을 해야 하는 상황에 직면하게 된다. 각 기관에서 초임교사를 위한 체계적인 학습 지원의 중요성을 인식하고 있음에도 대다수 초임교사들은 교직에 입문하는 시기에 스스로 모든 것을 감당한다(우서경 · 이은미 · 이소현 · 이현선, 2016). 직전교육을 우수하게 이수한 초임교사라도 경력교사와 동일한 업무를 수행하는 상황에 직면하게 된다면 현실적인 충격으로 인해 이전 과정에서 습득한 지식이나 기술을 적절하게 펼치지 못하게 된다(Mitchell, Reilly & Logue, 2009, 재인용).

또한 영유아교육기관의 원장이나 동료교사, 학부모는 초임교사가 오랜 경험을 갖고 있는 영유아교사와 같은 수준의 업무를 수행할 것을 기대한다. 이는 초임교사가 교육을 통해 영유아교사가 되기 위한 기초를 학습하고 누구의 도움 없이 학급에서 교사로서의 역할을 잘 수행할 수 있을 것이라고 기대하고 있기 때문이다(Huling-Austin, 1990, 재인용). 이에 초임교사가 영유아교육기관에서 경험하는 어려움은 다양하다(이지선, 2022).

• 교육(보육)활동 외 과중한 업무

초임교사 한 명이 담당해야 하는 영유아의 수와 처리해야 할 서류에 대한 부담이 크다. 행정처리의 미숙함으로 인한 근무시간의 지연, 초과 근무로 인한 현실적인 어려움이 있다.

> "수업 말고도 서류 작업도 많다보니 정시 퇴근을 못 할 때도 많아요. 퇴근 후에도 집에서 잔업을 해야 하는 점이 힘들고 너무 지쳐요. 하지만 제가 해야 하는 일이니 어쩔 수 없이 받아들여요. 특히, 초임인 저로서는 처음 보는 서류들이 많다 보니 무척 버겁게 느껴졌어요."

• 원장 선생님의 권위주의적 지시

초임교사에게 지지자가 아닌 강압적이고 엄격한 지시자로서의 원장 선생님의 지도나 조언에 눈물을 흘릴 수 있다. 특히 초임교사가 원장 선생님에게 느끼는 부정적인 감정은 소명을 가지고 영유아교사로서의 역할을 수행하는 데 어려움이 있다.

> "원장님과는 세대 차이가 있어서 자주 의견 충돌이 있어요. 교사로서 그리고 한 사람으로서 존중받지 못하는 것 같아 많이 힘들었어요. 원장님께서 교사 개인장을 함부로 열어서 보시고 강압적으로 행동하시는 부분이 있어서 교사들이 의사를 표현한 적도 있어요."

• 동료교사에게 느끼는 소외감

초임교사는 동료교사에게 업무상 필요한 질문을 받거나 의견을 제시할 때 부담을 가진다. 동료교사가 지시하는 일을 파악하지 못해 소외감을 느끼거나 상처를 받는 경우도 잦아 동료교사와의 대화나 토론하는 일이 쉽지 않다.

> " 초임교사여서 정말 아무것도 모를 때 경력자의 입장에서 '이 정도면 알아듣겠지'라고 생각하시며 말씀을 해주시는 것 같은데 정작 전 잘 알아듣지 못하는 경우가 자주 있었어요. 그렇지만 알아듣지 못하는 부분에 대해 다시 물어보기가 어려웠어요. "

• 학부모와의 좁혀지지 않는 소통

초임교사는 학부모들의 예의 없는 태도, 영유아교사에 대한 신뢰감 부족으로 함부로 대하거나 무시하는 말투, 가정과의 연계 교육이 적절하게 이루어지지 않을 때 영유아교사로서의 한계와 혼란스러운 감정을 경험한다. 이러한 경험은 교사로서의 자존감과 열정을 저하시키는 원인으로도 작용하고 있다.

> "초임이라 신뢰감이 제대로 형성되지 않았다는 느낌을 받을 때가 있어요. 영유아를 일대일처럼 돌봐주길 원하시는 부모도 계셔서 어렵고. 또 다른 어려움은 학대에 민감하다 보니 자칫 학대처럼 보일 수도 있는 말이나 행동을 최대한 자제해야 하고, 그래서 정말 이렇게 지도하는 것이 맞나, 계속 교사를 하는 게 맞는지 많은 생각이 들어요…."

- 영유아와의 미숙한 상호작용

초임교사는 영유아와 적응하는 과정에서 함께 해본 시간이 상대적으로 많지 않아 상호작용에 어려움이 있다. 교실상황이 익숙하지 않은 초임교사가 영유아의 특성을 파악하고 숙련된 역할을 수행해내기 위해서는 충분한 시간과 꾸준한 노력이 필요하다.

> "우리 반 교실 안에서 뛰어다니고 소리를 지르거나 장난감을 전부 어질러놓고 친구 장난감을 빼앗거나 아무 이유 없이 친구들을 때리고 밀쳐요. 초임인 제가 훈육을 하면 '싫어'라고 하거나 장난감을 집어 던지고 엄마를 부르며 뒤로 누워서 떼를 쓰는데, 아니 짝꿍선생님이 들어오면 거짓말같이 울음을 그쳐요."

또한 교직 생활을 막 시작한 초임교사 입장에서 이러한 상황은 부담감이 되며 여러 가지 어려움으로 다가와 좌절감을 주기도 한다(염지숙 · 홍춘희, 2006).

- 영유아 지도하기의 어려움

대부분의 초임교사는 이야기 나누기나 게임 등의 대 · 소집단으로 놀이를 지원하거나 활동을 계획할 때 영유아의 동기 유발이나 수업 진행 방법에 어려움을 겪는다(이현경, 2000). 또한 교실 내에서 문제 행동이나 특정 영유아와의 관계에서 교사에게 심리적 상처를 주는 영유아로 인해 어려움을 느끼기도 한다(고주영, 2003).

• 다양한 인간관계에서의 어려움

초임교사는 다양한 사람들과 관계를 맺고 지내면서 특히, 동료교사와의 지속적, 즉각적인 의사소통의 어려움이 있다(김정주 · 김옥주, 2011). 경력교사들에 비해 주어진 업무를 수행하기 위해서는 많은 시간이 필요하며, 원장 선생님과 동료교사들에게 인정을 받고 싶지만 현재 자신이 인정을 받고 있는지 고민한다.

대부분 교사는 초임교사 시기를 거쳐 가는 과정에서 학부모가 자신의 전문성을 인정하지 않을 때 스트레스를 받게 된다(서정림, 2005). 특히 학부모 면담 시 영유아에 대한 발달과 관련한 정보나 문제 행동에 대한 질문을 받았을 때 즉시 적절한 답변을 하지 못해 회의감을 느낀다(권규리, 2019). 즉, 초임교사의 경험 부족으로 인한 학부모와의 의사소통에 대한 어려움과 학부모가 교사를 신뢰하지 않을 때 어려움을 겪게 된다(최연화 · 안지영, 2022).

> "먼저 나서지를 못하겠어요. 안 했던 것 같아요. 그냥 흘러가는 대로 그냥 그렇게. 어디에도 끼지도 않고, 얘기할 때는 그냥 웃으면서 얘기하고, 먼저 다가가고 싶은데 그것도 잘 못 하겠고…."
>
> 출처: 권현조(2022).

• 행정 업무를 처리함에 있어서의 어려움

교사로 임용된 후 문서를 기록하고 보관하는 방법의 미숙함과 관리하고 처리하는 과정에서 발생되는 문제에 대한 부족한 대처능력은 초임교사에게 스트레스가 되기도 한다(강상이, 2002).

이외에도 영아반 초임교사의 경우에는 영아 프로그램의 이해 부족, 영아에 대한 지식과 적용능력의 부족, 안전사고에 대한 불안과 대응, 신입원아의 적응 방법이나 기본생활습관지도 및 문제행동지도 측면에서의 어려움 등을 경험한다(김유진, 2003; 조혜진, 2007). 이에 영아반 초임교사가 겪는 어려움을 살펴보면 다음과 같다(김순환 · 전샛별, 2010).

- 영아 보육에 대한 지식과 이해 부족

초임교사들은 영아발달특징에 대한 지식과 이해부족으로 안전사고 대처방법, 질병에 대한 응급처치 측면에서 어려움을 호소한다.

> "영아에 대해서 솔직히 학교에서 중점을 두고 다루지를 않았기 때문에 그거에 대한 어려움이 처음에 제일 많았던 거 같아요….큰 애들을 가르치다가 갑자기 어린 연령으로 오니까 이 아이들이 이런 행동을 보였을 때 언제 어디까지 제지를 해야하고 어디서부터 허용을 해야 하는지가 조금 헷갈렸어요."

- 역할에 대한 갈등

누구나 교사가 되면 보살핌과 가르침이라는 두 가지 역할을 동시에 수행하는데 특히 영아반의 교사는 보살피는 역할 비중이 크므로 교사에 대한 회의감을 느낀다.

> "정말 내가 이걸 하려고 교사를 했나. ○○○ 갈아 줄려고. 내가 가르치는 교사가 맞는지 그런 생각…. 부모님들도 어린 애들한테는 교육적인 그런 성취보다는 하루 종일 care 해줄 곳을 찾아서 보내시는 분들이 많더라고요."

- 지원 요청에 대한 어려움

초임교사는 동료교사들에게 지원을 받고 싶어 하지만 경력교사의 눈치를 보거나 경력교사와의 관계를 수직적인 관계로 인식하여 도움청하기를 어려워하고 불편해한다.

> "그런 게 중요한 거 같아요. 경력교사와 친해지는 법. 자꾸 눈치를 보니까 제가 계획했던 것보다 못하고 또 지적도 받고 하니까 또 속상하고 또 혼자 소심하게 불만 쌓이고. 그리고 괜히 찍힐까 봐 앞으로 할 날이 많은데 괜히 찍힐까 봐…."

시대가 변화함에 따라 영유아교육기관의 입사 초기에도 초임교사들의 이직문제가 발생하고, 초임교사들의 재직 기간이 점점 줄어드는 현실이다. 영유아교사의 발달단계에서 경험하는 과업이 다르듯이(Katz, 1972), 교사의 단계에 따라 이직과 퇴직의 경험은 다르게 나타난다. 초임교사는 교수 · 학습 활동에 대한 어려움, 인간관계에서의 어려움과 갈등, 부적절한 조직 풍토의 문제, 사회적 인식의 문제가 이직경험에 주요하게 작용한다(임승렬 · 권혜진, 2005).

- 교수 · 학습 활동에 대한 어려움
  - 수업 준비의 부족, 수업 실패로 인한 좌절감, 시범 수업 및 보이기식 행사로 인한 수업 파행

- 인간관계에서의 어려움과 갈등
  - 영유아와의 신뢰관계를 형성하는 과정에서의 어려움, 지나친 기대로 인한 학부모와의 갈등, 동료 경력교사와의 성격, 교사관 등의 가치관 불합치로 오는 어려움과 갈등

- 부적절한 조직 풍토
  - 초임교사의 고립감, 이중적인 모습의 동료교사, 열악한 교사 복지 후생, 업무 횡포의 조직 분위기, 부적절한 업무 배분

- 사회적 인식의 문제
  - 자기 스스로 자존감이 낮다고 여기는 상황과 적은 보수로 낮은 사회적 위치에 있다고 여기는 사회적 인식에 대한 회의감

이밖에 첫 취업 후 초임교사들은 과중한 업무로 인한 부담감과 좌절, 인간관계에서의 갈등 등으로 일 년 이내 이직하는 것으로 나타났다(길효정 · 이영주, 2018).

초임교사로서의 부담과 좌절: 스스로 배워야 하는 영유아교육기관의 문화	"2월 달에 어린이집에 왔는데 뭐 아무것도 알려주시는 게 없었어요. 2월에 졸업하고 들어갔잖아요. 거기에 이제 그때부터 출근을 시작했어요. 근데 뭐 아무것도 알려주는 거 없이 그냥 시작이 됐던 것 같아요. 그냥 "잘 알죠? 배운 대로만 잘 하는 된다"는데…. 뭐, 어떻게 하는지, 알아가는 방법 그런 거 없이…."
	"아이들이 좋아서 갔는데 엄마들, 동료 선생님 봐야 돼, 원장님 봐야 돼, 원감님 봐야 돼 이런 거. 너무 할 일이 한꺼번에 떨어지는데 어떻게 해야 할지는 모르겠고 그 와중에 사건이 하나씩 터지면 정신이 없어서…."
과중한 업무: 업무 능력의 한계	"저는 지금까지 열심히 한다고 칭찬 받아왔고 자신감도 있었고 아이가 좋아서 현장에 온 건데 현장에 오니까 아무것도 소용이 없는 완전 무능한 사람 되어버린 거예요. 저 스스로도 그렇게 느껴왔고 사람이 뭐라 안 해도 아…내가 이 정도까지 부족하구나…."
인간관계에서의 갈등: 인간관계의 부적응	"원감선생님이 저에 대해 사실 좀 못 미더운 게 있었어요. 처음 시작할 때부터 이것저것 걸리는 것이 많았어요. 초임이 저 말고 한 명 더 있었는데 그 선생님보다 저에게 지적을 많이 하구요. 그런 지적하는 부분이 사실 저는 지금도 이해가 안 가는데…."
	"그냥 뭐든 그냥 하라고 하셨고, 토 달지 말라고…. (중략) 전혀 저의 마음을 읽어주지 않으셨어요. 무조건 힘들어도 버티라고만, 다들 그런 거라고 얘기를 그런 식으로 하신 것 같아요. 그런데 말대꾸를 하는게 아닌데, 말대꾸를 한다고 그렇게 이야기를 하셨어요."

출처: 길효정·이영주(2018).

초임교사는 학기 초 많은 양의 일에 압도당하고, 구체적인 안내 없이 동시다발적인 업무 지시 상황에 당황하게 된다. 그러나 투입 즉시 완벽하게 수행해 내야 하는 기대로 인해 부담감과 스트레스를 경험한다(김경철 · 김안나, 2010). 또한 동료나 인간관계에서의 갈등을 회피하고 불평과 불만을 간직한 채, 이직을 결심하는 것으로 나타났다. 그렇다면 초임교사가 첫 마음을 지키지 못하고 이직을 결정하는 문제가 무엇인지 파악하고, 영유아교육기관의 문화 및 조직에 적응하고 교직에 대한 만족도와 교육의 질을 향상시킬 필요가 있다. 따라서 학기 초 이직을 예방하고 교직적응을 높이기 위해서는 초임교사의 업무 부담을 덜어주고, 인간관계의 갈등을 최소화할 수 있는 민주적, 협동적인 조직풍토가 반드시 조성되어야 한다. 특히 전문가로서의 능력을 발휘할 수 있도록 초임교사의 업무처리 방식을 존중해주고, 다양한 문제해결방식을 배울 수 있는 구체적인 지원방안을 마련하는 것이 필요하다. 또한 동료교사들의 심리적 지원은 초임교사들의 원활한 적응을 도울 수 있으므로 영유아교사로서의 발달을 촉진하고 실천적 지식을 형성할 수 있도록 다양한 연수와 멘토링 프로그램, 그리고 교사 학습공동체 등의 방법을 제안할 수 있다.

〈표 4-3〉 초임 영유아교사의 지원 요구

초임 영유아교사의 지원 요구
• 업무 감소를 통한 퇴근 시간 보장 • 퇴근 시간 이후 개인 시간 보장 • 보조인력 지원(행정, 차량 운행, 교육지원 등) • 연월차 사용의 보장 • 원내 행사 줄이기 • 휴게 시간을 퇴근 시간으로 사용할 수 있도록 개선 • 개인 휴대전화 번호 비공개 • 초과 근무, 행사 진행 등에 대한 수당 지급 • 과도한 학부모 요구에 대한 조정 • 관리자의 과도한 간섭 및 요구 줄이기

출처: 채영문·이성주(2019), 재인용.

이상에서 살펴본 것과 같이 초임교사는 먼저 자신의 역량과 한계를 잘 이해하고, 스스로 자신의 장점과 차별화된 능력을 발휘하고자 하는 자신감을 가져야 한다. 또한 초임교사가 전문적인 교사로 성장하고 발전해 나가도록 초임 영유아교사들을 이해하고, 성공적이고 계속적인 교직생활을 이어 나갈 수 있도록 지원하는 것에 힘써야 할 것이다.

예비 교사 ( ) 의 다짐

나는 아이들에게
사랑을 전하겠습니다.
무한한 사랑으로
아이들을 존중하겠습니다.

나는 아이들에게
행복함을 전하겠습니다.
행복한 표정으로
아이들과 함께 마음껏 웃겠습니다.

나는 아이들을
배려하겠습니다.
아이들의 눈 높이에서
눈을 맞추겠습니다.

나는 아이들에게
바른 인성을 가르치겠습니다.
그러기 위하여 아이들에게
최고의 본보기가 되겠습니다.

출처: https://greeda.biz:51646/ab-goods-6286-1001034.

2. 영유아교사의 직위에 따른 성장

교사는 경력이 더해지면서 다른 직위와 책무가 주어진다. 영유아교육기관의 특성에 따라 차이가 있겠지만 교사에게 주어진 직위에 따른 역할을 수행하면서 성장하고 발달하게 되는 것이다. 직위에 따른 성장 내용을 살펴보면 다음과 같다.

1) 경력교사의 과제와 발달

교사가 발달한다는 것은 초임교사에서 경력교사로 성장하고 성숙해지는 것을 의미하며, 이는 지속적인 변화의 과정이다(Feiman & Floden, 1981). 그 변화의 과정에는 교사의 신념이나 태도, 가치관과 행동 등의 교직관과 수업기술, 교수방법, 학급운영능력 등의 전문성 영역에서의 발달도 포함되어야 한다(이정현, 2010).

경력교사는 성숙기에 속하는 단계이다. 이 시기 교사들은 가르치는 일에 더욱 자신감과 열정을 가지고 있으며, 자신을 교사로 인정하는 중요한 시기이다(강현미, 2016). 그러나 3년 차, 4년 차로 경력이 더해져 가면서 교수행위, 학급 운영의 측면에서 활동적인 시도로 능동적인 성취 경험도 하지만 자신의 활동에 대한 딜레마에 빠지기도 한다. 경력교사들은 초임교사의 시기를 지나 초임교사와는 다른 역할과 책임으로 어려움을 겪는다. 또한 경력교사라 할지라도 한 번도 경험해 보지 못한 연령의 영유아들을 직면하게 되면 불안과 어려움을 느끼게 된다(박남희 · 이대균, 2014; 조미숙 · 전홍주, 2016).

〈표 4-4〉 경력교사가 겪는 어려움

교실운영과 관리	• 교실의 환경구성, 활동계획을 주도해야함 • 초임교사보다 많은 업무 부담으로 어려움이 있음 • 교실운영 전반에 걸친 의사결정과 판단 시 실수가 용납되지 않음 • 다양한 갈등 경험으로 교실 관리 시 고민이 많음
특별한 보호가 요구되는 영유아의 상황 파악	• 특별한 보호가 필요한 영유아를 상대해야 하는 기회가 많음 • 기질이나 발달장애로 인한 보호가 필요한 영유아에게 관심을 나타냄 • 발달과 특징에 대한 사전지식이 형성되어 있으나 특수한 도움을 필요로 하는 정도 차이를 알기 때문에 초임교사보다 어려움을 느낌
멘토로서의 역할	• 초임교사에게 좋은 역할 모델을 보여주어야 한다는 중압감을 경험함 • 의사소통 기술 측면에서 초임교사들의 기분이나 감정을 상하지 않도록 전달해야 함 • 자신의 실천적 지식과 경험을 효과적으로 전달하는 데 어려움을 느끼고 있음
학부모 상담	• 경력교사에 대한 지나친 기대와 영유아 발달에 대한 전문적 지식을 요구하는 학부모와의 상담 시 어려움이 있음 • 경력교사들은 문제 상황에 대해 설명하거나 문제 영유아에 대해 상담하는 과정에서 학부모가 속상해하거나 학부모와 불편한 관계로 이어질 수 있어 부담감을 느낌

출처: 김순환·전샛별(2010).

이처럼 경력교사는 교실 내 운영 관리 및 특수한 보호가 요구되는 영유아의 상황 파악 등 초임교사와는 다른 어려움이 있으나 교육에 대한 적극적인 관심을 갖고 동료교사와의 협력 구축 및 적절한 지원방안 마련으로 영유아교사로서의 성장 및 발달을 지원할 수 있다.

볼륨을 높여라~
경력교사의 talk! talk! talk!

- "경력이 낮을 때는 시키는 거 위주로 따라가는 정도지만 경력을 많이 갖고 있을 때는 프로그램이나 아이들의 놀잇감을 주제에 맞게끔 다 바꿔주는 거…. 총 망라해야 되기 때문에 전체적인 것을 바라볼 수 있는 스킬이 필요하죠!"

- "경력이 적은 신입선생님 같은 경우는 좀 덜 까다로운 아이들을 맡게 되고 경력이 있는 선생님은 문제가 두드러지지 않도록 조심하죠. 좀 다른 도움이 좀 더 필요한 아이를 주로 제가 맡게 되다 보니까~ 그런 면에서 조금 더 많이 관심을 갖게 되고…."

- "경력이 쌓이면서 신입교사가 나를 보고 모델링을 하기 때문에 내 행동이 신입교사에게 영향을 끼칠 수 있죠. 그래서 일일교육계획안 아니면 신입교사를 잘 지도하라고 원장님이 많이 요구를 하셨었어요. (생략) 나는 현장 경험을 통해서 자연스럽게 나 스스로 시행착오를 통해서 2~3년 걸려서 깨친 건데 그거를 선생님들한테 갑자기 그렇게 알려주기에는 조금 답답했던 거 같아요."

- "경력이 쌓이다 보니까 제가 상담할 일이 많고 부모님을 응대하는 일들이 더 많아졌어요. 부모님도 아이도 기관생활을 처음 하게 되니까 둘 다 두려움이 있고. 부모님 입장에서는 '선생님이 잘 봐줄까?', '우리 애는 괜찮을까?' 불안한 마음이 기본적으로 다 있고요. 그리고 특별히 까다롭거나 문제인 부모님들 때문에 경력이 들면서 많이 힘든 부분이 있었죠. 그게 경력교사가 커버해야 할 부분이니까."

2) 주임교사의 과제와 발달

주임교사는 다른 영유아교사에게 모델이 되거나 모범적인 학급운영, 상호작용법, 교수 · 학습활동 등의 교육행위에 대한 전문적인 관점을 세워 자신만의 교직생활을 구축해 나갈 필요가 있다. 주임교사는 초임교사를 포함하여 경력이 낮은 다른 동료교사들의 전문적인 발달을 촉진하는 지원자의 역할과 다양한 고민과 어려움에 조언을 해주는 역할도 수행하게 된다. 주임교사는 인간관계 및 조직체계 속에서의 철저한 자기 관리가 이루어져야 하며, 안정된 교사 생활이 이루어지도록 노력해야 한다.

3) 원감으로서의 과제와 발달

원감은 조직에 있어서 영유아교사와 영유아, 영유아교사와 영유아교사, 영유아교사와 원장의 다리 역할로 서로 간의 중재와 연결을 지원한다. 원감은 영유아교사와의 협력을 지원하고 영유아교사가 성공적인 교육과정 운영과 실행이 가능하도록 안내해 주어야 한다. 특히 지도자로서의 덕성과 자질을 연마해 나가는 노력이 필요하며 과제를 성공적으로 해결하기 위해 영유아교육 전문가와의 만남이나 교육의 기회를 갖는 것도 좋다.

4) 원장으로서의 과제와 발달

원장은 교사의 적절한 업무분장 및 담당하는 업무수행을 원활하게 할 수 있도록 지원하고 지지해야 한다(강영숙, 2013). 교직원이 직무와 역할을 효율적으로 수행할 수 있도록 바람직한 지도력을 발휘해야 하며, 민주적인 의사소통과 의사결정으로 합리적인 방안 모색, 조직구성원을 이끌어야 한다(권정해 · 김판희, 2014). 특히 원장은 영유아교육기관의 전체적인 운영 및 관리를 담당할 뿐만 아니라 법적 책임을 지는 사람이며, 무엇보다 원장은 영유아의 전인적 발달을 위해 교육과 보호에 힘써야 한다. 또한 원장은 확고한 철학과 신념을 가지고 영유아교사와의 소통이 잘 이루어지도록 노력해야 한다. 즉, 지도자로서의 소양을 기르고 자질을 형성하여 조직 운영을 성공적으로 이끌기 위한 다양한 재교육도 필요하다. 특히 영유아교사뿐만 아니라 부모, 나아가 지역사회 단체 및 인사들과의 관계도 잘 유지할 수 있는 능력을 갖추어야 한다.

함께 생각해볼까요?

Q. 유능한 영유아교사로 성장하기 위한 나의 실천 계획은?

CHAPTER 05 영유아교사의 협력과 지원

1. 영유아교사의 협력

영유아교사의 이론에 따른 지식은 보육 · 교육 현장에서 행동으로 나타날 때 가치로운데 이는 아는 것과 실천하는 것이 매우 다르기 때문이다. 또한, 집단속에서의 소속감과 인정의 욕구는 공동체 생활 속에서 매우 중요하므로 일상생활 속에서의 협력과 지원을 통해 조직화되고 체계화되는 것이 필요하다. 따라서 영유아교사의 실천적 지식은 단순히 이론적 지식과 경험의 누적으로 습득되어지는 것이 아니라 현장에서 발생하는 다양한 문제와 갈등에 대해 교직원간의 협력과 능동적인 지원으로 대처하는 과정에서 형성된다고 볼 수 있다(서혜진 외, 2022).

1) 영유아교사 공동체

영유아교육기관에서는 교사 학습공동체에 대한 관심이 매우 높다. 뿐만 아니라 교사 공동체로 협력하는 사례가 점차 증가하고 있다. 특히 2019 개정 누리과정 시행과 함께 영유아중심 · 놀이중심교육과 현장의 자율성을 강조하면서 영유아교사 상호 간에 협력적인 조직문화 형성의 중요성이 부각됨에 따라 함께 교육과정을 연구하고 성찰하며 실천하는 학습공동체 협력의 필요성이 강조되고 있다.

학습공동체란 생활이나 목적을 함께하는 집단을 뜻하는 말로 자신의 선택으로 각 구성원이 함께라는 의식을 통해 맡은 역할을 해내는 것이다. 이는 리더의 지시나 통제에 의해 행동하는 수동적인 의미에서 벗어나 새로운 패러다임을 형성하는 상호 호혜적이고 상호 보완적으로 이루어져야 한다.

따라서 영유아교사 학습공동체는 영유아교육기관을 중심으로 교사들 간에 이루어지는 가치와 인식의 공유, 추구하는 목표일치, 소통과 정서적 교류 등의 상호 관계성을 가지고 형성된 공동체 집단이라고 할 수 있다.

영유아교사 공동체의 주체인 교사간의 관계성은 다음과 같은 특징을 갖는다(석선화, 2019).

① 영유아교사는 다양한 교직원들과 관계를 유지한다.

원장과 원감 등의 관리자와 동료교사 외에도 영유아교육기관 업무를 돕는 직원들과 협력적인 관계를 유지한다.

② 해당 기관의 독특한 문화와 직장 분위기를 조성한다.

원장을 포함한 교사들 간의 관계는 해당 기관의 독특한 문화와 직장 분위기를 만들어 간다.

③ 교사의 재직의도, 이직의도 및 행복감에도 영향을 준다.

원장을 포함한 교사들 간의 관계는 교사들의 직무 만족도에 영향을 미치며, 이는 재직 또는 이직을 결정하는 데 중요한 요소로 작용된다.

[그림 5-1] 교사공동체 활동

영유아교사는 초 · 중등교육과 달리 쉬는 시간이 없이 장기간 근무하는 경우가 많다. 그러므로 스스로를 돌아볼 수 있는 기회나 여유가 부족하여 동료교사와의 관계가 소홀해지기 쉽다(심성경 외, 2017). 따라서 많은 영유아교사들이 영유아교육기관 내에서 경험하는 인간관계에서 갈등과 어려움을 느끼기도 한다.

영유아교사들의 갈등과 어려움 해소를 위한 교사 간의 관계를 맺는 방안은 다음과 같다.

① 조직의 효율적인 관리를 통한 원활한 의사소통을 이루어 간다.

교사들간의 의사소통이 충분히 이루어지지 않으면 불필요한 활동이나 반복, 오해 등 바람직하지 않은 상황이 발생되기도 한다. 그러나 의사소통이 많을수록 교사간의 활성도가 높아지고 만족도도 높아진다

② 상호적인 멘토(Mento) 관계를 통해 서로 존중하며 가치를 공유한다.

멘토와 멘티의 관계는 중간관리자와 평교사간, 경력 교사와 신입교사간 등 서로의 입장을 이해하게 되고, 이를 통해 상호 간의 신뢰가 형성된다

③ 공동의 작업을 통해 협력하는 긍정적인 상호의존 관계를 형성한다.

영유아교사들은 업무상 공동의 작업을 많이 하게 된다. 이때 상호 의존적 협력이 교사간의 갈등과 어려움 해결뿐만 아니라 동료애 형성에도 긍정적 영향을 미친다.

④ 주어진 책임과 역할을 분명히 하고 대인관계 기술을 통해 긍정적 관계를 형성한다.

조직에서의 직급과 연차에 따른 공정하고 적절한 역할 분담과 그에 다른 책임은 교직원들간의 관계에 민감한 반응과 영향을 미친다. 따라서 각자의 역할과 책임은 명확하게 이루어지는 것이 바람직하다.

영유아교사간의 협력과 파트너십은 수평적 관계에서 상호 보완적으로 이루어져야 하는데, 수평적이라함은 타인의 특징을 있는 그대로 받아들여 주는 타인 존중을 기반으로 이루어져야 한다.

영유아교사가 자신의 전문성과 리더십을 기반으로 한 협력을 위해 스스로의 역

량을 자가점검하는 태도는 현재의 일에 대한 성과와 효과적인 협력에 중요한 책임이 된다. 영유아교사로서 책임감 유지를 위한 자가점검은 관계, 과정, 방향으로 나누어진다.

〈표 5-1〉 책임감 유지를 위한 자기점검 목록

지속적인 책임감의 단계	
관계	• 우리는 어떻게 하고 있는가? • 우리의 상호관계 특성은 무엇인가? • 우리의 관계를 어떤 방식으로 강화할 것인가?
과정	• 우리가 사용하고 있는 과정이 학습에 효과가 있는가? • 학습 요구는 어떤 방식으로 충족되고 있는가? • 과정이 좀 더 유익하게 하려면 무엇을 해야 하는가? • 우리는 무엇을 바꾸거나 강화해야 하는가? • 이 과정의 학습자로서 자신에 대해서 무엇을 배우고 있는가?
방향	• 자신의 학습 목표를 깨닫기 위해 어떻게 나아가고 있는가? • 이제까지 거둔 가장 큰 성공은 무엇인가? • 자신이 배우고 있는 것과 관련해서 가장 큰 만족을 얻는 것은 무엇인가?

출처: 서혜진 외(2022).

2) 영유아교사 공동체의 구성요소

영유아교육기관은 규모나 여건에 따라 다양한 구성원으로 이루어지는데 원장과 원감, 주임교사, 동료교사, 특수교사, 영양사, 조리사, 간호사, 사무원, 운전기사 등이 구성원으로 속한다. 이들은 서로 협력적인 관계를 유지하면서 영유아의 올바른 성장과 발달이라는 공동의 목표를 가지고 기관 운영에 함께 참여하고 있다.

영유아교사 간의 협력은 보육 · 교육을 실천하는 개개인의 개성을 존중하면서도 동시에 공통의 이해와 목표로 올바른 협력체로서 이어질 때 영유아에게 양질의 보육 · 교육의 서비스를 제공할 수 있다.

올바른 교사 공동체를 구성하기 위한 필요한 요소는 다음과 같다(김숙자, 2022).

① 공동체 안에서 각각의 역할이 동등함을 인정하는 열린 마음을 가져야 한다.

교사들의 수직적인 관계로는 원장과 원감, 주임교사가 있고 동료교사들과는 수평적인 관계에 있으나 경력에 따라 서열이 이루어지거나 위계적인 문제가 발생되기도 한다.

교사마다 지니고 있는 재능과 역량이 다르고 맡은 일에 따라 일의 능률과 수행 정도가 달라지므로 각자가 잘할 수 있는 일과 역할에 맞추어 공정하게 분배될 때 공동의 목표를 잘 이루고 올바른 교사 협력체의 관계를 이끌어 나갈 수 있다.

② 자신의 행동과 협력한 일의 결과와 책임을 공유할 수 있어야 한다.

일방적인 통보나 지시가 아니라 영유아교사들이 다 함께 자신의 의사를 표현하고 동료교사의 가치와 감정을 존중하고 배려하는 노력이 필요하다. 이는 서로를 지지하고 격려하게 되며, 협력한 일에 대한 결과에 대한 책임도 모두와 공유하게 된다.

③ 바람직한 공동체를 이루기 위해서는 교사들 간의 신뢰가 필수이다.

각각의 역할에 대한 동등한 가치와 일에 대한 결과와 책임을 함께 공유하기 위해서는 교사들 간의 신뢰가 필요하다. 교사 공동체 안에서 신뢰가 형성되면 긍정적인 사고와 업무수행 능력이 높아져 영유아교사의 소속감과 자긍심도 높아지게 된다.

3) 영유아교사 공동체의 효과

신뢰로운 교사 공동체는 공동체적인 가치와 개인적 가치를 함께 존중하고, 교사는 감정과 정서를 서로 공유하면서 공동체의 일원이 되어진다(석선화, 2019).

교사 공동체는 학습공동체 안에서 동료교사들과 정보를 교환하고 협력해 가는 과정을 통해 자유로운 교류와 공유가 일어나고, 비판적 탐구, 반성적 사고의 과정을 통해 영유아 교육과정의 실천적인 지식을 형성하며 교사효능감과 전문성을 향상시킬 수 있다(성구진, 2022).

영유아교사의 실천적 지식 형성과 교사 효능감을 위한 교사 공동체의 효과성은 다음과 같다(김숙자 외, 2022).

① 공동체 구성원의 전문성이 향상된다.

동료교사 간의 장학지도, 수업에 대한 멘토링, 연구 수업 등을 통해 공동체 구성원 간의 전문성을 향상시킬 수 있다.

② 영유아교육기관의 질적 수준이 향상된다.

공동체 안에서의 교사 만족감과 행복감 등의 긍정적 감정은 영유아를 보육 · 교육하는데 더 전념하게 되는 효과를 나타낸다.

③ 교직원 전체의 공동체 형성에 기본이 된다.

영유아교사 간의 협력은 기타 교직원들의 협력을 이끌어 낼 수 있다.

④ 영유아교사의 실천적 지식과 문제 해결력이 높아진다.

하루 일과 속에서 나타나는 문제들을 경험이 많은 교사의 경험 정보와 조언을 통해 해결 방안을 모색할 수 있다.

⑤ 영유아교사의 교사 효능감이 높아진다.

교사간의 협력적 과정은 영유아교사가 반성적 사고의 기회가 되고 스스로 성장할 수 있는 원동력이 된다.

4) 영유아교사 공동체의 활성화 방안

협력적인 교사 공동체는 동료교사들 간의 이해와 배려를 통한 원활한 의사소통을 가능하게 한다. 각자가 지닌 가치를 공유하면서 서로 다른 점을 존중하고 인정하게 되어, 공동의 업무를 수행할 때 배려와 협력하는 긍정적 상호의존 관계를 만들어 나간다.

교사 공동체의 활성화를 위한 방안은 다음과 같다(김숙자 외, 2022).

① 공동체에 대한 자발적 참여와 자율적 권한을 갖는다.

어떤 공동체이든 활성화가 되기 위해서는 공동체에 참여하는 구성원의 자발적 참여성이 가장 중요한 요인 중 하나이다. 따라서 교사 공동체의 성공적인 운영을 위해서는 교사들이 자신의 전문성 향상을 위해 자발적으로 참여하는 것이 우선

되어야 한다. 또한 참여한 교사들이 자율적 권한을 갖고 학습공동체의 내용이나 방법, 일정 등을 결정할 때 교사 공동체의 성과는 극대화된다.

② 공동체 동료교사 간의 협력이 필요하다.

동료교사 간의 협력은 단기간에 형성되는 것이 아니라 오랜 기간 동안 서로 간의 노력으로 이루어진다. 구성원들이 모여서 협력하다 보면 의견이 부딪히기도 하고, 이로 인한 갈등이 발생 되기도 한다. 이때 일방적인 한 의견에 대한 강요보다 대화를 통한 협의가 중요하다. 또한 단순한 친밀감을 넘어서 교수학습활동의 개선을 위해 협력적으로 대화하고 실천하는 과정이 포함되어야 한다.

③ 공동체에서 가치와 비전을 공유한다.

가치와 비전을 공유한다는 것은 교사 공동체가 추구하는 방향과 중요성에 대해 모든 교사가 공감대를 형성하는 것을 의미한다. 개개인 교사가 현재 직면하고 있는 어려움과 해결하고 싶은 문제, 본인이 지향하는 보육 · 교육의 가치 등에 대해 충분히 공유하는 것부터 시작하는 것이 바람직하다.

④ 만남을 위한 별도의 시간으로 신뢰와 공동체 의식을 형성한다.

공동체의 활성화를 위해서는 서로 간의 신뢰와 공동체 의식을 형성하는 것이 중요하다. 이를 위해 만남과 대화를 위한 별도의 시간이 필요하므로 영유아교육기관에서는 동료교사 간의 협의를 통해 학습공동체를 위한 만남과 대화를 위한 시간을 정하여 운영하는 것이 바람직하다.

⑤ 촉진자의 지원을 받는다.

공동의 목표를 달성하기 위해 함께 배우고 실천하는 과정에서 보다 전문적인 도움이 필요할 경우 촉진자의 역할을 할 수 있는 전문가가 함께 참여하는 것이 바람직하다. 이때 촉진자의 역할은 교사들이 자신의 실천에 대해 검증하고 반성적 사고하는 과정에서 스스로 문제해결과 창의적인 아이디어를 창출할 수 있도록 지원하는 것이다. 또한 촉진자는 학습공동체의 교사들과 수평적이며 신뢰로운 관계를 형성하는 것이 우선되어져야 한다.

2. 영유아교사를 위한 지원

영유아교육기관에서 동료교사 간의 협력적 지원은 공동의 목적의식과 업무에 대한 책임 의식을 바탕으로 능동적이고 자율적인 참여를 활성화하고 자연스러운 협력적 지원 분위기를 조성하여 직무성과를 높일 수 있다(이은하, 2016). 특히 영유아교육기관은 비교적 규모가 작고 교육내용의 선정과 조직, 교육과정 운영 등에서 교사의 재량권이 크므로 영유아교사 간의 지원과 유대가 활성화되어야 한다.

영유아교사의 전문적 자질을 논할 때 교사의 이론적 지식이나 기술적인 습득을 생각하기 쉽다. 하지만 영유아교육기관의 전체 교사가 일상적으로 상호 지원하는 자세를 가지고 자기반성적 사고로 이루어지는 전문적 발달은 더욱 중요하다고 볼 수 있다. 영유아교사 간의 상호지원과 협력적 자세가 전문적 발달로 이어진다면, 교사 자신과 동료교사를 지지할 수 있는 바람직한 영유아교사로 성장해 나갈 수 있을 것이다.

1980년대 초부터 2010년대 사이에 출생한 사람들을 MZ세대라 일컫는데, 현재 영유아교육기관의 교사들 대부분이 MZ세대로 구성되어 있다. 이들은 지금 당장의 본인 삶을 더 소중하게 생각하면서 영유아교육기관에서의 인간관계를 형성하고 있다. 그러므로 MZ세대의 특성을 반영한 영유아교육기관의 인간관계에 대한 지원이 필요하다.

1) 인간관계 지원

영유아교육기관에서 교사들 간의 개성을 존중하면서도 동시에 공통의 이해로 나아갈 수 있는 것은 교사 간의 지지와 하나의 팀으로 서로 지원하며, 함께라는 의식으로 힘을 모아 실천하기 때문이다(윤혜경, 2021).

(1) 동료교사와의 관계

영유아교육기관에서는 담임교사 일 외에도 동료교사들과 공동으로 해야 할 업무 등이 있어 다양한 협력이 필요하다. 영유아교사가 동료교사들로부터 격려와 지지를 받으며 업무를 진행할 때 직무 만족도와 성취감이 높아진다. 그러나 동료교사들 간의 갈등이 발생하게 되면 영유아교사로서의 역할수행에 부정적 영향을 미치고 이는 이직에도 영향을 주는 요인이 된다.

성공적인 동료교사와의 민주적인 관계를 위한 전략은 다음과 같다(조성연 외, 2023).

① 동료교사와 정기적인 모임을 갖는다.

동일연령을 담당하는 교사들끼리의 모임이나 취미, 또래끼리의 모임은 동료교사들과의 친교뿐만 아니라 영유아교육기관의에서의 공통 관심사에 대한 토론의 장이 된다.

② 동료교사간의 책임과 역할을 분명히 하고 교육기관의 복무규정에 대해 책무성을 갖는다.

출퇴근, 외출, 조퇴, 휴가, 연장근무, 휴게시간, 당직, 복장 등 직장에서의 근무 수칙을 잘 지키는 것으로도 동료들과의 갈등 요소를 줄일 수 있다.

③ 동료교사와 함께 전문적 지식을 넓힌다.

상급 학교에 진학을 하거나 학회, 전문단체 가입 등 동료교사와 함께 전문적 지식을 넓히고 새로운 정보를 공유한다.

④ 신뢰감 형성을 위한 워크숍, 교직원 MT 등을 정기적, 비정기적으로 실시한다.

오랜 시간을 함께 보내는 영유아교사들의 공동체 생활에 도움이 되는 대인관계 기술, 의사소통 기술, 신뢰감형성을 위한 워크숍, 교직원 MT 등을 정기적, 비정기적으로 실시한다.

(2) 부모와의 관계

영유아교사와 부모는 영유아 발달과 성장에 공통 관심사를 갖고 있어 서로 신뢰하고 협력적인 관계가 되어야 한다. 이는 영유아교사의 일과 능력에 대한 긍정적 신념과 만족도를 높여 영유아 보육 · 교육의 효율성을 극대화시키고 영유아의 학습과 발달을 촉진시킨다(강상 · 류경희, 2016).

영유아교사와 부모 간의 신뢰로운 동반자 관계를 위한 전략은 다음과 같다(이호선, 2021).

- 부모와 영유아 보육 · 교육 지식과 정보를 공유한다.

학부모 오리엔테이션, 가정통신문, 소식지, 전화 통화 등을 통해 영유아에 대한 발달과 건강, 영양 등의 지식과 기본정보를 부모와 공유한다.

- 부모와 효과적으로 의사소통을 한다.

모든 부모는 지식에 대한 애정과 정보에 민감한 반응을 보인다. 따라서 효과적인 의사소통을 위해서는 모든 상담이 영유아가 중심이 되고, 영유아의 전인적 발달을 지원하는 데 초점을 둔다.

- 부모의 기관행사 참여와 활동을 독려하기 위한 방안을 모색한다.

부모참여수업, 부모참관수업, 부모교육, 재능기부, 자원봉사, 부모참여활동등 부모의 기관행사 참여는 부모의 영유아교육기관의 활동에 대한 이해와 도움을 받으며 성취감을 가질 수 있다.

- 가정 내 부모의 영유아 학습을 돕기 위한 방법을 제시한다.

영유아교육기관에서의 놀이 상황과 소식지 등을 통해 가정 내에서 놀이가 연계됨으로써 놀이를 통한 학습이 연계될 수 있다.

- 의사결정에 부모를 참여시킨다.

운영위원회나 학부모 간담회 등을 통해 영유아교육기관의 운영과 관련된 일에 부모의 의견이 반영될 수 있도록 참여시킴으로써 신뢰감형성과 협력적 관계를 이끌어 낼 수 있다.

- 부모상담과 부모교육을 한다.

부모상담은 유아의 일상적인 태도, 가정환경, 자녀와의 관계,친구관계에 대해 정보를 얻을 수 있는 가장 적극적인 의사소통 방법중의 하나이다. 부모교육은 신입원아 오리엔테이션, 가정통신문, 강연회, 워크숍, 심포지엄, 인터넷교육 등을 통해 영유아를 이해하기 위한 지식 및 양육기술을 제공하고 가정과 영유아교육기관과의 동일한 교육목표 및 방법을 유지하게 한다.

• 영유아교사–부모 간 다양한 소통 통로를 만든다.

개별적 대면상담, 간담회, 전화 통화, 운영위원회 등을 통한 다양한 소통으로 부모와 교사 간, 부모와 영유아교육기관과의 신뢰와 협력적인 관계를 형성한다.

(3) 지역사회와의 관계

영유아교육기관은 지역사회 내 육아지원 체제로서의 기관과 지역사회와 개별 가정 간의 연결고리로서 역할을 담당하고 있다. 지역사회와 지역사회 자원은 영유아의 성장과 발달, 교육을 위한 중요한 자원이며, 가정과 영유아교육기관에서 경험할 수 없는 부분들에 대한 경험까지도 가능하게 된다. 따라서 영유아의 보육·교육활동을 위해 지역사회와 연계망을 형성하여 유기적인 협력체제를 형성하는 것이 필요하다.

지역사회 연계를 계획하고 실행하기 위한 방안을 모색하고 역량을 강화하기 위해 원장과 교사는 영유아가 속한 지역사회 내에서 생활 속에서 자연스럽게 활용할 수 있는 자원과 지역사회와의 연계를 조력할 전문가를 발굴하고 지속적인 교육과 장학, 컨설팅 등을 지원받을 필요가 있다.

① 자연적 자원 : 마트, 쇼핑센터, 공원과 놀이터, 문화센터 등
② 물리적 자원 : 병원, 약국, 미용실, 경찰서, 소방서, 우체국 등
③ 문화적 자원 : 지역에서 주최하는 각종 행사, 문화공연, 축제 등
④ 지역사회의 다양한 특징을 지닌 인적자원

2) 전문성 지원

전문성이란 개인이 전문적인 지식과 기술이 요구되는 직업에 종사할 때, 그 지식과 기술을 토대로 신념을 가지고 자율적으로 판단하고 행동하며 의사결정을 내릴 수 있는 것이다. 영유아교사는 영유아와 밀접한 상호작용을 통해 보살핌과 교육을 제공하면서 그들의 정서, 생각, 가치관과 행동 전반에 영향을 미치는 존재이므로 전문직으로서의 전문성을 가져야 한다.

영유아교사의 전문성 지원을 위한 구체적 방안은 다음과 같다.

① 영유아교사의 사전교육 또는 직전 교육이 지원되어야 한다.

영유아교사 자격 기준은 상위 교육기관 교사의 자격 기준에 비해 자격 기준을 취득하기 위한 사전교육 기간이 다양하다. 따라서 상위 교육기관의 교사 자격 취득 기준과 동일한 수준이 될 수 있도록 법적 지원이 필요하다.

② 영유아의 사회적 지위 향상을 위한 지원이 필요하다.

과거에 비해 우리나라 영유아교사의 지위는 많이 상승되었으나, 바라보는 시선은 비교적 낮은 편이다, 영유아교사의 사회적 지위 상승을 위해서는 그에 상응하는 보수와 근무 여건이 정비되어야 하고 사회적 인정이 필요하다.

③ 전문가적 자질 함양을 위한 재교육 과정이 지원되어야 한다.

전문적 교직을 수행하기 위해서는 승급 교육 등의 필수 교육 외에 새로운 기술을 익히고 정보를 획득할 수 있는 워크숍이나 학술대회 등에 참여할 수 있는 여건이 지원되어야 한다.

④ 영유아교사의 발달단계에 따른 적합한 개인적 지원이 필요하다.

교사 공동체나 동료교사들 간의 협의회를 통한 동료 장학이나 경력교사의 지원에 따른 멘토링, 참관 수업 등을 통한 적극적인 지지와 지원이 필요하다.

3) 정서 지원

영유아와 함께하는 영유아교사의 정신건강은 자신뿐만 아니라 영유아에게도 많은 영향을 미칠 수 있다. 영유아교사직은 전문직이면서 동시에 고객 지향적인 서비스를 제공하기 때문에 스트레스가 많아 강도 높은 감정 노동을 경험하게 된다. 따라서 영유아교사는 전문가로서의 역량을 안정적으로 수행하고, 부정적 정서를 조절하여 교사로서의 안녕감을 향상시킬 수 있도록 정서적 지원이 필요하다.

영유아교사가 자신의 직무에서 느끼는 다양한 정서적 경험은 자신이 처한 환경의 상황을 인지하게 하고 이에 대해 감정과 행동으로 나타난다(박선해 · 김미정, 2013). 따라서 영유아교사의 정서는 교수 행동과 영유아 발달에 중요하며 교사로서의 효능감, 직무 만족도 및 전문적 역량 발휘에 영향을 미칠 수 있다.

[그림 5-2] 영유아교사 정서 지원을 위한 프로그램

영유아교사는 돌봄과 교육을 동시에 수행해야 하기 때문에 영유아교사 정서는 매우 중요한 요소이다(조혜경 외, 2023).

교사와 학습자 사이에 정서적 이해가 바탕이 될 때 더 의미 있는 가르침이 될 수 있다. 삶에서 타인과의 관계는 스스로의 행복에 중요한 요인으로 작용한다. 영유아교사는 자신의 감정과 정서를 정확히 이해할 때 자신의 삶을 통제하게 되고 이러한 통제력은 자아존중감의 기초가 된다, 자신의 감정을 조절하게 도와주는 일상적 정서는 두려움, 불안, 기쁨, 분노, 성공/실패감으로 나누어진다.

〈표 5-2〉 일상적 정서의 의미

일상적 정서	의미
두려움	위험하거나 위협적인 상황을 느끼면서 그것을 피할 방법을 모를 때 유발
불안	공포의 원인 혹은 원천을 모를 때 유발되는 공포
기쁨	바라던 목표가 달성되었을 때 생기는 것으로 그 강도는 목표의 중요성, 획득하는 과정에서 겪는 어려움, 획득의 우연성의 정도에 의해서 결정
분노	분노는 목표 달성과 관련되어 있으며 목표 획득을 좌절시키는 사람과 사물에 의해 유발
성공/실패감	자신의 수행 결과를 자신의 기대와 비교해 볼 때 생김. 성공감은 기대를 만족시키거나 그 이상일 때 실패감은 기대에 미치지 못했을 때 각각 생김
자부심/수치심	자신의 행위가 자신의 기대에 미치는지를 평가하여 자신을 좋게, 나쁘게 지각할 때 유발
죄책감	자신의 행동이 잘못되었거나 비도덕적인 것으로 지각되었을 때 유발

일상적 정서	의미
사랑	타인에 이끌리거나 이끌리고 싶은 욕망을 느낄 때 유발. 사랑하는 사람에 대한 헌신의 감정도 사랑의 특징임
증오	타인을 싫어할 뿐 아니라 그 대상을 파괴하고 싶은 욕망이 있는 정서
질투	사랑하는 사람이 자기가 아닌 타인에게 애정을 준다고 지각할 때 생김
시기	자신이 바라는 것을 타인이 소유하고 있다고 지각할 때 생김

출처: 이장호·김정희(2006).

영유아교사의 정서관리와 자아존중감은 중요한 매개변인으로 작동된다, 영유아교사의 정서관리 지원에서 교사가 현재 어떤 상황이며, 어떤 정서적 상태인지 알아차리는 것이 중요하므로 자신의 정서를 이해하기 위한 연습이 필요하다. 이처럼 영유아교사를 위한 정서적 지원은 스트레스 해소를 위한 지원과 더불어 건강한 삶을 위한 현재의 어려움을 극복할 수 있는 방법이다.

영유아교사의 효과적인 정서관리에 있어서 자아존중감은 자신의 긍정적 정서를 자신의 재능이나 가치에 대해 긍정적으로 인식하고 자신에게 가치를 부여하는 것으로, 자신의 능력과 가치에 대한 기본적인 자신감에서 비롯된다. 즉 다른 사람이 자신을 소중한 존재로 여기는 것 보다 스스로가 자신을 어느 정도로 중요하고 소중한 존재로 생각하는가를 의미한다. 자아존중감이 높은 교사는 자신을 소중히 여기므로 다른 사람 또한 존중받고 배려되어야 한다고 생각한다.

영유아교사의 자아존중감은 영유아를 이해하고 배려하며 영유아 인권 존중의 보육·교육을 실천하는 데 중요한 요소가 된다. 또한 동료교사와 부모 등 주변 사람들과 긍정적인 관계를 형성하는 데 영향을 미치게 된다. 따라서 영유아교사 스스로가 영유아교육기관에서 높은 자아존중감을 지니고 근무할 수 있도록 긍정적인 지지와 꾸준한 지원이 필요하다.

〈표 5-3〉 자아존중감 척도 (점수가 높을수록 자아존중감이 높음)

번호	내용	매우 그렇지 않다	그렇지 않다	보통이다	그렇다	매우 그렇다
1	나는 자신을 긍정적으로 생각한다	①	②	③	④	⑤
2	나는 다른 사람만큼 일을 잘 해낼 수 있다	①	②	③	④	⑤
3	대체로 나는 나 자신에 만족한다	①	②	③	④	⑤
4	나는 좋은 점을 많이 가지고 있다고 느낀다	①	②	③	④	⑤
5	나는 남들만큼 가치 있는 사람이라고 느낀다	①	②	③	④	⑤
6	나는 자랑거리를 많이 가지고 있다	①	②	③	④	⑤
7	나의 삶은 매우 쓸모 있다	①	②	③	④	⑤
8	나는 나 자신을 존중하는 마음이 있다	①	②	③	④	⑤
9	나는 스스로 좋은 사람이라고 생각한다	①	②	③	④	⑤
10	대체로 나는 성공한 사람이라고 생각한다	①	②	③	④	⑤

출처: 우영효(2015).

솔직한 토크 한 마당!

1. 나의 자아존중감 점수는?

2. 영유아 교사의 자아존중감을 높일 수 있는 방법은?

'아동학대 의혹에 지치고 상처받은 보육교사의 마음은 누가 돌보나요?'

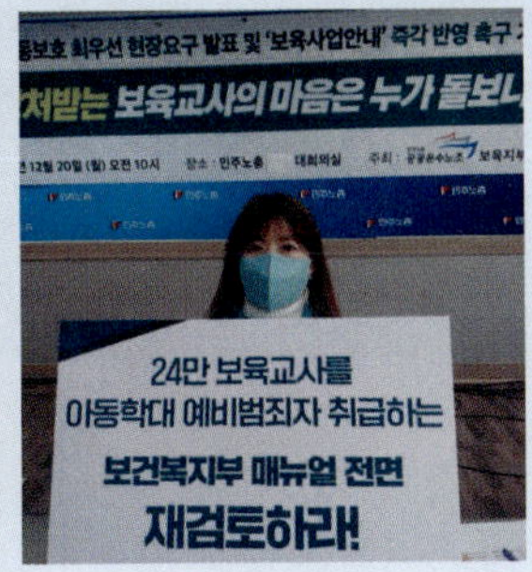

〈보육교사 감정노동보호 최우선 현장요구 발표 및 '보육사업안내' 즉각 반영 촉구 기자회견〉

이날 기자회견문을 통해 "(보육사업안내에) 보육교사가 '안전하게 일할 권리'는 단 한 줄도 명시돼 있지 않다"면서 "보육교사의 '안전하게 일할 권리'는 '아동 안전'과 '돌봄의 질'을 결정하는 중요한 사안이지만 그간 정부는 어떤 방침도 내놓지 않았다"고 지적했다. 이어 "그로 인해 많은 동료 교사들이 보육현장을 떠났다. 2018년과 2020년에는 '감정노동에 지쳐 하늘의 별이 된 교사'를 참담한 심정으로 목도 해야 했다"면서 사례를 언급했다. "2018년 김포에서 어린이집 원생의 이모인 맘 카페 회원에 의해 아동학대범으로 몰려 물세례를 받고 신상털이를 당하는 등 가혹한 마녀사냥에 시달리다 스스로 생을 마감했고, 지난해 세종에서도 개인적 의심만으로 폭언, 폭행, 절차를 무시한 CCTV 확인 등에 의해 2년간 괴롭힘을 당하던 교사가 끝내 목숨을 끊었다"며 보육현장의 현실을 전했다.

보육지부는 이 같은 현실을 알리고 보육교사의 감정노동보호를 위한 실질적인 조치를 마련하고자 2021년 10월 25일부터 11월 14일까지 보육교사 감정노동보호 최우선 현장요구 선정 및 권리선언 설문조사(감정노동 인식도 및 경험, 현장요구 등)를 실시했다.

출처: 베이비뉴스(https://www.ibabynews.com)

CHAPTER 06

영유아교사의 교직관, 교직윤리와 교직인성

1. 영유아 교직에 대한 이해

1) 영유아교사와 교직

(1) 영유아교사의 이해

영유아교사는 5세 미만의 취학 전 영유아들의 전인발달을 도모할 수 있도록 해야 한다.

영유아교사는 영유아교육기관에서 영유아가 일상생활을 원활하게 할 수 있도록 돕고, 일과 중의 놀이와 활동을 통해 영유아의 전인적인 성장과 발달을 지원하는 교육자로서, 이러한 영유아교사의 역량은 교육서비스의 질에 큰 영향을 미치는 중요한 요인이다(신애선 외, 2021).

영유아 교육에 대한 국가와 사회의 책임이 대두되며, 영유아교육기관을 이용하는 영유아 수의 증가에 따라 교육의 질적 수준에 대한 중요성과 많은 시간을 영유아와 밀접하게 생활하며 직접적인 영향을 주는 교사의 역할과 자질에 대한 중요성도 한층 더 강조된다. 영유아교사의 특성을 살펴보면 다음과 같다(박세정 외, 2024).

① 영유아교사는 5세 미만의 취학 전 영유아를 대상으로 한다.

교육대상의 연령이 어릴수록 교사에 대한 의존도가 상대적으로 높고, 교사는 이들의 얼굴표정이나 몸짓 등의 비음성적인 신호에 담긴 요구를 읽고 반응해야 한다. 또한 영유아기의 경험은 이후 일생의 기초가 되므로 영유아교사는 영유아 시기에 그 기초를 닦아주는 중요한 역할을 한다.

② 영유아교사는 영유아의 전인발달을 도와준다.

교육의 목적은 영유아의 다양한 측면의 발달적 요구와 과업에 대한 책임을 인식하고 이에 부응하는 것이다. 이를 위해 영유아교사는 영유아들의 전인적 경험을 도와 줄 수 있는 교육과정을 계획하고, 환경을 조성하며, 통합적으로 운영하는 능력을 지녀야 한다.

③ 영유아교사는 돌봄과 교육을 조화롭게 유지해야 한다.

영유아의 발달은 물리적으로나 정서적으로 안전하고 안정된 환경에서 주위 환경을 탐색하고 환경과 상호작용을 통해서 이루어지므로 영유아가 성인의 안전한 보호하에 세상을 탐색할 수 있도록 돕는 것이 중요하다. 따라서 돌봄과 교육이라는 동일한 과정의 다른 측면을 조화롭게 유지해야 하는 것이다.

④ 영유아교사는 전문직이다.

초등학교 이후의 교사와는 달리 영유아교사는 교과목에 따라 교육과정을 조직하는 것이 아니라 통합된 교육과정을 계획하여야 한다. 영유아의 잠재적인 흥미를 위해 가치 있는 주제들을 탐색하고 조사하는 등 통합된 교육과정을 운영하는 전문성을 가져야 한다.

⑤ 영유아교사는 봉사직이다.

영유아교사는 이해, 헌신, 사랑, 봉사 정신 등을 가지면서 교육에 대한 사명감이 투철하여야 한다. 다른 전문직에 비교할 때 영유아교사는 봉사직으로서의 높은 사명감을 가져야 한다. 이러한 영유아교사의 직업적 특성은 영유아교사들에게 어려움을 느끼게 하는 반면 더 보람 있는 일로 만들어 주기도 한다.

(2) 교직의 이해

'교직'이란 현대사회에서 학교제도가 생겨나면서 만들어진 직업의 하나로, 법령에 따라 국가가 공인한 교육기관에서 교수적 행위를 하는 직업이나 직무를 지칭한다(권성민 외, 2022).

① 교직의 개념 및 특징

교직은 다른 직업과 달리 인간을 가르치고 길러내는 성스러운 직업으로서 특별한 자질과 사명감이 투철한 사람만이 가질 수 있는 직업이다. 교직은 학습자의 성장뿐만 아니라 대중의 생활과 사회 및 국가 발전에 큰 영향을 미친다(김희규 외, 2023).

영유아교사는 교직의 특수성을 이해하고 성공적인 직무수행을 위해 전문성을 구축해야 위해 노력해야 한다. 교직의 직업적 특징은 다음과 같다(권성민 외, 2022; 염지숙 외, 2014).

〈표 6-1〉 교직의 직업적 특징

구분	내용
인간을 대상으로 하는 직업	• 영유아교사는 인간을 대상으로 하는 직업으로 가장 어린 영유아 그 부모를 대상으로 하는 직업 • 공감능력, 의사소통능력, 인간의 전인적 발달특성에 대한 기본적 이해력 등의 역량이 필요함 • 인간에 대한 올바른 이해와 따뜻한 마음가짐이 우선되어야 함
인간의 전인적 측면을 대상으로 하는 직업	• 의사나 법률가 등의 직업은 인간을 대상으로 병적인 증상이나 법률적인 측면의 특성 한 부분만을 다루는 것에 비해 교직은 인간의 모든 측면을 총체적으로 다룸
미성숙자를 대상으로 하는 직업	• 교직은 미성숙한 인간을 보다 성숙한 인간으로 성장할 수 있도록 도와주는 직업으로, 고도의 전문성과 높은 윤리관이 요구됨 • 영유아교사가 가르쳐야 할 대상인 영유아는 가소성이 큰 시기이므로, 영유아를 무한한 가능성을 지닌 하나의 인격체로 인식하고 영유아의 호기심과 흥미를 자극할 수 있는 다양한 교육매체의 활용과 질 높은 교육프로그램을 제공할 의무가 있음

봉사직	• 교직도 개인의 경제생활을 영위하기 위한 수단으로 갖는 직업이지만 다른 직업과 달리 물리적, 경제적인 보상을 추구하기 보다는 국가와 사회에 대한 소명의식과 헌신적인 자세가 필요함
국가와 사회에 기여하는 공적 직업	• 교직은 국가나 사회적인 측면에서 볼 때 인류가 쌓아온 문화유산을 보존하고 계승하여 새로운 문화창출을 추구함
전문직	• 교직은 고도의 정신노동과 창의력을 필요로 하며 교직수행을 위해서는 지속적인 연구를 필요로 함 • 교사가 되기 위해서는 장기간의 준비교육이 필요하며, 교사가 된 후에도 직무연수, 승급연수 등의 재교육을 통한 자기계발과 성장을 위한 부단한 노력이 수반되어야 함

출처: 권성민 외(2022), 재구성.

영유아교육기관에서는 영유아의 신체적, 정신적, 사회적, 지적 등 전인적 발달과 이를 위한 제반 교육을 진행하고 지도하는 업무를 할 수 있다. 영유아교사가 다른 직종과 구별되는 교직의 특수성은 다음과 같다(김희규 외, 2023).

〈표 6-2〉 다른 직종과 구별되는 교직의 특수성

교직조직의 목적인 교육의 가치가 특수함	• 교육의 가치는 본질적 가치와 도구적 가치로 구분할 수 있음 • 교직이 다른 직종과 구별되는 것은 교육조직의 목적성은 교육의 본질적 가치를 중시함
교사에게 요구되는 특정 전문영역의 과업이 있음	• 각 교과에 따른 학문적 지식의 교수 기술 뿐만 아니라 생활지도, 학사업무 등 교육활동 전반에 관련된 과업의 수행을 요구함
교육성과를 평가한다는 것이 어려움	• 가시적인 것과 불가시적인 것, 질적과 양적, 단기적 또는 장기적 효과를 함께 평가해야 함
교직 관련 집단이 다양하고 그 규모도 큼	• 교직은 다른 전문직에 비하여 종사자의 인원이나 학교 및 교육 관련 기관의 수도 많은 편임

출처: 김희규 외(2023), 재구성.

교직이 가지는 긍정적인 측면은 다음과 같다(권성민 외, 2022; 박은혜, 2016).

〈표 6-3〉 교직의 긍정적인 측면

구분	내용
자율적이고 창의적임	• 교사들이 학급에서 가르치는 내용과 방법 등 교과과정을 운영함에 있어 자율권을 행사할 수 있음
다른 직업에 비해 안정적임	• 교원은 특별한 징계 사유가 발생하기 않는 한 정년까지 그 임기를 보장받으며, 다른 직업과 비교해 볼 때 상대적으로 신분이 안정적임
다른 직종에 비해 비교적 여가가 많음	• 교직이 가지고 있는 매력 중 방학이 있음 • 완전한 휴식기로 보내기보다는 다양한 연수, 다음 학기 준비하면서 보내지만 일상의 책임에서 벗어나 있을 수 있다는 것은 상당한 매력으로 작용함
애타적 동기에서 자기를 희생함	• 가르치는 일은 절대적으로 교사가 아닌 학습자를 고려하고 그들의 관점에서 생각할 수 있어야 함 • 교사 자신이 잘 된 것보다 자신의 제제가 잘 되었을 때 훨씬 더 기쁨을 느낌
사회적 공헌이 분명하고 그 정도가 높음	• 교육은 한 사회의 일꾼을 길러내는 일이며 한 사람의 인생의 초석을 마련해 주는 일로 교사의 인정하는 말 한마디나 격려하는 몸짓 하나에 변화되는 학생들을 보는 것은 교직만이 가지고 있는 커다란 매력이라 할 수 있음

출처: 권성민 외(2022), 재구성.

② 교직관

교직에 대한 인식은 사회문화적 환경의 영향을 받으며 변화되어 왔고, 시대적 흐름과 역사적 발전의 과정을 거치면서 새로운 교직관이 형성되는 과정을 거쳐왔다(김진한, 2022). 교직관이란 교직의 본질과 성격을 어떻게 이해하느냐에 대한 견해이자 관점을 의미한다. 교직관에 대한 대표적인 관점들과 그 특성을 알아보면 다음과 같다(권성민 외, 2022; 박은혜, 2016; 이현정, 2018).

〈표 6-4〉 교직관

성직관	• 가장 전통적인 관점 • 사랑, 헌신, 희생, 봉사 등 성직자와 같이 소명 의식을 지닌 개념으로 교직을 바라봄 • 단순한 지식과 기술보다는 참다운 인격을 형성시키는 사람으로 인식
노동직관	• 생계유지 수단으로 보는 관점 • 노동의 대가로 보수를 받고 자신의 권익 추구
전문직관	• 지적 · 정신적 활동을 중요하게 인식 • 자율성과 윤리성을 존중하며 바람직한 인격형성 추구 • 교원의 자질 향상과 교권확립, 경제적 · 사회적 지위 향상을 위해 진취적 • 자신의 전문성을 유지하기 위해 장기간 교육을 받고, 엄격한 기준에 의해 자격을 취득하고, 고도의 자율성과 사회적 책임감을 가지고 끊임없이 연구하고 노력하는 사람
공직관	• 사회적 공헌의 관점 • 교육활동을 사적활동이 아닌 공적활동으로 보며 학교 교육의 목적과 그 방법적 기초를 공공성으로 인식 • 국가 수준의 교육과정을 준수하여 국민의 기초 교육을 위해 공적 책임을 다함
기타 교직관	• 가르치는 일을 '기술'로 여기고 가르치는 사람은 '장인'으로 보는 관점(예: 도제제도) • 가르치는 일을 '예술'로 보는 관점 – 교사 개인의 창의성이나 교사의 직관을 통해 학습자들의 질적 변화를 이끌어 내고자 함

출처: 권성민 외(2022), 재구성.

2. 영유아교사의 교육신념 및 교사상

1) 영유아교사의 교육신념

신념은 어떤 사상이나 명제, 판단, 주장, 의견 등을 진리라고 생각하는 마음의 상태를 의미하는 것으로 개인이 접촉하는 세계의 어떤 측면에 대한 감정, 지각, 인식, 평가, 동기, 행동 경향 등의 종합적이고 지속적인 자세를 말한다(황혜경 외, 2018).

교사의 교육신념은 교사의 사고와 가르치는 행위에 영향을 미치기 때문에 직접적으로 또는 일상적인 상황에서 이루어지는 언어적 · 비언어적 의사소통을 통해서 간접적으로 영유아의 동기유발과 학업성취에 영향을 미친다. 교육신념은 영유아교육기관의 물리적 환경보다 영유아의 행동변화에 많은 영향을 미치게 되므로 교육의 질을 결정하는 가장 중요한 요인이다(황혜경 외, 2018).

특히, 영유아교사의 교육신념은 교수 상황에서 교육적 판단, 의사결정, 행동의 기초가 되며 교육의 효율성에 영향을 준다(Mayer, 1985; Saracho, 1989). 이러한 신념은 교수-학습의 본질, 아동관, 유아교육의 목적, 영유아에게 미치는 잠재적 영향력에 대한 생각이며 교수행위에 영향을 줄 수 있다. 영유아교사의 교육신념은 직전교육을 받기 전부터 형성된다는 것이 일반적인 견해이며, 교수 · 학습, 영유아에 대한 신념은 다양함 경험을 통해 전 생애에 걸쳐 형성된다(황혜경 외, 2018).

교육신념은 콜버그와 메이어(Kohlberg & Mayer), 피터스(Peters) 등의 분류에 기초하여 성숙주의, 행동주의, 상호작용주의로 신념 유형을 분류한다.

〈표 6-5〉 성숙주의, 행동주의, 상호작용주의 관점의 교육신념 특징

구분	성숙주의	행동주의	상호작용주의
교육목적	사회정서발달과 인성발달	학문적 기초 형성	인지발달
아동관	유전적 시간표에 따라 정해진 순서대로 발달하는 수동적인 존재	환경에 의해 영향을 받는 수동적인 존재	환경과의 자발적인 상호작용을 통해 발달하는 능동적인 존재
발달관	인간 고유의 생득적 성향의 자연적 계발	외재적 환경의 조작 및 반응을 통한 경험	통합적 과정
동기화	유전적 성숙에 의한 내적 자극	환경의 외적 자극	환경과 유아의 내적 자극
학습관	성숙준비도와 학습동기와의 조화	환경에 의한 동기화	개인과 외적 환경과의 상호작용
교수방법	풍부한 학습환경 조성	직접적인 교수	풍부한 학습환경 조성
교사의 역할	간접적 안내자, 격려자, 발달에 대한 지식자	교수 · 학습 활동의 준비자	교수활동 계획자, 관찰자, 모델링
학습 제시 방법	성숙 수준에 도달할 때 제시	가장 단순한 내용을 순차적으로 제시	경험을 위한 지식의 구성
실수를 보는 관점	정신적 · 신체적 미성숙에 의함	자극이 부적절하게 제시됨	성인의 지식과 질적으로 다른 것으로 인식
학습결과	제시되지 않음	실수를 통한 내적 지식의 구성	반복, 모방 및 연습

출처: 이성희 외(2020).

이러한 신념은 영유아교사에게 영유아가 어떠한 방식으로 발달하고 학습하는지, 교사의 교육적 목표와 목적은 어떠한 것인지, 영유아에게 어떠한 방식으로 교수활동을 제시할 것인지 등을 총체적으로 가리키는 이해구조이다(Peters, Neisworth & Yawkey, 1985).

성숙주의, 행동주의, 상호작용주의에 대한 영유아교사 교육신념을 검검표는 다음과 같다(이진화, 2014).

〈표 6-6〉 성숙주의, 행동주의, 상호작용주의에 대한 교육신념 점검표

● 다음의 각 문항에 대하여 자신의 신념과 가장 가까운 번호에 체크하시오.

영역	내용	전혀 중요하지 않다	중요하지 않다	그저 그렇다	중요하다	매우 중요하다
성숙주의	영유아가 스스로 활동할 수 있는 조건이나 상황을 제공한다.	①	②	③	④	⑤
	영유들이 활동에 대한 정보를 획득할 수 있도록 영유아들에게 자유로운 놀이의 선택을 허용한다.	①	②	③	④	⑤
	영유아들끼리 스스로 학습할 수 있는 방법으로서 협동학습을 지향한다.	①	②	③	④	⑤
	영유아가 스스로 놀이 상황을 만들어 가도록 유도한다.	①	②	③	④	⑤
	영유아가 협동을 통하여 학습하도록 상황을 조절한다.	①	②	③	④	⑤
행동주의	영유아의 행동을 성인의 기준에 맞도록 고친다.	①	②	③	④	⑤
	영유아에게 성인 수준의 언어를 사용하거나 영유아로 하여금 교사가 쓰는 언어를 쓰도록 한다.	①	②	③	④	⑤
	영유아의 최종 성과에 관심을 두며, 이러한 성과는 성인의 기준에 비추어 판단한다.	①	②	③	④	⑤
	영유아의 능력이 성인의 기준에 부합되도록 하는 것에 관심을 둔다.	①	②	③	④	⑤
	영유아의 잘못된 행동을 다양한 방법을 통해 즉시 교정한다.	①	②	③	④	⑤
상호작용주의	교재를 영유아들에게 적절한 방식으로 변형하여 활용한다.	①	②	③	④	⑤
	교재나 자료 사용에 있어서 영유아 나름대로 여러 가지 방법들을 사용하도록 유도한다.	①	②	③	④	⑤
	영유아의 협동심을 높이기 위한 활동을 제공한다.	①	②	③	④	⑤
	영유아가 어떠한 행동을 선택하는지 살펴서 필요한 자료와 정보를 제공한다.	①	②	③	④	⑤
	영유아 스스로 자료를 탐구하거나 연합하는 데 필요로 하는 자료를 적절히 조절하여 제공한다.	①	②	③	④	⑤

출처: 이진화(2014).

이러한 영유아교사 신념에 영향을 미치는 요소는 다음과 같다.

〈표 6-7〉 영유아교사 신념에 영향을 미치는 요소

개인적인 경험	• 가정생활 및 성장배경: 가족 중 보육계 종사자를 통한 자연스런 간접 경험 및 어린 동생을 돌보거나 가르친 경험 • 자녀의 유무: 자녀가 있는 경우 양육에 영유아교사의 역할을 많이 할애함. 자녀가 없는 경우 사전 학교 경험 중심으로 가르침 • 종교: 신념이나 가치에 가장 영향을 줌 • 성별: 성별에 따라 관심과 반응에 차이가 있음 • 성격: 개인의 다양한 성격대로 학급 운영을 하며 영유아의 태도를 규정함
학교 경험	• 학교 시절 교사와의 관계 • 교사와의 긍정적인 관계의 경험 유무
직전 경험	• 종교단체 등에서 영유아를 돌보는 봉사의 경험 • 영유아교육기관에서 인턴십 경험이나 자원봉사의 경험 • 영유아들을 가르쳐 본 경험

출처: 황혜경 외(2018).

2) 교사상

교사상이란 교사가 마땅히 가져야 할 어떠한 이상형을 말한다. 교사상은 단순히 교사의 자질만을 의미하는 것은 아니며, 교직의 역사적 전통에서 총체적으로 형성된 관념이라고 할 수 있다. 표면적으로 보여지는 교사의 이미지보다는 사회가 하나의 당위성, 이상성을 전제로 기대하고 바라며 장차 이룩하고자 하는 새로운 교사의 모습을 의미한다. 따라서 교사상은 정적인 형태로 고정되어 있는 것이 아니라 사회적 조건과 상황에 따라 변화한다. 이러한 교사상은 시대적 상황이나 교직에 대한 입장, 기관별, 학습자의 특성 등에 따라 다르게 나타난다.

바람직한 교사상, 이상적인 교사상이란 교사가 갖추어야 자질과 능력을 바탕으로 가장 효율적으로 교육할 수 있는 사람이다. 학자별로 제시하는 바람직한 교사상은 다음과 같다.

〈표 6-8〉 바람직한 교사상

학자	바람직한 교사상
이칭찬 (1989)	• 가르치는 교과에 관하여 깊고 넓은 지식과 전문적 식견을 갖춘 실력 있는 교사 • 가르치는 것을 좋아하는 교사 • 학생을 사랑하고 아낄 줄 알며, 학생 개개인의 인성과 성품을 잘 이해하는 교사 • 스스로 자신의 인품과 자질, 능력 등을 꾸준히 향상하며, 매사에 솔선수범하는 교사 • 교직에 대한 긍지와 보람을 느끼며, 자신의 위치에서 교육의 혁신과 개혁을 추진하고 실천하는 촉진자 구실을 하는 교사 • 교과의 내용을 가르치는 방법을 알고 있는 교사 • 교육의 방향을 확실히 설정하고, 이를 실천에 옮길 수 있는 교사 • 현대사회가 안고 있는 여러 가지 문제 혹은 자신에게 내재한 문제를 스스로 해결할 수 있는 능력과 대처방안을 가지고 어떠한 문제가 닥치더라도 이를 슬기롭게 대처할 수 있는 교사
이종재 외 (2006)	• 이해와 의사소통의 가능성을 지닌 교사 • 학생에게 공정한 원칙을 지닌 교사 • 높은 도덕적 특성이 있는 교사 • 학생에 대한 사랑과 관심을 지닌 교사 • 친근하고 좋은 성품을 지닌 교사
이윤식, 김인정 (2008)	• 학생의 인격을 존중해주는 교사 • 배움의 즐거움을 알게 해주는 교사 • 꿈과 희망을 심어주는 진로 안내자로서의 교사 • 학생의 눈높이에서 이해하는 교사 • 리더십 있는 교사 • 바른 삶의 가르침을 행동으로 보여주는 교사

학자	바람직한 교사상
이윤식 외 (2009)	• 건전한 사고와 가치관을 지니고 교직에 대한 긍정적 태도를 지닌 교사 • 스스로 자기의 교직능력을 향상하고, 나아가 교육 발전에 솔선수범하는 교사 • 교과지식에 정통해야 하고, 학습 주제에 알맞은 효과적인 교수방법에 능숙한 교사 • 학생을 사랑하고 학습 과정을 사랑으로 보살피는 교사 • 건강한 신체를 유지하는 교사
강기수, 김희규 (2012)	• 성선설과 변화관에 근거한 인간관과 교육관을 지닌 교사 • 긍정적으로 사고하고 교직을 보람으로 여기는 교사 • 학생을 사랑하고 이해하고 공감하는 교사 • 교과와 교육에 대해 폭넓은 안목과 지식을 갖춘 교육전문가 • 부단히 노력하고, 솔선수범하는 교사 • 인간관계가 원만한 교사 • 진실하고 솔직한 교사 • 신체적으로 건강한 교사

출처: 김희규 외(2023).

바람직한 교사상의 내용을 구체적으로 살펴보면 다음과 같다(김희규 외, 2023).

① 인간애

교사는 성선설의 관점에서 인간과 학생을 사랑하여야 한다. 인간의 변화 가능성을 믿으며, 교육활동을 통하여 학생들이 무한한 잠재력을 최대한 발휘하도록 도와주어야 한다.

② 사명감

교사는 교육지도자로서 뚜렷한 교직관과 사명감을 지녀야 한다. 교직을 천직으로 여기고 항상 긍정적으로 사고해야 한다. 가르치는 일을 소중히 여기고 가르치는 일에서 기쁨을 찾으며 제자 양성을 보람으로 삼을 수 있어야 한다.

③ 전문성

지식전문가로서 교과내용과 교육방법에 대한 높은 안목과 탁월한 지식을 갖추어야 한다. 또한 지도방법과 교수능력을 개발하고 수업 전문성 향상을 위해 끊임없이 노력하여야 한다.

④ 윤리성

교사는 학생들의 동일시 대상으로서 높은 교직윤리를 바탕으로 모범적인 인격과 품성을 지니고 매사에 솔선수범하며 학생들과 사회의 본보기가 되어야 한다.

⑤ 인간관계

교사는 원만한 인격의 소유자여야 한다. 학생뿐만 아니라 동료교원 간에도 원만한 인간관계를 바탕으로 신뢰를 구축하고, 배려하고 양보할 줄 아는 마음을 가져야 한다.

3) 영유아교사상

전통적인 영유아교사상은 19세기 이후 유아교육의 중요성이 부각되어 영유아에게 단순한 보호 이상의 교육적 경험의 필요성이 대두되면서, 영유아를 보호하고 양육하는 엄마와 같은 교사상에서 영유아의 발달을 촉진하고 그들의 미래를 준비시켜 주는 교육적 역할이 강조되는 영유아교사상으로 변화하였다. 영유아교사는 영유아교육기관에서 영유아와 많은 시간을 함께 생활하기 때문에 영유아교사의 개인적 인성과 사람됨은 영유아의 발달과 보육의 질에 중요한 영향을 미치는 요인이다(황혜경 외, 2018).

특히, 유아교육은 지식 전달 위주의 교육이 아니라 전인적인 성장과 발달을 목적으로 하는 기초 교육으로서(교육부, 2000), 교과서 없이 영유아-영유아, 영유아-또래, 영유아-교사 간의 상호작용이나 놀이중심으로 이루어지기 때문에 영유아교사는 환경을 마련해주고 영유아의 활동을 적극적으로 지원해 주어야 한다. 이러한 영유아교사상의 내용을 구체적으로 살펴보면 다음과 같다.

① 온화한 태도와 성품

영유아교사는 감정의 기복이 심하거나 우울한 기분이 지속되지 않아야 하며 정신적으로 건강하고 심리적으로 안정되어 있어야 한다. 영유아교사는 마음속에 영유아를 진심으로 사랑하고, 돌보는 것을 좋아하는 마음을 상기시키고 보람과 기쁨을 느끼도록 하여야 한다. 그렇게 되기 위해서 영유아교사는 스스로에 대한 긍정적인 마음과 타인을 사랑으로 바라보는 눈, 세상을 아름답게 생각하는 마음 등이 갖추어져 있어야 한다.

② 성숙한 태도와 행동, 윤리의식

영유아교사는 교사이기 전에 성인으로서 수동적이거나 의존적인 태도를 벗어나 주체성, 책임감, 윤리의식을 지녀야 한다. 이러한 교사의 모습은 영유아에게 좋은 모델링이 되며 영유아의 사회적 성장을 이끈다. 영유아를 돌보고 가르치는 교사의 미성숙한 태도와 행동은 영유아에게 그대로 영향을 미치므로 성인으로서 성숙된 태도와 행동, 윤리의식이 필요하다.

③ 열정과 성실

영유아교사는 열정과 사명감을 갖고 성실하게 임하는 태도를 가져야 한다. 즉, 열정은 영유아교사가 영유아를 가르치고 돌보는 일을 가치 있게 여기는 마음에서부터 시작하며 교사 역할에 대하여 바르게 인식하여 자신의 부족한 점을 알고 기꺼이 배우고 채워 나가려는 자세와 태도이다. 영유아교사들의 열정과 성실한 태도 및 자세는 교직에 보람을 가질 수 있도록 한다.

④ 신체적 건강

영유아교사의 신체적 건강은 교사로서의 책임과 의무수행의 기본조건이다. 교사는 신체적 건강을 유지하기 위해 늘 규칙적인 생활 습관이 필요하며 힘들고 지치는 일과 속에서 활력을 찾기 위해 노력해야 할 필요가 있다.

⑤ 원만한 인간관계

영유아교사는 영유아, 원장, 동료, 지역사회 등 사람들과 함께하는 직업이다. 영유아교사는 다른 사람의 의견을 경청하고 수용할 수 있는 열린 마음과 자신의 생각과 신념을 설득력 있게 주장하며, 효율적인 의사소통 능력을 갖추어야 한다. 또한 타인에 대한 배려, 인정, 양보의 마음과 노력이 요구되며 자신을 둘러싼 주변에 늘 감사하는 마음을 가져야 한다.

⑥ 풍부한 교양과 봉사

영유아교사는 교사로서의 품위를 유지해야 하며 전문적인 지식은 물론 다방면에 풍부한 교양을 쌓고 사회 봉사적 정신을 가져야 한다.

⑦ 영유아에 민감성

영유아교사는 언어가 서툰 영유아가 보내는 신호 즉, 표정이나 행동을 읽을 수 있는 민감성을 지녀야 한다. 영유아교사의 민감하고 일관성 있는 반응에 영유아는 긍정적 신호를 받게 되어 신뢰감이 형성되기 때문이다. 즉, 영유아교사가 민감하게 영유아의 신호를 읽어주고, 반응해 준다면 교사-영유아 간의 안정 애착이 형성될 것이다.

이러한 영유아교사상은 유아교육현장에서 어떤 모습으로 드러나고 있는가? 각각의 예비교사는 어린아이들을 따뜻이 감싸주는 햇살로, 아낌없이 주는 나무처럼 무엇이든 영유아에게 아낌없이 베풀어주는 나무로, 제2의 엄마로, 현장에서 다양한 역할을 하는 만능 재주꾼으로 표현하고 있다.

영유아교사상

'영유아교사는 ○○이다. 왜냐하면   이기 때문이다.'

영유아교사란 햇살이다. 왜냐하면 아이들을 보면 싱그러운 초록의 이미지가 떠 오른다. 초록의 꿈과 함께하는 나는 그들을 따듯이 감싸안아 주는 푸른 햇살이라고 생각한다.

영유아교사는 나무와 같다. 아낌없이 주는 나무라는 소설 속에서 나무가 소년에게 아낌없이 베풀어준 것처럼 교사도 영유아에게 아낌없이 베풀어주기 때문이다.

영유아교사는 만능 재주꾼과 같다. 현장에서 영유아교사의 역할은 한두가지가 아니다. 교실의 환경을 살피는 것부터 시작해서 활동을 이끌어가는 일, 기본생활습관지도, 일상생활지도, 식사지도, 놀이지도 등과 같은 많은 일을 동시에 해야 하기 때문이다.

영유아교사란 엄마이다. 왜냐하면 처음 엄마의 손에서 벗어나 영유아교육기관에서 생활하는 아이들을 엄마와 같은 마음으로 포근하고 편안하게 아이들을 돌봐주기 때문에 영유아교사는 제2의 엄마라고 할 수 있다.

출처: 황해익 외(2020).

◆ 생각하는 코너

내가 생각하는 영유아교사

3. 영유아교사의 교직윤리

교직윤리는 교육전문가로서의 영유아교사가 교직을 실천하는 과정에서 마땅히 지켜야 할 것으로 기대되는 사회적 행동규범이자 교사 스스로 교육적 활동을 최대화시키기 위한 자발적 행위와 규범이다(정미라 외, 2024). 이와 같은 교직윤리는 영유아교사가 직무를 수행하는 과정에서 일어날 수 있는 다양한 가치 판단의 문제에서 최우선적으로 고려해야 하는 사항을 결정할 때 중요한 지침이 된다.

1) 영유아교사 교직윤리의 이해

(1) 교직윤리의 개념

교직윤리에서 윤리의 사전적 의미는 '사회를 이루어 살고 있는 인간이 그들의 자연적, 사회적, 인간적 요구와 욕망을 조화롭게 충족시켜야 하는 행위의 규범'이다(하우동설, 1995). 윤리란 사회적 의식의 한 형태로 인간이라면 당연히 따라야 할 행위 규범의 총체를 의미하며, 인간이 타인과 더불어 사는 사회 속에서 인간관계 및 사회관계의 유지를 위해 기대되는 사회적 규범이다(강기수, 2000). 이를 토대로 직업에서의 윤리란 주어진 업무를 수행하면서 마땅히 지켜야 할 자율적 행위와 규범을 의미하며 교직과 같은 전문직은 그 자체의 기능을 수행하는 데 있어서 반드시 지켜야 할 도리와 자기 업무수행에 대한 비판적 숙고까지를 포함하는 포괄적 개념이다(임미선, 2001).

교직윤리는 교사가 교육활동에 종사하는 사람으로서 지키고 따라야 할 구체적인 실천 도덕 또는, 행위 규범이다. 교직윤리를 위반할 경우, 교사는 일반적으로 법률적 처벌이나 불이익을 당하지는 않지만 사회적 비난과 지탄의 대상이 될 수 있다. 교직윤리란 비록 강제를 수반하는 법률적 성격을 갖지는 않지만 교사가 교육활동을 수행하면서 사람들의 사표(師表)로서 행동하기 위해 지키고 따라야 하는 행위 규범 또는 도덕적 의무를 의미한다(변주현, 2002).

영유아교사의 교직윤리는 영유아교사로서 지켜야 하는 사회적 규범을 의미하며, 영유아교사의 교육실천적 행위의 가치를 판단하는 기준이 된다. 영유아교사는 인간의 성장과 발달에 관련된 전문적인 활동에 대해 자율성을 가지며, 이와 더불어 자발적, 능동적, 비공식적으로 교육의 책무성을 가지므로 다른 전문직보다 교직윤리에 대한 중요성이 부각되어야 한다(심정선, 2011). 따라서 교직윤리는 영유아교사가 보육활동을 수행하는 전반적인 과정에서 영유아교사가 지켜야 할 도덕적, 윤리적 행위규범으로서, 마땅히 지켜야 할 실천적 행동 강령으로서의 의미가 있다(김지현, 2015).

가르치는 일은 수없이 많은 윤리적 딜레마(ethical Dilemmas)[1)]에 직면하게 된다. 영유아교사는 영유아를 교육하면서 다양한 교육윤리 딜레마를 경험하게 된다.

〈표 6-9〉 보육교사의 교육윤리 관련 딜레마

교직윤리영역	갈등덕목	사례
영유아와의 관계	공정성 대 개인 존중	• 편식하는 영유아에게 음식 남기기를 허용할 것인가? 모든 영유아에게 다 먹도록 하는 규칙을 적용할 것인가? • 부적응 영유아에게 좀 더 많은 시간을 할애할 것인가? 골고루 관심을 배분할 것인가?
가정과의 관계	진실성 대 조화	• 지나치게 산만한 영유아의 문제를 부모에게 있는 그대로 전달할 것인가? 긍정적인 부분 중심으로 전달할 것인가? • 학습을 바꿔 달라는 부모의 요구를 들어줄 것인가? 부모를 설득할 것인가?
동료와의 관계	순응 대 용기	• 지나친 특성화 활동 운영에 대해 원장에게 개선을 요구할 것인가? 그대로 따라갈 것인가? • 우리 반의 독특한 환경구성을 동료와의 관계 때문에 포기할 것인가? 유지할 것인가?
지역사회와의 관계	성실 대 인내	• 공공기관 협조를 구하기 어려운 상황에서 계획을 포기할 것인가? 계속 시도할 것인가? • 주민 권리에 관한 서명운동에 참여할 것인가? 교사로서 사회적 활동에 대해 중립을 지킬 것인가?

출처: 조형숙(2012).

1) 윤리적 딜레마(ethical Dilemmas)란 두 가지 이상의 선택해야 할 문제에 대해 모두를 선택할 수 없는 상황에서 하나를 선택해야 하지만, 최선의 방법이나 적절한 반응이 불확실한 상황이라고 할 수 있다(Sinnott-Arm-strong, 1988).

영유아교사는 영유아와 그 가정, 동료, 기관, 지역사회와의 관계 속에서 다양한 갈등을 경험하게 되고, 이러한 갈등은 영유아교사가 선택해야 할 두 가지 문제에 대해 모두를 선택할 수 없는 딜레마 상황으로 윤리적(도덕적) 문제가 내포될 수 있다. 영유아교사는 자신의 교육신념과 가치에 의해 올바른 의사결정과 교수실천을 통해 올바른 교직윤리를 형성해 나가야 한다.

(2) 교직윤리의 성격

영유아교사에게 요구되는 교직윤리는 다음과 같은 성격을 지닌다(김희규 외, 2023, 재구성).

- 교직윤리는 영유아교사가 교직활동을 수행하면서 지켜야 할 법령에 규정되는 공식적 규율일 뿐만 아니라 이외의 것들을 포함하는 비공식적 실천 규범이 된다.
- 교직윤리는 영유아교사가 교직활동을 수행하면서 지켜야 할 모든 행동의 기본지침이 된다.
- 교직윤리는 영유아교사의 행동을 통하여 공교육에 대한 인식을 정립하고, 교육의 질을 높이는 출발점이 된다.
- 교직윤리의 확립은 영유아교사의 교육활동을 통하여 공교육의 보편성을 확보하고 수월성을 높이기 위한 지향점이 된다.
- 교직윤리는 영유아교사의 교권을 확보하기 위한 기본 바탕이 된다.

2) 교직윤리의 필요성

영유아교사는 영유아뿐만 아니라 영유아의 가정, 동료와 기관, 지역사회에 대해 윤리적 책임(Ethical Responsibilities)이 있으므로 전문가 윤리(Professional Ethics)가 필요하다. 윤리적 책임은 하거나 하지 말아야 할 행동들이고 전문가 윤리는 전문직업의 도덕적 약속들이다. 영유아교사는 가르치는 일(teaching)을 하는 전문인으로서 전문적 능력을 유지, 발전시키기 위해 자발적 연구와 노력을 해야 하는 윤리적 책임이 있다. 이에 영유아교사는 보육하는 것으로 미성숙한 인간을 대상으로 하는 전문직으로서 도덕의식과 윤리의식이 더 요구된다.

영유아교사에게 교직윤리가 중요한 이유는 다음과 같다(강기수, 2000).

- 교직은 인간을 형성하는 직업으로 고도의 윤리성이 요구된다. 인간의 정신영역을 다루면서 영유아가 교사를 동일시 대상으로 여기기 때문이다.
- 교직이 전문직이기 때문에 윤리성이 요구된다. 자라나는 영유아를 교육하고 사회를 선도할 책임이 교사들에게 있으므로 사회의 모범을 보일 수 있는 고도의 윤리성이 수반되어야 한다.
- 교사가 영유아에게 영향력을 미치는 힘, 그것을 권위라 한다면 권위를 적절하게 사용하는 요소 중의 하나가 윤리이다.
- 교사의 인격과 윤리성은 직접 영유아에게 영향을 미친다. 영유아는 교사와의 인격적 접촉을 통해 감화를 받기도 하고 동일시 대상으로 삼기도 한다.

3) 교직윤리의식 측정 도구

영유아교사의 교직윤리의식 측정 도구는 5영역, 61문항으로 구성되어 있다. 이를 구체적으로 살펴보면 영유아에 대한 윤리 15문항, 가정에 대한 윤리 10문항, 동료에 대한 윤리 20문항, 사회에 대한 윤리 8문항, 교사 개인에 대한 윤리 8문항이다(김지현, 2015).

〈표 6-10〉 영유아교사의 교직윤리의식 측정 도구

영역	번호	문항내용	척도						
①: 전혀 지키지 않아도 된다, ②: 대체로 지키지 않아도 된다, ③: 조금 지키지 않아도 된다, ④: 지켜야 한다, ⑤: 조금 지켜야 한다, ⑥: 대체로 지켜야 한다, ⑦: 반드시 지켜야 한다.									
영유아	1	영유아교사는 다문화 가정의 영유아가 학급의 친구들과 융화될 수 있도록 통합된 교육프로그램을 계획해야 한다.	①	②	③	④	⑤	⑥	⑦
	2	영유아교사는 영유아의 발달 속도를 파악하여 발달에 관한 개인차를 인정하고 배려해야 한다.	①	②	③	④	⑤	⑥	⑦
	3	영유아교사는 영유아의 정서적 상태를 파악할 수 있는 민감성을 지녀야 한다.	①	②	③	④	⑤	⑥	⑦
	4	영유아교사는 문제행동을 보이는 영유아를 포기하지 않고, 해결을 위한 개별 교육프로그램을 준비하는 등 지속적인 노력을 해야 한다.	①	②	③	④	⑤	⑥	⑦
	5	영유아교사는 영유아의 전인발달을 지원하는 교육과 환경을 제공해야 한다.	①	②	③	④	⑤	⑥	⑦
	6	영유아교사는 도덕적 민감성 및 판단력으로 영유아와 관련 있는 윤리적 사태를 지각하고 해석하며 옳고 그른 행동을 구별할 수 있어야 한다.	①	②	③	④	⑤	⑥	⑦
	7	영유아교사는 다문화 가정의 영유아를 편견적 시각으로 보지 않아야 한다.	①	②	③	④	⑤	⑥	⑦
	8	영유아교사는 학급의 모든 영유아와 골고루 상호작용을 해야 한다.	①	②	③	④	⑤	⑥	⑦
	9	영유아교사는 영유아의 발달과 학습을 이해하여 추가적인 서비스가 필요한 아동을 확인하기 위한 목적으로 평가 정보를 활용하고, 그 외의 목적으로 사용하거나 유출해서는 안 된다.	①	②	③	④	⑤	⑥	⑦
	10	영유아교사는 문제행동을 하는 영유아가 있을 때, 객관적인 시각에서 원인을 파악하고자 노력해야 한다.	①	②	③	④	⑤	⑥	⑦
	11	영유아교사는 영유아의 주변 환경에 대한 정확한 정보를 알고 있어야 한다.	①	②	③	④	⑤	⑥	⑦

영역	번호	문항내용	척도						
영유아	12	영유아교사는 영유아의 안녕(건강, 안전, 복지 등)을 위협하는 가정적 · 사회적 · 문화적 · 경제적 상황을 적극적으로 파악하여, 영유아를 보호하기 위한 노력을 수행해야 한다.	①	②	③	④	⑤	⑥	⑦
	13	영유아교사는 영유아가 다치기 쉬운 존재임을 인식하여 항상 주의 깊게 관찰하며 안전하게 보호해야 한다.	①	②	③	④	⑤	⑥	⑦
	14	영유아교사는 영유아에게 고른 영양과 충분한 휴식을 제공하여, 몸과 마음이 건강한 사람으로 자라도록 도와야 한다.	①	②	③	④	⑤	⑥	⑦
	15	영유아교사는 영유아에게 정서적, 언어적, 신체적, 학대를 행해서는 안 된다.	①	②	③	④	⑤	⑥	⑦
가정	16	영유아교사는 영유아의 교육과 발달에 관한 현행 지식을 가정이 이해할 수 있도록 돕고 정보를 공유해야 한다.	①	②	③	④	⑤	⑥	⑦
	17	영유아교사는 가정에서 영유아의 개인차 및 발달단계에 적절한 프로그램이 무엇인지 이해할 수 있도록 도와야 한다.	①	②	③	④	⑤	⑥	⑦
	18	영유아교사는 상담이나 부모교육 프로그램을 통해 가족이 영유아를 잘 양육할 수 있도록 필요한 정보를 제공하여, 부모역할을 잘 수행할 수 있도록 도와야 한다.	①	②	③	④	⑤	⑥	⑦
	19	영유아교사는 영유아교육기관 운영에 관련된 중요한 의사결정 과정에 부모를 참여시켜야 한다.	①	②	③	④	⑤	⑥	⑦
	20	영유아교사는 영유아교육기관을 개방하여 필요한 정보를 제공함으로써, 영유아 가정의 알 권리에 응해야 한다.	①	②	③	④	⑤	⑥	⑦
	21	영유아교사는 상호 신뢰를 바탕으로 영유아의 가정과 동반자적인 관계를 유지해야 한다.	①	②	③	④	⑤	⑥	⑦
	22	영유아교사는 영유아의 양육과 교육에 관한 정보를 가정에 제공하는 것과 같이 영유아 가정의 강점과 역량을 인정하고 배울 수 있는 태도를 지녀야 한다.	①	②	③	④	⑤	⑥	⑦

영역	번호	문항내용	척도						
가정	23	영유아교사는 가정에서 필요한 지역사회 자원에 대한 정보를 구축하고 이를 가정에게 적극 제공해야 한다.	①	②	③	④	⑤	⑥	⑦
	24	영유아교사는 각 가정의 자녀양육가치와 자녀에 대한 의사결정권을 존중해야 한다.	①	②	③	④	⑤	⑥	⑦
	25	영유아교사는 법원 명령이나 다른 법률적 규제가 없는 한, 영유아의 모든 가족구성원이 교실 환경에 접근하거나 활동에 참여하는 것을 격려하고 허락해야 한다.	①	②	③	④	⑤	⑥	⑦
동료	26	원장은 시설, 인적자원, 교육자원, 행정 운영 등 관리자로서의 사명감을 갖고 역할을 성실하게 행해야 한다.	①	②	③	④	⑤	⑥	⑦
	27	원장은 영유아의 보육, 교육, 행정의 업무를 분화하여, 교사가 영유아에 집중하여 질 높은 보육 및 교육이 이루어질 수 있도록 노력해야 한다.	①	②	③	④	⑤	⑥	⑦
	28	원장은 영유아교사에게 적정 수준의 보상(보험, 급여 등)을 안정적으로 제공하며, 복지 증진에 힘써야 한다.	①	②	③	④	⑤	⑥	⑦
	29	원장은 업무 관련 의사결정이 필요한 경우, 영유아 교사의 의견 개진 기회를 조장해야 한다.	①	②	③	④	⑤	⑥	⑦
	30	원장은 기관의 프로그램이나 정책에 대한 영유아교사의 의견을 무시하지 않고, 건설적인 대화를 통해 절충하고 반영하려 노력해야 한다.	①	②	③	④	⑤	⑥	⑦
	31	원장은 재난에 대한 인식과 훈련의 필요성을 인지해야 한다.	①	②	③	④	⑤	⑥	⑦
	32	원장은 영유아교사를 신뢰하고 존중하며, 전문성과 자율성을 인정해야 한다.	①	②	③	④	⑤	⑥	⑦
	33	원장은 영유아교사에게 지속적 재교육 및 전문적 역량 제고의 기회를 부여해야 한다.	①	②	③	④	⑤	⑥	⑦
	34	원장은 공적 책임이 있는 기관으로서 재정의 투명성을 유지하고, 부정한 방법으로 사적 이익을 취해서는 안 된다.	①	②	③	④	⑤	⑥	⑦

영역	번호	문항내용	척도						
동료	35	원장은 리더로서의 책임감을 갖고, 지속적인 재교육 및 연수 등을 통해 역량을 함양하기 위해 노력해야 한다.	①	②	③	④	⑤	⑥	⑦
	36	원장은 다른 영유아교육기관과 경쟁하기보다, 영유아를 위한 최상의 보육 및 교육서비스 제공에 힘써야 한다.	①	②	③	④	⑤	⑥	⑦
	37	영유아교사는 교육과 연구를 통해 영유아 발달에 적합하고 안전하며, 위생적인 환경을 제공하여 영유아들이 제대로 교육받을 수 있도록 협동해야 한다.	①	②	③	④	⑤	⑥	⑦
	38	원장은 영유아교사에게 업무시간을 과하게 부과해서는 안 된다.	①	②	③	④	⑤	⑥	⑦
	39	원장은 영유아교사를 사랑으로 대하고, 열정을 가질 수 있도록 격려와 지지, 칭찬을 아끼지 않아야 한다.	①	②	③	④	⑤	⑥	⑦
	40	원장은 화재나 지진 등 안전과 재난대피훈련 유형과 횟수를 정해 놓고 실천해야 한다.	①	②	③	④	⑤	⑥	⑦
	41	원장은 학부모와 협력관계를 갖고 요구사항을 수용하거나 반영할 수 있으나, 지나치게 의존하여 핵심적인 교육과정이 흔들리게 해서는 안 된다.	①	②	③	④	⑤	⑥	⑦
	42	영유아교사는 성, 인종, 국적, 종교적 믿음이나 다른 소속, 연령, 결혼 여부, 가족구조, 장애, 또는 성적인 지향 등과 관련하여 동료를 차별해서는 안 된다.	①	②	③	④	⑤	⑥	⑦
	43	원장은 능력이나 자질, 인성 면에서 부적합한 교사를 고용하거나 다른 영유아교육기관에 추천해서는 안 된다.	①	②	③	④	⑤	⑥	⑦
	44	원장은 영유아교사의 건강상 문제(생리통, 독감, 외상 등)를 배려해야 한다.	①	②	③	④	⑤	⑥	⑦
	45	원장은 영유아교사의 경력 정도에 따른 급여를 우려하여, 영유아교사를 채용하거나 해고해서는 안 된다.	①	②	③	④	⑤	⑥	⑦

영역	번호	문항내용	척도						
사회	46	영유아교사는 영유아 및 영유아교사의 안전과 인권, 권리 및 복지를 위협하는 환경이나 정책을 발견했을 때, 관계기관과 협의하여 개선시켜야 한다.	①	②	③	④	⑤	⑥	⑦
	47	영유아교사는 영유아와 관련된 법률과 정책을 이해하고, 이를 개선하기 위한 활동에 적극 참여해야 한다.	①	②	③	④	⑤	⑥	⑦
	48	영유아교사는 유치원 및 어린이집과 지역사회를 연계하여, 지역사회 실정에 맞는 책임과 역할을 인지하고 실천함으로써, 지역사회의 생활과 문화 향상에 기여해야 한다.	①	②	③	④	⑤	⑥	⑦
	49	영유아교사는 영유아의 복지에 대한 사회의 책임을 알리고, 관련 정책과 법규를 지지하며 발전할 수 있도록 개인 및 집단에 협력해야 한다.	①	②	③	④	⑤	⑥	⑦
	50	영유아교사는 영유아 및 가정의 요구를 사회에서 잘 알 수 있도록 촉진하는 역할을 수행해야 한다.	①	②	③	④	⑤	⑥	⑦
	51	영유아교사는 영유아의 권익보호를 위해 관련 정책결정 및 법률 제정에 적극 참여하며, 사회적으로 이를 널리 알리는 데 앞장서야 한다.	①	②	③	④	⑤	⑥	⑦
	52	영유아교사는 사회의 각 기관에 대하여, 영유아 교육기관의 다문화 가정 및 문제행동 유아(예: ADHD), 장애아 및 영재아 등 특수유아의 필요 교육을 위한 인적 · 물적 자원의 제공을 요구할 수 있어야 한다.	①	②	③	④	⑤	⑥	⑦
	53	영유아교사는 교직 관련 단체와 전문가 협회를 통해, 교권 확립을 위한 활동에 참여해야 한다.	①	②	③	④	⑤	⑥	⑦
교사개인	54	영유아교사는 준법정신을 갖고 법을 준수하여 모법을 보여야 한다.	①	②	③	④	⑤	⑥	⑦

영역	번호	문항내용	척도						
교사개인	55	영유아교사는 자신을 사랑하고 자존감과 긍정적인 마음을 가져야 한다.	①	②	③	④	⑤	⑥	⑦
	56	영유아교사는 생명존중 의식을 가져야 한다.	①	②	③	④	⑤	⑥	⑦
	57	영유아교사는 지진이나 화재 등 안전사고 시 대피경로와 방법을 숙지하고 있어야 한다.	①	②	③	④	⑤	⑥	⑦
	58	영유아교사는 자신의 언어적 표현과 행동에 대하여 항상 반성적 사고를 해야 한다.	①	②	③	④	⑤	⑥	⑦
	59	영유아교사는 자신의 감정과 분노를 조절할 수 있어야 한다.	①	②	③	④	⑤	⑥	⑦
	60	영유아교사는 교육전문가로서의 직업의식과 자부심을 가져야 한다.	①	②	③	④	⑤	⑥	⑦
	61	영유아교사는 영유아에게 최적의 교육을 제공하기 위해 열과 성을 다하고, 배움에 대한 의지를 가져야 한다.	①	②	③	④	⑤	⑥	⑦

출처: 김지현(2015).

채점 방식은 '전혀 지키지 않아도 된다'(1점), '대체로 지키지 않아도 된다'(2점), '조금 지키지 않아도 된다'(3점), '지켜야 한다'(4점), '조금 지켜야 한다'(5점), '대체로 지켜야 한다'(6점), '반드시 지켜야 한다'(7점) 등의 7점 척도로 구성되어 있다.

총점은 영유아에 대한 윤리의식 15문항 105점, 가정에 대한 윤리의식 10문항 70점, 동료에 대한 윤리 20문항 140점, 사회에 대한 윤리 8문항 57점, 교사 개인에 대한 윤리 8문항 140점이며, 7점 척도에서 보통 영역별 평균 5점 이상은 높은 수준으로 평가할 수 있다.

4. 영유아교사 윤리 강령

그동안 우리나라에서는 미국 유아교육협회(NAEYC)의 윤리강령을 사용해 왔으나 2010년 한국보육시설연협회와 육아정책연구에서 우리나라 어린이집 원장과 교사를 위한 윤리강령을 개발 · 제정하였다(김은설 · 박수연, 2010). 우리나라 윤리강령의 구성은 서문과 총 4장으로 이루어져 있으며, 보육교직원 윤리강령은 다음과 같다.

〈보육교직원 윤리강령〉

서문

보육은 영유아를 건강하게 양육하고, 안전하게 보호하며, 발달특성에 적합한 교육을 제공하는 복지서비스이며, 보육인은 사랑과 존중과 전문지식을 바탕으로 영유아의 전인적 성장에 영향을 미치는 전문직업인이다. 그러므로 보육인은 윤리적 의식과 태도를 가지고 사회적 본분에 임해야 한다.

이에 어린이집 원장과 보육교사는 스스로 책무성을 발현하여 윤리강령을 제정함을 밝힌다. 본 강령을 직무수행의 규준으로 삼아, 보육현장에서 발생하는 윤리적 갈등을 해결하고, 생존권, 보호권, 발달권, 참여권 등 영유아의 권리를 보장함으로써, 직무상의 윤리적 책임을 다하여 전문직업인으로서의 위상을 공고히 하고자 한다.

더불어 영유아와 그 가정, 동료와 사회의 존엄성을 존중하는 보육의 실천으로 다각적인 신뢰를 구축하고, 영유아의 잠재력을 최대한 발휘시킴으로써 영유아가 긍정적인 자아개념을 형성하고 유능한 사회인으로 성장할 수 있도록 도와, 궁극적으로는 영유아와 그 가정, 동료와 사회의 통합적 · 이상적 복지 실현에 기여하고자 한다.

제 I 장. 영유아에 대한 윤리

1. 영유아에게 고른 영양과 충분한 휴식을 제공하여, 몸과 마음이 건강한 사람으로 자라도록 돕는다.
2. 성별, 지역, 종교, 인종, 장애 등 어떤 이유에서도 영유아를 차별하지 않고, 공평한 기회를 제공한다.
3. 영유아는 다치기 쉬운 존재임을 인식하여 항상 안전하게 보호한다.
4. 영유아에 대한 정서적, 언어적, 신체적 학대를 행하지 않는다.

5. 어린이집 내외에서의 영유아 학대나 방임을 민감하게 관찰하며, 필요한 경우 관련 기관("아동보호전문기관" 등)에 보고하고 조치를 취한다.
6. 영유아의 인격을 존중하고, 개인의 잠재력과 개성을 인정한다.
7. 개별적 상호작용 속에서 영유아의 요구를 수용하기 위해 노력한다.
8. 영유아의 사회 · 정서 · 인지 · 신체 발달을 통합적으로 지원하는 보육 프로그램을 실시한다.
9. 특별한 도움을 필요로 하는 경우, 전문가와 협력하여 영유아의 입장에서 최선의 대안을 찾는다.
10. 보육활동을 계획, 실행, 평가하는 모든 과정에 영유아의 흥미와 의사를 반영한다.
11. 영유아의 개인적 기록과 정보에 대해 비밀을 보장한다.

제Ⅱ장. 가정에 대한 윤리

1. 상호 신뢰를 바탕으로 영유아의 가정과 동반자적인 관계를 유지한다.
2. 각 가정의 양육가치와 의사결정을 존중한다.
3. 경제적 수준, 가족형태, 지역, 문화, 관습, 종교, 언어 등 어떤 것에 의해서도 영유아의 가정을 차별 대우하지 않는다.
4. 보육활동 및 발달 상황에 관한 정보를 정확하게 제공하여 영유아에 대한 가정의 이해를 돕는다. 다문화, 심신장애 등으로 의사소통에 도움이 필요한 경우 문제를 해결할 최선의 방법을 도모한다.
5. 어린이집 운영 전반에 관한 정보를 공개하여 영유아 가정의 알 권리에 응한다.
6. 보육프로그램과 주요 의사결정에 영유아의 가정이 참여하도록 안내한다.
7. 필요한 사회적 지원, 전문서비스 등 관련 정보를 제공하여 영유아 가정의 복리증진을 돕는다.
8. 영유아 가정의 사생활을 보호하고 익명성을 보장한다.

제Ⅲ장. 동료에 대한 윤리

[어린이집 원장]

1. 최상의 보육서비스 제공에 필요한 인적, 물적 환경의 조성 및 유지를 위해 노력한다.
2. 보육교사를 신뢰하고 존중하며 전문성과 자율성을 인정한다.
3. 성별, 학연, 지연, 인종, 종교 등에 따라 보육교사를 차별하지 않는다.
4. 업무 관련 의사결정이 필요한 경우, 보육교사의 의견 개진 기회를 보장한다.
5. 보육교사에게 지속적 재교육 등 전문적 역량 제고의 기회를 부여한다.
6. 보육교사에게 적정 수준의 보상(보험, 급여 등)을 안정적으로 제공하며, 복지증진에 힘쓴다.
7. 보육교사 개인의 기록과 정보에 대한 비밀을 보장한다.

[보육교사]

1. 존중과 신뢰를 바탕으로 협력하며, 서로의 전문성과 자율성을 인정한다.
2. 상호 간 역량계발과 복지증진에 부합하는 근무환경이 되도록 힘쓴다.
3. 어린이집 원장 및 동료와 영유아 보육에 대한 신념을 공유한다.
4. 보육교사로서의 전문성 향상을 위해 스스로 노력한다.
5. 어린이집 내에서 영유아 및 보육교사의 인권과 복지를 위협하는 비윤리적 사태가 발생한 경우, 법률규정이나 윤리기준("한국보육시설연합회 윤리강령위원회"참조)에 따라 조치를 취한다.

제Ⅳ장. 사회에 대한 윤리
1. 공보육에 대한 책임을 인식하고, 항상 질 좋은 보육서비스를 제공한다.
2. 영유아의 안전을 위협하는 환경이나 정책이 발견될 시, 관계기관과 협의하여 개선한다.
3. 공적 책임이 있는 어린이집으로서 재정의 투명성을 유지하고, 부정한 방법으로 사적 이익을 취하지 않는다.
4. 영유아의 권익보호를 위해 관련 정책 결정 및 법률 제정에 적극 참여하며, 사회적으로 이를 널리 알리는 데 앞장선다 .
5. 지역사회 실정에 맞는 어린이집의 책임과 역할을 인지하고, 실천하고자 노력한다.

보육인의 기본적 윤리의식에 대한 선서문 총 6개의 문장으로 이루어져 있으며, 이는 행사나 필요한 경우 구두로 읽고 다짐하는 데 활용할 수 있게 하려는 목적에서 제작되었다. 보육교직원 윤리강령에 근거한 〈보육인 윤리 선언〉은 다음과 같다.

〈보육인 윤리 선언〉

나는 영유아의 건강한 성장과 발달을 지원하는 보육인(어린이집 원장, 교사)으로서 직무상의 윤리적 책임을 다하여 다음 사항들을 지킬 것을 다짐합니다.

1. 나는 내가 영유아에게 지대한 영향을 미치는 존재임을 잊지 않으며, 항상 스스로의 말과 행동에 신중을 기한다.
1. 나는 영유아의 인격과 권리를 존중하며, 어떠한 경우에도 영유아에게 해가 되는 일을 하지 않는다.
1. 나는 영유아 가정의 다양성을 이해하고 존중하며, 상호 신뢰하는 동반자적 관계를 유지한다.
1. 나는 동료를 존중하고 지지하며, 서로 협력하여 최상의 보육서비스를 제공하기 위해 노력한다.
1. 나는 보육의 사회적 책임과 역할을 인식하고, 영유아의 권익과 복지를 위한 활동에 앞장선다.
1. 나는 어린이집 원장 · 교사 윤리강령을 직무수행의 도덕적 규준으로 삼아 진심을 다하여 충실히 이행한다.

※ 유치원 교사헌장

유치원 교사헌장

유아교육은 유아의 삶에 초석이 되며, 우리 사회와 국가의 미래를 결정한다.

우리는 국민의 생애 초기 교육을 책임지며 사회로부터 존경받는 교사로서 자신을 연마하고 소명의식을 가지고 유아교육자로서 가야 할 길을 밝힌다.

1. 우리는 유아를 사랑하고 개성을 존중하며 전인발달을 지원하고 평화로운 교실문화를 조성한다.
2. 우리는 미래지향적이며 질 높은 교육을 계획하고 실천하여 교육자로서의 책임을 다한다.
3. 우리는 가정에 대한 이해와 연대를 강화하여 교육복지 사회 구축에 공헌한다.
4. 우리는 사회의 변화와 요구에 적극 부응하여 유아교육의 혁신과 발전을 위해 노력한다.
5. 우리는 교육자로서의 품위를 유지하고 부단한 자기 계발을 통해 유아교육 전문가로서의 위상을 갖춘다.

1) 유치원 교사와 유아

사랑 · 평등 · 개성 존중 · 전인교육 · 안전과 보호

1. 우리는 유아를 사랑하며 유아의 인격을 존중한다.
2. 우리는 유아의 개인적 · 가정적 배경에 관계없이 모든 유아를 평등하게 대한다.
3. 우리는 유아의 개성을 존중하며 개인의 흥미와 잠재력에 적합한 교육을 제공한다.
4. 우리는 유아의 전인발달을 지원하는 교육과 환경을 제공한다.
5. 우리는 유아의 안녕을 위협하는 가정적 · 사회문화적 · 경제적 상황을 적극적으로 파악하고 유아를 보호하기 위해 노력한다.

2) 유치원 교사와 가정

가족에 대한 이해 · 권리 보호 · 협력 · 지원

1. 우리는 유아를 교육하고 지원하기 위해 가정과 연계하고 협력관계를 구축한다.
2. 우리는 교육적 목적으로 수집한 가족 정보에 대해 기밀을 유지하고 가족의 사생활을 보장한다.
3. 우리는 유치원에서 일어난 안전사고나 위험 상황에 대해 가족에게 충분히 설명한다. 우리는 가족에게 유치원을 개방하며 필요한 정보를 제공한다.
4. 우리는 유치원 운영에 관련된 중요한 의사결정 과정에 부모를 참여시킨다.
5. 우리는 가족에게 필요한 지역사회 자원에 대한 정보를 구축하고 이를 가족에게 적극 제공한다.

3) 유치원 교사와 사회

사회에 대한 이해 · 교원의 지위 향상 · 유아교육 위상 강화 · 교직문화 · 지역사회와의 협력

1. 우리는 사회의 흐름을 파악하고 이를 교육에 반영하고자 노력한다.
2. 우리는 유아에 관련된 법률과 정책을 이해하고, 이를 개선하기 위한 활동에 적극 참여한다.
3. 우리는 교직 관련 단체와 전문가 협회를 통해 교권 확립을 위한 활동에 참여한다.
4. 우리는 유치원 교육을 사회에 널리 알려 유아교육의 위상을 높인다.
5. 우리는 교직원 간의 상호 존중과 협력을 통해 건전한 교직문화를 형성한다.
6. 우리는 유치원과 연계하여 지역사회의 생활과 문화 향상에 기여한다.

4) 유치원 교사와 책무

직업의식과 긍지 · 인성(열정, 개방성, 창의성, 자율성) · 교사로서의 품위 · 연구와 자기 계발

1. 우리는 교육전문가로서의 직업의식을 갖는다.
2. 우리는 건전한 국가관과 확고한 교육관을 가지고 교직에 종사한다.
3. 우리는 유아에게 최적의 교육을 제공하기 위해 열과 성을 다한다.
4. 우리는 건전한 언행과 생활태도로 유아에게 모범이 되도록 한다.
5. 우리는 열린 사고와 개방적 태도를 가지고 전문성 향상에 매진한다.
6. 우리는 다양한 분야의 전문가와 교류하고 새로운 지식과 정책을 비판적으로 수용한다.

출처: 김은심 외(2022).

나의 윤리강령

나는 영유아교사로서 다음과 같은 윤리적 책무성을 실천한다.

영유아를 위하여 ______________________________

영유아의 부모와 가족을 위하여 ______________________________

동료를 위하여 ______________________________

국가와 사회를 위하여 ______________________________

출처: 보건복지부 · 육아정책연구소(2015).

5. 영유아교사의 교직인성

교직인성은 일반적인 차원에서 다루는 인성의 개념과 전문적인 직업으로서의 교사가 갖추어야 하는 인성적 특성을 함께 포함한다. 특히, 영유아기는 전인발달의 틀이 형성되는 시기로, 발달 특성상 영유아교사로부터 받는 영향이 크므로 영유아교사가 바람직한 교직인성을 갖추는 것은 매우 중요하다(전재선, 2011).

1) 영유아교사의 교직인성의 개념

교직인성은 보편적 인성과 함께 또 다른 하위 요소로서 교직을 수행하는 사람의 인격적인 성품으로(황해익 · 김은정, 2015), 영유아교사가 지녀야 할 바람직한 태도, 사고 및 행동 특성을 의미한다(박성혜, 2016). 즉, 영유아교사의 교직인성이란 영유아교사가 갖추어야 할 바람직한 성품과 태도를 바탕으로 영유아교육 활동에서 도덕적 가치, 덕성, 감정을 올바르게 적용하고 교사로서 직무를 수행하면서 요구되고 변화될 수 있는 도덕적 성품을 의미한다.

2) 영유아교사의 교직인성의 중요성

영유아교사가 바람직한 교직인성을 함양해야 하는 이유는 다음과 같다(김은숙, 2023).

① 영유아교사는 영유아에 대한 사랑을 바탕으로 교사직을 수행해야 하므로 바람직한 교직인성을 갖추어야 한다.

영유아교사는 다른 일반적인 직업과는 달리 영유아에 대한 사랑과 교육에 대한 열정 없이 그 직무를 수행하기 어렵다는 직업적 특수성이 있다(김경신, 2016). 따라서 영유아교사는 교직에 대한 전문적인 능력을 갖추고, 영유아를 사랑하는 마음, 친절, 온화함을 갖추어야 하며, 인내심을 가지고 영유아들에게 정서적 안정감을 제공할 수 있어야 한다. 또한, 영유아교사는 영유아들과 서로 신뢰관계를 맺어야 하며, 지시적이거나 일방적으로 영유아를 대하는 것이 아니라 그들의 의견과 관점을 경청하고, 적절하게 언어적, 비언어적으로 상호작용하는 효율적인 의사소통 능력을 갖추어야 한다(박미정, 2015).

② 영유아교사는 영유아의 발달에 영향을 주는 가장 중요한 인적 자원으로 교사는 바람직한 교직인성을 갖춰야 한다.

영유아교사의 인성은 보육 · 교육의 과정에서 그대로 드러나며, 영유아교사는 영유아와 함께 오랜 시간 동안 지속적이고 정서적 유대관계를 맺기 때문에 영유아의 인성 형성뿐만 아니라(구미향, 2017) 영유아교사는 영유아의 학습에서도 많은 영향을 미친다(최종욱, 2009).

③ 영유아교사 교직인성은 교사로서의 업무수행 과정에 많은 영향을 미치므로 교사는 바람직한 교직인성을 갖추어야 한다.

영유아교사는 올바른 교육적 가치가 무엇인지를 끊임없이 고뇌하며, 영유아교육을 실현하는 과정에서 자신의 신념에 따라 행동하려고 노력하는 자세를 갖는데 기본 바탕이 된다(조형숙, 2015).

영유아교사는 주어진 역할수행 과정에서 자신의 특정한 교육적 가치가 드러나며 그들의 책임감에 바탕이 되는 것이 바로 교직인성이기 때문에, 교사는 전문지식뿐만 아니라 교육관과 도덕적, 윤리적 기준을 기반으로 자신의 모든 행위에 대해 책임감을 가져야 한다.

④ 영유아교육에 대한 부모의 기대 및 요구가 높아지고 있으므로 영유아교사는 바람직한 교직인성을 갖추고 영유아에게 모범을 보여야 한다.

과거에는 가정에서 자녀의 인성교육을 담당하는 역할을 하였으나, 가족의 구조 변화로 인해 현대사회에서는 점차 영유아들의 인성발달에 대한 영유아교사의 역할이 부각되면서 그 요구는 더욱 높아지고 있다(이영림, 2017).

⑤ 영유아교사의 바람직한 인성은 다양한 교사역할 수행에 있어서 올바른 방향으로 역할을 결정하는 데 상당한 도움을 준다.

영유아교사는 영유아를 돌보고 교육하는 것뿐만 아니라 발달의 촉진자, 지지자, 연구자, 상담자 등의 역할 수행과 다양성, 특수성, 복합성을 가진 전문가의 역할을 하게 된다. 이런 역할수행 과정에서 영유아교사는 영유아, 동료교사, 부모, 지역사회 등이 요구하는 다양한 가치를 판단하고, 여러 가지 의사결정을 해야 하기 때문에(허미경, 2014), 초 · 중 · 고등학교 교사들보다 더욱 엄격하고 바람직한 교직인성을 갖추어야 한다.

3) 교직인성의 구성요소

교직인성의 구성요소는 학자의 관점에 따라 다차원적인 교직인성과 직무에 따른 독특한 교직인성적인 특성으로 인해 다양하게 구성되어 있다(양국진, 2019).

학자들이 제시한 교직인성의 구성요소를 살펴보면 다음과 같다.

〈표 6-11〉 교직인성의 구성요소

<table>
<tr><th>학자</th><th colspan="2">교직인성의 구성요소</th></tr>
<tr><td>Stronge(2007)</td><td colspan="2">• 실수를 인정하고 즉시 정정하는 태도, 수업에 대한 반성적 태도, 학생에 대한 책임감, 교육적 활동을 즐기는 마음, 학생의 기분을 이해하고 요구와 의견에 관심을 갖는 태도, 공평함</td></tr>
<tr><td>조연순(2007)</td><td colspan="2">• 바람직한 인성의 항목을 타인과의 조화로운 삶을 위한 항목 : 더불어 사는 태도, 존중, 예절, 도덕성, 이타, 책임감, 효
• 기본 생활 태도와 관련된 항목 : 절제와 인내심, 올바른 가치관</td></tr>
<tr><td>전재선, 최종욱
(2012)</td><td colspan="2">• 긍정적 자아개념, 사회관계, 인간애, 직무수행, 창의인성
• 인간애 : 이타심과 용서
• 긍정적 자아개념 : 자기개발과 주도적 자아성취, 사회관계는 자기조절, 의사소통, 공감적 이해
• 직무수행 : 직무수행 태도, 마지막 창의인성은 유머위트, 사회문제인식, 창의적 성향</td></tr>
<tr><td>교육부(2013)</td><td>핵심가치 3차원 : 도덕성, 사회성, 감성</td><td>• 도덕성 차원 : 정직, 성실, 존중 등
• 사회성 차원 : 사회적 인식 능력과 대인관계 능력에서 요구되는 공감, 소통, 배려, 협동, 신뢰, 존중, 관용 등
• 감성 차원 : 자신의 감정을 정확하게 이해하는 자기인식과 자신의 감정과 충돌을 조절할 수 있는 자기관리</td></tr>
</table>

학자	교직인성의 구성요소
서경혜 외(2013)	• 개인적 차원 : 내적인성 – 반성, 윤리의식, 정의감, 지속적 학습, 책임감 • 대인관계 차원 : 사회적 인성 – 의사소통, 자기조절 • 사회의 공공선 차원 : 공동체적 인성 – 존중, 협력
서경혜 외(2013)	• 자기조절, 반성적 실천, 지속적 배움, 존중, 의사소통, 협력, 윤리의식, 정의감, 책임감
장은정, 이대일(2013)	• 개인적 차원, 수업차원, 생활지도 차원
한국교육과정평가원(2013)	• 존중, 배려, 책임, 참여와 협동, 공감과 수용, 대화와 소통능력, 문제와 갈등해결능력, 정의 등
김경령, 서은희(2014)	• 보편적 인성의 구성요소 : 타인과 사회와의 관계, 시대적 흐름에 따라 강조되는 덕목이 달라질 수는 있지만 대체로 인간이 가져야 할 보편적인 가치로, 자기조절, 책임감, 도덕성, 사회성
김은설 외(2016)	• 보편적 인성 : 공감적 이해, 도덕성, 민감성, 사회성,수용성, 인내, 자존감, 존중과 배려, 주도성 • 교직인성 : 소명의식, 심리적 건강, 열정 등

CHAPTER 07

영유아교사 인성교육

1. 인성교육의 개념

영유아기는 다른 학령기보다 교사의 행동, 말투, 성격, 태도 등을 모방하는 경향이 강하다. 그러므로 영유아교사는 영유아의 모델로서 학습뿐만 아니라 영유아의 인성에도 많은 영향을 미치게 된다. 따라서 영유아교사의 인성특성은 영유아 발달에 중요한 요소이므로 영유아교사는 올바른 인성을 갖추어야 한다.

1) 인성의 개념

(1) 사전적 인성 개념

사전적 의미로 '인성(人性)'은 '사람의 성품'으로 정의하고 있다. '성품(性品)'이란 '성질과 품격'이다. '성질'은 정신적(심리적)인 바탕 또는 사물이나 현상이 본디부터 지니고 있는 독특한 바탕이며, '품격'은 물건의 좋고 나쁨의 정도 또는 품위, 기품으로 정의하고 있다(민중국어사전). 인성(人性)이란 한 개인이 지니고 있는 독특한 바탕으로 그 사람의 '품격' 또는 '사람됨'(박의수, 2007)으로, 한 사람의 인성이 어떠한지를 보는 것은 곧 그 사람의 마음과 됨됨이를 평가하는 것을 의미한다.

(2) 사회적 관점에서의 인성 개념

사람의 심성은 '지(知)', '정(情)', '의(意)'로 구성된다. 즉, 인성을 구성하는 마음과 사람됨은 서로 밀접한 관련이 있으며, 통합된 마음은 사람 됨됨이의 바탕이 되고, 사람 됨됨이는 통합된 마음이 가치의 실현을 통해 드러난 모습인 것이다(박찬옥, 2010).

(3) 종교적 관점에서의 인성 개념

인성은 인간의 본성 또는 생태적으로 타고난 심성으로(송지선, 안은경, 임부용, 2000), 인성을 불교, 도교, 기독교의 관점에서 정의하면 다음과 같다.

- 불교 : 인간을 불성을 지니고 있는 존재로 보고, 부처가 소유한 다양한 성격적 특징을 그대로 가지고 있는 것
- 도교 : 인간을 '덕'을 가지고 있는 존재로 인정하며, 어떤 사람이든 태어날 때부터 '도인'이 될 수 있는 능력을 선천적으로 가지고 태어난다고 봄
- 기독교 : 인간은 하나님에 의해 창조되었기 때문에 하나님의 속성과 능력을 가지고 있으며, 인간은 예수와 같은 선하고 의로운 성품을 지니고 있다고 봄

종교에서 바라보는 인성은 그 특징과 내용이 각각 다르지만, 인간은 태어날 때부터 선하며, 행복하고 활동적이며 스스로 자아를 펼칠 수 있는 잠재력을 지니고 있는 것으로 보고 있다. 따라서 인성은 영유아가 태어날 때부터 생물학적으로 지니고 있는 그 사람의 심성 또는 본성이기 때문에 이러한 인성을 발현하고 촉진시키는 것이 무엇보다 중요하다.

(4) 미래 역량으로서의 인성 개념

세계적인 미래학자 다니엘 핑크(Daniel H. Pink)는 미래 인재의 조건에 대해 디자인, 스토리, 조화, 공감, 놀이, 의미 등 6가지를 언급하였다. 미래사회의 변화에 따라 인성요소 또한 달라질 수 있다. 6가지 미래인재 요소 중에서 '공감'과 '조화'의 의미는 인성적 요소와 밀접한 관련이 있다.

〈표 7-1〉 학자에 따른 인성의 정의

학자 \ 구분	인성의 개념 정의
황응연(1992)	• 환경에 대응함으로써 나타나게 되는 행동 및 태도, 동기, 경향성, 인생 과정들의 총합, 사람들에게 있어 시간과 상황에 걸쳐 지속되는 독특한 구조이며, 인성은 어떠한 경험을 하느냐에 따라 크게 변화될 수 있다는 의미를 포함
이근철(1996)	• 좁게는 도덕성, 사회성 및 정서(감정) 등을 의미, 넓게는 지 · 덕 · 체 또는 지 · 정 · 의를 모두 골고루 갖춘 전인성
이윤옥(1998)	• 다른 사람에게 주는 그 사람의 전체적인 인상으로 성품, 기질, 개성, 인격 등 가치개념의 의미를 내포
한국교육학회(1998)	• 사람의 마음의 바탕이 어떠하며, 사람 된 모습이 어떠하다는 것을 말하는 개념으로 사람의 마음과 사람됨이라는 두 가지 요소로 구성
남궁달화(1999)	• 사람의 성품이며, 성품은 성질과 품격. 성질은 마음의 바탕이고 사람됨의 바탕을 가리키는 말
조난심(2004)	• 인성은 태어나면서 지니고 있는 성격이나 특질의 개념이 아니라, 의도적 교육이나 학습에 의해 습득하거나 변화가 가능한 인간의 성품을 지칭하는 것
미교육부(2007, 2008)	• 존중, 공정성, 보살핌 등의 도덕적, 윤리적 가치와 책임감, 신뢰, 시민성 등을 망라하는 개념으로, 개인 또는 집단의 정서적, 지적, 도덕적 자질은 물론 이러한 자질들이 친사회적 행동으로 발현되는 것을 포함하는 것
조연순(2008)	• 자신의 내면적 요구와 사회 환경적 필요를 지혜롭게 잘 조화시킴으로써 세상에 유익함을 미치는 인간의 특성
현주 외(2009)	• 보다 긍정적이고 건전한 개인의 삶과 사회적 삶을 위한 심리적, 행동적 특성

출처: 인성교육 범국민실천연합·교육과학기술부(2012).

2) 인성교육의 개념

인성교육의 개념은 인성의 정의만큼 다양하다. 즉, 인성교육은 학자 개인의 관점에서 사회, 법 등 국가적 차원에서까지 다양하게 규정되고 있다.

(1) 교육부에서의 인성교육

교육부에서는 학교에서의 교육과정에 대한 개선을 통해 인성교육과 교과교육이 조화를 이루도록 인성교육의 개념을 미래 사회의 핵심역량인 "더불어 조화롭게 사는 능력"으로 새롭게 정의하였다. 즉, 핵심역량으로 본 인성교육은 사회성과 감성능력을 기르는 것에 초점을 맞추고 있으며, 실제 일상생활 속에서 겪게 되는 옳고 그름에 대한 도덕적 판단능력과 책임감을 기르는 것을 포함시키고 있다.

한국교육개발원(KEDI) 교육정책포럼(2012)에서 새롭게 제시한 인성교육 개념의 방향은 다음과 같다.

- 지식 위주의 인성교육을 머리로 알고(knowing), 가슴으로 느끼고(feeling), 몸으로 실천(doing)할 수 있도록 하는 데 있다.
- OECD의 DeSeCo프로젝트(1997~2003) 등에서 제시하는 미래 인재에게 요구되는 핵심역량의 접근을 따른다.
- 가르칠 수 있고, 객관적이고 신뢰 있게 측정 가능하도록 한다.

새로운 인성교육의 개념구조를 살펴보면, 3차원 6역량으로 나누어 볼 수 있다. 3차원은 사회성, 도덕성, 감성차원으로 구성되어 있으며, 6역량은 다음과 같다.

- 사회성 차원 : 사회적 인식능력, 대인관계능력
- 도덕성 차원 : 핵심가치 인식능력, 책임 있는 의사결정능력
- 감성 차원 : 자기인식능력, 자기관리능력

인성의 3차원 및 각각의 차원을 구성하는 핵심역량은 서로 배타적인 것이 아니라 상호 유기적으로 연관되어 있다. 교육부에서는 미래 인재에게 요구되는 친사회적 인성으로 정직, 책임, 존중, 배려, 공감, 소통, 협동 등 7대 덕목을 선정하였다. 이와 같은 7대 핵심 덕목들을 학교 학급별, 학년 수준에 맞게 체계적으로 갖출 수 있도록 종합적인 인성교육을 추진하고 있다(교육부, 2013).

(2) 인성교육진흥법에서의 인성교육

2016년 시행된 인성교육진흥법에서는 '인성교육'을 자신의 내면을 바르고 건전하게 가꾸고 타인 · 공동체 · 자연과 더불어 살아가는 데 필요한 인간다운 성품과 역량을 기르는 것을 목적으로 하는 교육으로 정의하고 있다. 즉, 인성교육을 '핵심 가치 · 덕목'과 '핵심역량'으로 나누어, '핵심 가치 · 덕목'을 인성교육의 목표가 되는 예(禮), 효(孝), 정직, 책임, 존중, 배려, 소통, 협동 등의 마음가짐이나 사람됨과 관련되는 핵심적인 가치 또는 덕목으로 정의하고 있다. 여기서 '핵심역량'이란 핵심 가치 · 덕목을 적극적이고 능동적으로 실천 또는 실행하는 데 필요한 지식과 공감 · 소통하는 의사소통능력이나 갈등해결능력 등이 통합된 능력을 말한다.

〈표 7-2〉 인성교육의 8대 핵심 가치 · 덕목

8대 핵심 가치 · 덕목	8대 핵심 가치 · 덕목의 정의
예	• 사람이 각자의 신분과 사회적 위치에 따라 서로 행하거나 지켜야 할 도리
효	• 부모를 봉양하고 마음 편히 모시는 일
정직	• 기준에 따라 있는 그대로의 결과를 인정하고 받아들이는 것
책임	• 주인의식으로 적극적으로 과제를 수행하는 것
존중	• 타인의 입장과 의견을 귀중하게 대하고 행동하는 것
배려	• 다문화, 다학문 등의 다양성을 받아들이고 상충되는 의견을 합의에 이르게 하는 것
소통	• 생각이나 뜻을 서로 통하여 오해가 없도록 하는 것
협동	• 마음과 힘을 합해 좋은 결과를 위해 노력하는 것

제1차 인성교육 종합계획과 제2차 인성교육 종합계획 비교

	제1차 인성교육 종합계획 (2016~2020)	제2차 인성교육 종합계획 (2021~2025)
관련 정책과의 연계성	• 교과 교육과 구분된 일회성 행사 · 체험 프로그램 운영 • 유사 교육정책과의 관계성 불명확	• 정규 교육과정 내 인성교육 강조 • 민주시민교육, 인권교육, 양성평등 교육 등 관련 교육과 관계성 명시
	(관련 부처 계획 연계) 아동정책기본계획(보건복지부)	(관련 부처 계획 연계) 건강가정기본계획(여성가족부) 청소년정책기본계획(여성가족부) 문화예술교육 시행계획(문화체육관광부)
추진체계와 역할 분담	• 비전, 미션, 추진전략, 추진과제 • 역할 구분이 명확하지 않아 학교 · 교원의 개별적인 노력으로 정책 추진력 충당	• 비전, 미션, 추진전략, 추진과제 • 교육부, 시도교육청, 학교의 역할을 구분하여 명시
추진 과제의 간소화, 수요반영	• 5개 추진과제, 60개 세부과제 *유사 · 중복과제 나열, 정책공급자 시각	• 4개 추진과제, 30개 세부과제 *유사 · 중복과제 통합, 현장 적합성 낮은 과제 폐지 • 원격수업 환경 등 변화하는 정책 수용 반영 *정보윤리교육, 동물보호교육 등
	제1차 인성교육 종합계획 (2016~2020)	제2차 인성교육 종합계획 (2021~2025)
학교 · 교원의 의무사항 완화	• 학교는 매년 인성에 관한 교육 계획을 별도 수립 • 교원은 매년 4시간 이상 인성교육 관련 연수 의무 이수	• 학교는 인성에 관한 교육계획을 학교 교육계획에 포함하여 수립할 수 있음 • 교원의 인성교육 관련 연수 의미 이수 시간을 1시간 이상으로 감축
중앙부처 지원사항의 명료화	• 학교 대상 인성교육 지원 사업 개별 안내 • 인성교육 프로그램 개발보급과 인증이 개별적으로 이루어짐	• 학교 교육과정 편성 시 반영할 수 있도록 매년 수립하는 시행계획에 지원 내용을 사전 안내 • 프로그램의 체계적 개발 · 보급을 위한 프로그램 지도 구축
평가 · 환류의 개선	• 유형과 관계없이 모든 세부과제의 추진 성과를 기계적으로 매년 평가	• 정량 산출이 있는 과제만 매년 추진성과를 평가 • 중장기 성격의 과제는 5년 단위 실태조사로 평가

2. 영유아교사 인성교육의 필요성

현대사회에서는 학교 내 교사–학생 간 폭력, 학생–학생 간 폭력, 살인, 성폭력, 집단따돌림 등이 빈번히 발생하고 있으며 비도덕적이고 반인륜적인 사건 보도가 끊이질 않는 등 전통적인 윤리와 도덕, 가치와 규범 등이 점점 변질되어 가고 있다.

일부 사건들은 책임자의 부재나 부적절한 대응으로 논란이 되기도 했다. 다음은 책임과 관련된 국가적 사건들 중 몇 가지이다.

- **대구 신천지 교회 코로나19 집단 감염(2020)** : 대구 신천지 교회에서 발생한 코로나19 대규모 집단 감염 사태에서는 교회 관계자들의 적절하지 못한 협조와 투명하지 못한 정보 제공이 국민들의 불안을 증폭시켰다.
- **서울시 강서구 유치원 사립화 사건 (2021)** : 서울시 강서구의 한 유치원에서 사립화가 진행되면서 부모들 사이에서 갈등이 발생했다. 이 과정에서 학부모들과 유치원 측 간의 의사소통 부재, 인성 문제 등이 언급되었다.
- **서울 종로 경찰서 강력계 협박사건 (2021)** : 서울 종로 경찰서 강력계의 한 경찰관이 직장 내에서 부적절한 행동을 하고 동료에게 협박을 가한 사건이 발생했다. 이는 해당 경찰관의 인성 문제로 이해될 수 있다.
- **대구 서구 초등학교 교사 폭행 사건 (2021)** : 대구 서구의 한 초등학교에서는 교사가 학생을 폭행한 사건이 발생하여 사회적 논란을 일으켰다. 이러한 사건에서는 교사의 인성 부재가 큰 문제로 대두되었다.

2015년 1월 반찬을 먹지 않는다는 이유로 영아의 머리를 강하게 내리친 인천의 어린이집교사의 영아학대 사건, 2017년 어린이집에서 교사가 유아의 귀를 잡고 들어 올린 학대 사건, 2018년 유아를 교사가 무릎으로 폭행을 가하는가 하면, 학대 장면이 찍히지 않도록 CCTV를 등지고 손찌검을 한 학대 사건, 2021년 국공립어린이집에서 영유아교사 6명 전원이 자폐성장애아동을 포함한 영유아 10명을 학대한 사건 등 최근까지도 영유아 학대 사례는 끊임없이 뉴스나 신문기사에 보도되고 있다.

영유아교사의 아동학대와 관련된 기사 내용의 예는 다음과 같다.

"영유아교사, 유아에 대한 무리한 처벌로 아동학대 의심"
– 교사가 아동에게 무리한 체벌을 가한 사례에 대한 기사. 교사의 행동에 대한 비판과 교육 시스템의 문제점을 다룸.

"유치원 교사, 부주의로 인한 아동사고 발생"
– 유치원 교사의 부주의로 인해 유아에게 사고가 발생한 사례를 다룬 기사. 아동안전과 교육 환경에 대한 문제점을 강조.

"아동학대 의심, 유치원에 적절한 감독체계 필요성 대두"
– 유치원에서 발생한 아동학대 의심 사례에 대한 기사. 교육기관 감독체계의 미흡함과 개선 방향을 제시.

"교육계 아동학대, 학부모들의 분노"
– 교육계에서 발생한 아동학대로 인해 학부모들이 분노하는 사례에 대한 기사. 교육기관과 학부모 간의 의사소통 문제와 대책에 대한 요구를 다룸.

"아동학대 의혹 교사 해고, 교육당국의 신속한 대응 필요"
– 교사가 아동학대 의혹으로 해고된 사례에 대한 기사. 교육당국의 신속한 대응과 교육계에서의 사건에 대한 진상규명을 요구

뿐만 아니라 2023년 세종 어린이집 교사에게 '똥기저귀' 던진 학부모 갑질 사건부터 '학부모 갑질'을 이유로 자살을 선택한 초등학교 교사 사건과 한 유명인의 특수학급 교사 고소 · 고발 등 교권을 둘러싼 사건 등 학부모들의 도를 넘는 요구와 갑질에 영유아교사들은 극심한 스트레스를 받고 있고 정신과를 다니는 등 극단적인 자살까지 이어지고 있다. 이에 추락한 교권에 날개를 달아야 한다는 움직임이 일어나고 있는 실정이며, 이주호 교육부 장관은 2024년 8월까지 '교권보호 종합 대책'을 마련하고 생활지도 가이드라인과 악성민원 대응책을 제시하겠다고 밝혔다(https://www.ibabynews.com).

출처: 이데일리(2020).

이처럼 급격한 산업화에 따른 물질 만능주의와 편의주의 성향, 이기주의의 팽배, 생명경시 풍조 등이 복합적으로 작용하면서 도덕성은 상실되고 공동체 생활의 기본인 '인성'이 실종되는 현상을 초래한 것이다. 2014년 5월 26일 '인성교육진흥법안'이 발의된 이후 이제 인성교육은 교육계를 넘어 국가 · 사회적 차원의 추진 과제가 되고 있다.

특히, 영유아교사가 하나의 인격체로 갖추어야 할 인성적 자질과 교사로서 갖추어야 할 전문가적 자질은 예비영유아교사 양성 과정을 통해 길러지는데, 교사로 입문하기 이전부터 꾸준히 긍정적인 인성을 내면화하는 과정이 절실히 필요하다(박경옥, 2010; 박은혜, 2016).

예비영유아교사를 대상으로 한 인성교육은 정책적으로도 중요시되고 있다. 즉, 교육과학기술부(2012a)에서는 교원양성기관 재학기간 중 2회 이상의 '교직 적성 · 인성검사'를 실시할 것을 의무화하여 단계별 지도를 강화하였다. 또한, 교직 적성 · 인성검사 결과를 교사자격증 취득을 위한 무시험검정에 반영할 계획을 밝힌 이후 2013년 1학기부터 사범대학 대학생들을 대상으로 교직 적성 및 인성검사가 실시되었다(김순화, 박선혜, 남옥선, 2014). 뿐만 아니라 2015년 7월 21일부터 교원양성기관장은 교직과목, 교양 및 전공과목 중 한 분야에 인성 관련 과목을 필수로 개설, 운영해야 한다는 인성교육진흥법이 시행되고 있다. 현행 교직과목으로 개설된 '생활지도 및 상담'을 인성 관련 과목으로 대체해 개설 · 운영할 수 있으며, 교양 · 전공과목의 경우는 과목명에 '인성'을 포함하고 있다.

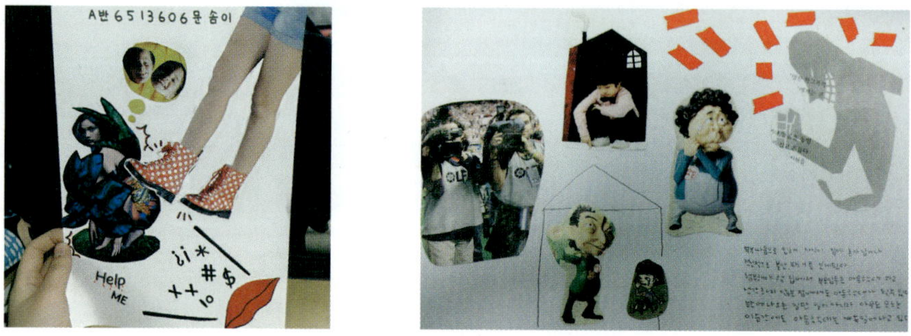

[그림 7-1] 예비영유아교사의 인성교육 활동 실제

3. 인성교육의 현황

영유아교사 인성교육의 현황에 대해 국내 · 외로 나누어 살펴보고자 한다.

1) 외국 인성교육의 현황

(1) 미국

미국의 인성교육은 현재 교육부 산하의 '안전과 마약 없는 학교국(Office of Safe and Drug-free School)'에서 총괄하고 있으며, 정부와 민간단체와의 유기적인 협력하에 추진되고 있다. 미국은 학교에서뿐만 아니라 학부모, 지역사회 단체와의 협력을 통한 인성교육을 강조하고 있다는 것이 가장 특징이다.

최근, 인성교육협회는 인성교육과 사회정서학습을 통합하기 위한 국가 수준의 프레임워크인 〈인성 및 사회정서적 발달 국가 지침서(Character & Social-Emotional Development National Guide)〉(이하 CSED, 2022)를 발표하였다.

CSED 지침서는 여섯 가지의 신념에 기초하고 있다.

- 아동이 처음 만나는 인성교육 교사는 가족이다.
- 인성 강점과 사회정서적 기술은 필수적인 것으로, 성공적이고 의미 있는 삶을 가능하게 한다.
- 긍정적인 학교 환경이 매우 중요하다.
- 인성과 사회정서적 발달은 인지적, 정서적, 행동적인 측면 전체에서 통합적으로 이뤄져야 한다.
- 인성 강점을 기르는 환경을 조성하고(caught), 가르치고(taught), 추구하게(sought) 해야 한다.
- CSED 지침은 모든 종류의 학교 계획을 포괄한다.

〈표 7-3〉 CSED 지침서의 주요 요소별 개념 정의와 성취기준

		개념 정의	성취기준
인성 강점	도덕적 인성	정직, 성실, 배려, 연민, 감사, 솔선하는 용기를 포함하는 인성 강점	A. 정직, 성실, 배려, 연민, 감사, 솔선하는 용기의 인성 강점을 알고 이해하며 실천한다. B. 정직, 성실, 배려, 연민, 감사, 솔선하는 용기의 인성 강점을 적용하고 보여준다.
	수행적 인성	수양, 책임감, 목표 설정, 그릿을 포함하는 인성 강점	A. 수양, 책임감, 목표 설정, 그릿의 인성 강점을 알고 이해하며 실천한다. B. 수양, 책임감, 목표 설정, 그릿의 성격 강점의 인성 강점을 적용하고 보여준다.
	지적 인성	호기심, 신중함, 지적 자율성과 겸손, 개방성, 비판적 사고를 포함하는 인성 강점	A. 호기심, 신중함, 지적 자율성과 겸손, 개방성, 비판적 사고의 인성 강점을 알고 이해하며 실천한다. B. 호기심, 신중함, 지적 자율성과 겸손, 개방성, 비판적 사고의 인성 강점을 적용하고 보여준다.
	시민적 인성	공정성, 존중, 봉사, 공공선에 대한 기여를 포함하는 인성 강점	A. 공정성, 존중, 봉사, 공공선에 대한 기여의 인성 강점을 알고 이해하며 실천한다. B. 공정성, 존중, 봉사, 공공선에 대한 기여의 인성 강점을 적용하고 보여준다.
사회정서적 역량	자기 인식	감정이 어떻게 생각과 행동에 영향을 미칠 수 있는지를 포함하여 자신의 생각, 감정, 사고방식, 그리고 개인적인 강점을 인식 · 이해 · 표현하는 능력	A. 감정이 어떻게 생각과 행동에 영향을 미칠 수 있는지를 포함하여 자신의 생각, 감정, 사고방식, 개인적인 강점을 인식 · 이해 · 표현한다.
	자기 관리	다양한 상황에서 자신의 충동, 감정, 생각, 행동을 일관되게 관리하고 조절하는 능력	A. 다양한 상황에서 자신의 충동, 감정, 생각, 행동을 관리하는 능력을 함양하고 보여준다.
	사회적 인식	문화적 차이에 대한 인식과 인간의 존엄성에 대한 존중을 보여주는 것을 포함하여 타인의 관점을 공감하고 받아들이는 능력	A. 문화적 차이에 대한 인식과 인간의 존엄성에 대한 존중을 보여주는 것을 포함하여 타인의 관점을 공감하고 받아들이는 능력을 보여준다.

		개념 정의	성취기준
사회정서적역량	대인/관계 기술	다양한 개인 및 집단과 건강하고 보람 있는 관계를 맺고 유지하며, 명확하게 의사소통하고, 적극적으로 경청하며, 협력하고, 갈등을 건설적으로 관리하고, 필요할 때 도움을 구하고, 동료의 부적절한 압력에 저항하는 능력	A. 다양한 개인 및 집단과 건강하고 보람 있는 관계를 맺고 유지하며, 명확하게 의사소통하고, 적극적으로 경청하며, 협력하고, 갈등을 건설적으로 관리하고, 필요할 때 도움을 요청하고, 동료의 부적절한 압력에 저항하는 능력을 보여준다
	책임감 있고 윤리적인 의사결정	윤리적 원칙, 안전, 적절한 사회 규범, 자신과 다른 사람에 대한 존중, 결정에 따른 결과에 대한 고려에 기초하여 개인적 행동과 사회적 상호작용에 대해 건설적인 선택을 할 수 있는 능력	A. 윤리적 원칙, 안전, 적절한 사회 규범, 자신과 다른 사람에 대한 존중, 그리고 자신의 행동이 가져올 수 있는 결과에 대한 고려를 바탕으로 의사 결정을 내릴 수 있는 능력을 보여준다.

출처: 김윤경·손원경(2023).

(2) 영국

2012년 주빌리 센터가 설립된 이후, 영국 공교육에서 인성교육은 급성장하였다. 최근 영국 교육부는 주빌리 센터의 영향력을 바탕으로 학교의 인성교육에 대한 인식과 현황을 분석한 〈학교에서 인성 기술 발달시키기(Developing character skill in schools)〉(2017), 학교 인성교육 실행을 안내하는 〈인성교육 프레임워크 지침서(character education framework guidance)〉(2019)를 발표하였다.

구체적인 인성 교육 전략 인벤토리(Character Teaching Inventory)는 다음과 같다.

〈표 7-4〉 인성 교육 전략 인벤토리

교육 원리	영역		70가지 전략 인벤토리
덕 포착하기, (CAUGHT, 간접적으로 덕 발달을 촉진하기)	환경 조성하기		• 안전한 물리적 환경 조성하기 • 학습 환경 조성하기 • 긍정적인 정신적 · 도덕적 · 사회적 · 문화적 환경 조성하기
	관리자, 인성교육 비전, 에토스, 문화를 개발하기		• 우선적인 덕을 선정하기 • 사명 선언문을 작성하기 • 학교에서 통용되는 인성 언어를 개발하기 • 기존 학교 정책 및 전략 계획에 인성 교육을 통합하기 • 인성교육 정책 만들기 • 훌륭한 인성의 사례를 칭찬하기 • 목표를 설정하고 공유하기 • 모두를 위한 인성 교육(형평성과 포용성)에 헌신하기 • 인성을 고려하여 교직원을 채용하기 • 신입 교원에게 인성의 중요성 전달하기
	관계 형성하기	학생	• 교직원과 의미 있고 존중하는 관계 형성하기 • 친구와 긍정적인 관계를 발전시키기
		교직원	• 학생들을 지원하는 관계 발전시키기 • 동료와 신뢰롭고 존중하는 관계 발전시키기 • 학부모와 협력적이고 지원적인 관계 형성하기
		학교	• 모든 가족을 학교생활에 참여시키기 • 지역사회 참여를 통해 소속감 · 책임감 강화시키기 • 타 학교 및 대학 등 교육기관과 협력하기
	모범 보이기	교직원	• 도덕적 모범으로서의 역할을 인식하고, 일관되게 모범을 보이기 • 학교의 인성교육 방식을 이해하고 지원하기
		교사	• 교사의 영향력을 인식하고, 인성 교육 촉진하기 • 인성교육 전문성 키우기 • 목회적 돌봄과 멘토링하기 • 현장 연구를 통해 평가하고 개선하기
		관리자	• 학교 전체에서 인성 교육을 추진하고 유지하기 • 인성교육을 주도할 팀을 지정하고 지원하기 • 인성 교육 관련 사항을 조정하기 • 인성 교육 실행을 평가하기
		정책가	• 인성교육을 적극적으로 지원하기

교육 원리	영역	70가지 전략 인벤토리
덕 가르치기, (TAUGHT, 명시적으로 덕 가르치기	교육과정 연계하기	• 명시적 · 독립적으로 가르치기 • 기존 교과와 연계하기 • 주제 기반 접근 방식으로 가르치기 • 시민교육과 연계하기 • 종교 교육과 연계하기 • 인성과 덕을 이야기할 수 있는 플랫폼 제공하기 • 학교 공동체 전체가 덕을 이야기할 수 있는 회의 제공하기
	교수학습 전략	• 토론 기반 학습 • 성찰적 학습 • 질문 기반 학습 • 덕 리터러시 기르기 • 독립적인 학습 • 협력적 학습 • 경험적 학습
	활동과 자료	• 도덕적으로 복잡한 이야기 • 시사, 뉴스 기사 • 도덕적, 윤리적 이슈 토론 • 시와 역사적 이야기를 포함한 문학 • 다양한 경험을 할 수 있는 수학여행 • 스포츠 활동 • 극 활동 • 도덕적 딜레마 • 도덕적 귀감 • 인성 교육 주간/요일 • 예술 활동 • 성찰 일기
덕 추구하기 (SOUGHT, 의미 있는 삶을 살 수 있도록 기회 제공하기)	풍부한 경험 제공하기	• 학생에게 리더십을 발휘할 수 있는 기회 제공하기 • 학교 행사를 계획하기 • 도전적인 경험을 할 수 있는 여행 기회 제공하기 • 초청 강연 기획하기
	사회 활동과 봉사 기회	• 학교 주도의 사회적 행동 경험 • 학생들의 독립적인 참여를 장려하기 • 의도적이고 자발적 활동 장려하기 • 학생들의 사회적 활동 및 봉사 경험을 축하하기 • 학교, 지역사회, 세계에서 활동적인 시민으로서의 역할을 탐구할 수 있게 하기

출처: 김윤경 · 손원경(2023).

(3) 프랑스

프랑스의 경우, 저소득층 출신 학생들의 학업실패로 인한 학업경쟁의 심화는 자연히 학교생활의 편안함을 빼앗아 학생들의 스트레스를 높이고 이런 심리상태는 학교 폭력으로 이어지고 있다. 이러한 사회적 문제를 해결하기 위해 교육부 장관 뱅상 페이옹(Vincent Peillon)은 40년이 넘는 세월 동안 중단한 도덕교육의 실시를 2013년부터 다시 추진했다. '도덕'을 '올바른 것을 이해하고 선과 악을 구분하며 권리와 마찬가지로 의무, 미덕 그리고 무엇보다도 가치를 이해하고 구분하는 것'이라고 정의하며, 학교교육을 통해 학생들에게 인성과 합리 사상에 바탕을 둔 보편적 가치 개념들을 심어주고자 노력하고 있다(김용채, 2012).

프랑스에서는 1985년부터 초 · 중학교에 인성교육의 일환으로 '시민교육(Education Civique)'을 의무화하였다. 1999년부터 고등학교에서도 '시민 · 법률 · 사회교육(Education Civique Juridique & Sociale)'을 실시하고 있으며, 주요 학습 주제는 개인위생, 안전, 환경보호, 규칙 준수, 타인 존중, 책임감, 근면, 성실, 협동 등의 실천을 이어진다(범대진, 2014).

(4) 캐나다

캐나다의 학교에서는 공감 능력을 증진시킬 수 있는 다양한 프로그램들이 현장에 보급되고 있다. 캐나다에서 만들어진 '공감의 뿌리(Roots of Empathy)' 프로그램이 대표적인 예이다. 메리 고든(Mary Gordon)은 캐나다의 유치원 교사였는데, '아무것도 모르는 갓난아기가 가진 힘'을 발견하고 유치원과 초 · 중등학교에 데리고 가서 학생들에게 1년 동안 갓난아기의 성장 과정을 지켜보도록 하면서 '공감 능력을 기르는' 프로그램을 개발 및 적용하였다. 이는 다른 사람의 감정을 이해하고, 말로 표현하기, 애착형성하기, 기질 이야기, 아기와의 만남 등의 내용이 포함된 것을 의미한다. 이 프로그램은 캐나다의 9개 주에서 실행되었으며, 다른 나라에도 점차 확산되었다(유지연, 2012).

(5) 독일

독일의 인성교육은 특정 교과에서 이루어지는 것이 아니라 학교교육 전반에 걸쳐 이루어진다. 유치원에서부터 협동학습을 강조하고 경쟁 없이 참여하여 문제를 해결하는 학습을 강조하고 있다(윤남순, 2007). 독일의 교육은 절대평가 위주의 저경쟁 교육, 유년기의 훈육, 모든 시험의 논술형 시험화, 그리고 독일 특유의 교양시민계급과 사회보장이 특징인데(이명준 외, 2011), 이러한 사회적 풍토는 독일의 인성교육을 더욱 견고하게 만들어주는 원동력이 되었다.

독일의 인성교육의 특징을 살펴보면 다음과 같다(김영래, 2011).

- 대화와 토론을 중요시하는 사회 풍조
- 학교교육 전체를 아우르는 인성교육 풍조
- 사고력 양성에 초점을 둔 수업 방식과 평가 방식
- 생활 교육과 자연친화적 교육을 통한 도덕성 함양
- 문화적 예술적 소양 계발을 통한 도덕성 함양

(6) 싱가포르

2014년 싱가포르 교육부는 미래 사회에 대비해 학생들이 훌륭한 개인이자 유용한 시민으로서 자신의 역할을 알고 책임감을 갖게 하기 위한(MOE Singapore, 2014) 교육과정으로 〈인성 · 시민 교육과정(Character & Civic Curriculum, 이하 CCE)〉을 개발하였다.

CCE의 목표의 구체적인 내용은 다음과 같다.

〈표 7-5〉 2021 CCE의 목표

목표	구체적인 내용
훌륭한 인성	건전한 도덕적 나침반, 옳고 그름에 대한 높은 이해, 비판적 · 윤리적 사고, 분별력 있는 판단력 선택, 행동에 대한 책임, 타인 배려, 탁월함을 위한 노력
회복탄력성과 사회정서적 웰빙	균형 잡친 자아의식, 건강한 관계 형성, 회복탄력성, 삶의 의미 추구, 감사와 긍정적인 태도
미래에 대한 준비	삶의 목적의식, 삶의 목적의식에 바탕을 둔 진학 · 진로 탐색이 가능하게끔 돕는 미래의 도전에 대한 적응력과 평생 배울 수 있는 능력
활동적인 시민	국가에 대한 소속감, 자신과 미래에 대한 희망적인 태도, 싱가포르의 취약성과 제약에 대한 현실 인식, 타인의 삶을 개선하고 싱가포르의 미래를 위해 행동하겠다는 의지에 바탕을 둔 강한 국가 정체성

출처: 김윤경 · 손원경(2023).

(7) 중국

중국은 시장화, 정보화, 도시화 등 급속한 사회환경 변화에 따라 청소년들 사이에 질투, 성격장애, 자기비하, 반항심리, 신경쇠약, 학습 불량, 흡연 및 음주, 자살, 범죄 등 각종 청소년 비행들이 늘어가고 있다. 또한 급속한 도시화의 진행에 따라 도시 내 노동자 자녀 문제와 부모가 도시로 일하러 나간 동안 농촌에 홀로 남겨진 자녀의 교육문제가 점점 더 사회적인 이슈가 되고 있다. 중국에서는 이러한 위기학생들의 심리적 문제를 사전에 예방하기 위한 목적으로 심리건강교육을 시행하고 있다. 심리건강교육의 주요 내용은 교사와 학생 간, 부모와 자식 간, 동료 간, 이성 간의 인간관계를 포함하여 학업 스트레스, 학습곤란, 학업기피, 학습장애 등 학습 측면, 자아의식, 자아체험, 자기평가, 자제력 등 자아 측면의 교육과정으로 구성되어 있다. 이는 놀이나 단체 활동, 사회실천 활동, 조별토론 등을 통해 학생들을 직접 심리체험활동에 참여시키기도 한다(이근진, 2012).

(8) 일본

일본의 인성교육은 우리나라와 가장 유사한 형태로 이루어져 왔다. 세계 2차 대전 이후 소학교와 중학교에서 도덕, 고등학교에서는 윤리과목을 실시해 왔으나, 1989년 고시된 '학습지도 요령'에 따라 인성교육을 실시하고 있다. 일본의 인성교육은 '오모이야리(思いやり)'를 중심으로 이루어져 왔다. '오모이야리'는 한자어로 '사견(思遣)'이라는 뜻으로 '생각을 보내다'의 의미를 가지고 있으며 남을 도와야 할 어떤 상황에서 자기의 마음과 남의 마음이 같게 되기 시작한 마음을 표현하는 의미이다(홍현길, 1995).

일본 문부과학성의 인성교육 방향은 학업능력의 향상과 더불어 초·중·고 학생들의 인간애와 사회성을 함양하기 위해서 'Kokoro(心) no Note(notebooks for moral education)'를 보급하고 이지메 매뉴얼, 하이쿠 교육, 인권동화교육, 독서교육강화, 다도교육, 선후배 식사와 수업 등의 다양한 활동을 경험하게 하고 있다(최준환, 2009).

외국의 인성교육 프로그램들을 정리해 보면, 교육의 시작을 인성에서 출발하고 있으며, 인성을 정립하기 위한 다양한 노력을 하고 있음을 알 수 있다. 즉, 인성증진을 위해 학교교육, 특정 과목에 한정시켜 교육하기보다는 탈교과적이고, 다차원적이고, 가정과 학교, 사회가 함께 해결하기 위해 노력하고 있다. 따라서 예비영유아교사 및 영유아교사를 대상으로 인성교육을 실시할 때도 인성교육이라는 특정 교과목이나 연수 주제에 국한할 것이 아니라 통합적, 융합적으로 이루어져야 하며, 영유아교육기관에서 그리고 지역사회 및 국가차원에서 실현가능한 방법으로 이루어져야 한다.

2) 국내 인성교육의 현황

교육부(2014)에서 제시한 국내 인성교육의 현황은 다음과 같다.

- 이론적이고 관념적이던 인성교육에서 벗어나 다양한 경험과 체험을 통한 다양한 접근으로서의 인성교육을 강조하고 있다.
- 인성교육은 인지적 측면에 초점을 두고 이루어지기보다는 인지적, 정의적, 행동적 요소의 총합으로 전인적 교육을 추구하고 있다.
- 인성교육의 방법은 내용전달 위주의 전통적 교수방법을 취하기보다는 활동중심, 참여중심, 실제적 문제해결을 강조하는 등의 다양한 학습방법을 추구하고 있다.
- 인성교육은 학교교육에서는 도덕 교과에서 주로 이루어지고 있고, 그밖에는 기술이나 가정과 같은 실생활과 밀접한 교과에서 이루어지는 경향이 많다.
- 인성교육은 도덕과에서 이루어지는 인성교육과 일반 체험적 범교과활동을 통한 인성교육 활동이 다르다. 도덕과에서는 인성의 규범적 및 선언적 수준에서의 교육이 가능하고, 주로 인지적 측면을 많이 다루고 있는 반면, 다른 교과나 창의적 체험활동 등에서 이루어지는 인성교육은 체험적이고 경험적이며 행동적 수준의 인성교육에 초점을 두고 있는 경향이 있다.

국내 5개 대학의 인성교육 비교과 프로그램의 운영 현황은 다음과 같다.

(1) 성균관대학교

성균관대학교는 인성교육 전담기관인 인성교육센터를 주축으로 하여 비교과 프로그램을 기획 · 운영 중이며 교과–비교과 연계, 인성 비교과 프로그램 참여에 대한 졸업인증제를 통하여 비교과 프로그램을 활성화하고 있다.

〈표 7–6〉 성균관대학교 주요 인성교육 비교과 프로그램

프로그램명	인의예지 인성함양실천프로그램	인성 에세이 공모전	인성캠프
운영목적	인의예지(仁義禮智)와 수기치인(修己治人)을 기반으로 하는 성균관대학교 고유의 인성교육을 네 가지 테마(흥인, 돈의, 숭례, 홍지)로 구성하여 운영	동아시아의 핵심고전 『논어』를 통해 자신을 성찰하고, 주제별로 성찰 에세이를 작성하는 기회를 부여하고자 함	옛 선현들의 일상 문화체험을 통한 전통적 가치관의 체험학습 기회를 제공
운영대상	학부생 대상	학부생 대상	학부생 대상
운영 시기	학기 중 상시 운영 (2016년 총 39회)	학기 중 1회 (2016년 총 2회)	방학 중 1회 (2016년 2회)
교육내용	– 네 가지 실천형 프로그램 (흥인, 돈의, 숭례, 홍지)이 상시 운영 중 – 지성록 만들기, 배례법 배우기, 성균관 탐방하기 등의 자율 실천프로그램으로 구성	– 인의예지, 수신, 제가, 치국, 평천하 등의 주제에 따라 에세이를 작성함으로써 동양 고전을 현대적 시각에서 바라볼 수 있도록 함	– 전주, 안동 등의 지역센터와 협약을 맺어 1박 2일 동안의 전통체험 공동체 프로그램으로 구성

출처: 이한샘·전종희(2017).

(2) 서울여자대학교

서울여자대학교의 인성교육은 '바롬인성교육'이란 명칭으로 불리며, '바롬인성교육원'이란 독립조직하에 집약적인 운영을 하고 있다.

〈표 7-7〉 서울여자대학교 주요 인성교육 비교과 프로그램

프로그램명	바롬인성교육 Ⅰ, Ⅱ	대학 연합 공동인성캠프	바롬인성리더십 아카데미
운영목적	- 자기이해능력을 높이고 소속감을 높임 - 공감적 의사소통을 통해 타인을 이해하고 배려하는 인성을 기름	- 대학생들이 서로 교류함으로써 나, 너, 우리를 생각해 보도록 구성 - 타 대학 학생들과의 공동체 생활을 통하여 인성교육의 중요성을 스스로 깨닫도록 유도함	- 서울여자대학교의 5가지 핵심역량과 인성을 바탕으로 자기의 비전과 목표를 수립함으로써 셀프리더십 역량 강화를 목표로 함
운영대상	1, 2학년 전체	학부생 대상(희망자)	학부생 대상(희망자)
운영시기	1학년 1학기 3주 운영 2학년 2학기 2주 운영	방학 중 (2박~3박 합숙)	연중 1~2회 운영
교육내용	- 바롬인성교육관에 학부 단위별로 입소하여 학기 중 3주(2주)동안 공동체 생활을 하게 됨 - 스웰(아침 영어수업), 자아찾기, 비전수업, 공감적 의사소통, 다문화 이해 등 자아를 확립하고 타인을 이해하며 공감할 수 있는역량을 기르는 프로그램으로 구성	- 각 대학이 가진 인성교육의 콘텐츠들을 활용하여 인성교육의 시너지효과를 가져오도록 공동 기획, 운영 - 서울여대의 바롬인성교육 프로그램, 충남대, 계명대의 인성교육 프로그램으로 진행되며 이를 통하여 공동체 교육, 소통역량 강화 등을 꾀함	- 공동체 가치, 의사소통 능력, 글로벌 경쟁력, 통합적 사고력, 창의적 기획력 등을 목표로 바롬인성리더의 기본적 소양을 갖추도록 교육함

출처: 이한샘·전종희(2017).

(3) 서강대학교

서강대학교는 예수회 교육철학을 바탕으로 '남을 위한 인간'을 인성교육의 최종 목표로 보고 있다. 이에 대학생들이 자기 성찰을 바탕으로 타인을 위한 삶을 살아가는 것을 강조하고 있다.

〈표 7-8〉 서강대학교 주요 인성교육 프로그램

프로그램명	성찰과 성장	사회봉사 인증제
운영목적	학생들이 '자기(self)'를 초월하여 타인의 필요에 관심을 갖는 삶을 살아갈 수 있도록 돕고자 함	학생 스스로 봉사활동 이력을 관리하여 자격증을 부여함으로써 학생 스스로 자신의 봉사활동 가치를 깨닫고자 함
운영대상	1학년 전체(교양필수학점으로 지정)	학부생
운영시기	연중(2박 3일)	연중 상시
교육내용	- 인성교육센터에서 운영하고 있으며 대학생활을 시작하는 데에 필요한 개인의 성장과 공동체적 감각을 키우기 위하여 1학년 시기에 필수 이수해야 하는 프로그램 - 상호 간의 이해, 소통하는 방법 등을 배우기 위한 공동체 활동 프로그램으로 구성	- 이냐시오 인재센터의 지원을 바탕으로 열린 서강봉사단(Campus Greener, 서강멘토링 봉사단 등) 해외 봉사단 등을 운영하고 있음 - 다양한 분양에서 자신의 가치를 발휘한 봉사활동 실적을 학사정보에 기록하여 인증서를 발급함으로써 사회봉사의 질적 관리를 실행

출처: 이한샘·전종희(2017).

(4) 대구가톨릭대학교

가톨릭의 교육적 가치를 지향하고자 설립된 대구가톨릭대학교는 건학이념에 따라 타인을 사랑하는 마음과 봉사에 바탕을 둔 선하고 아름다운 인격인의 양성을 인성교육의 목표로 하고 있다.

〈표 7-9〉 대구가톨릭대학교 주요 인성교육 프로그램

프로그램명	자원봉사	인성캠프
운영목적	학생들의 자발적인 참여로 이루어지는 이웃사랑, 공동체, 형성에 기여하는 도움의 행위를 통하여 개인적 인성 및 사회적 인간관계를 계발하고자 함	대학생 시기에 필요한 자아발견으로서의 인성교육을 운영하기 위하여 자아탐색, 타인과의 관계, 미래 삶의 계획 등을 탐색하는 기회를 부여하고자 함
운영대상	학부생(희망자)	1학년 전체
운영시기	학기 중(금, 토)	학기 중(1박 2일)
교육내용	- 인성교육원에서 주관하여 많은 학생들이 봉사활동을 실천할 수 있도록 지원(일일봉사활동, 단기봉사활동, 재능 나눔 봉사활동 등에 운영비 지원) - 학생들은 봉사활동 인증을 통하여 졸업요건(사회봉사 32시간)을 갖추어야 함	- 카이노스 인성교육센터에서 주관하는 전교생 필수 인성교육프로그램으로서 1박 2일 동안 진행함 - 인성 관련 상황극, 조별미션게임 등을 통한 공동체 중심의 활동으로 구성

출처: 이한샘·전종희(2017).

(5) 한동대학교

한동대학교는 고유의 RC교육 프로그램에 따라 공동체 생활을 통한 인성 리더십을 함양하고자 한다. 따라서 학생들의 공동체 활동 참여 속에서 자발적으로 이루어지는 인성교육을 목표로 하고 있으며 지역사회 참여, 공동체 리더십 고취를 중요한 가치로 보고 있다.

〈표 7-10〉 한동대학교 주요 인성교육 프로그램

프로그램명	공동체리더십훈련(팀 모임)	사회봉사 마일리지제도
운영목적	서로의 삶과 생각을 공유하여 나와 타인에 대한 통합적 사고를 할 수 있도록 유도함. 공동체 활동을 통한 사회적 역량 배양 및 다양한 사회참여 활동의 기회를 제공함	참여와 자발성을 기반으로 인성교육을 운영하기 위하여 학생들의 사회 참여와 봉사 정신을 함양하고자 함
운영대상	전교생	전교생
운영시기	6학기 동안 필수 수강, 이후에도 팀활동 지속	재학기간 중
교육내용	- 모든 교수가 각 40여 명의 학생들과 매주 75분씩 공동체 모임을 통하여 다양한 활동을 진행 - 교수특강, 근로의무봉사, 독서토론 등의 활동을 통하여 신앙과 삶, 생각을 공유하여 공동체 리더쉽을 훈련함	- 사회봉사 마일리지가 일정 점수 이상인 학생들에게 학점 인정 - 지역사회봉사, 해외 현장(전공기반) 봉사 등으로 구성

출처: 이한샘·전종희(2017).

〈표 7-11〉 대학별 인성교육 프로그램 특징 비교

운영 특성 \ 대학명	성균관대학교	서울여자대학교	서강대학교	대구가톨릭대학교	한동대학교
인성교육 목표	인의예지와 수기치인의 인간상 발현	공동체 가치 실현	성찰과 성장을 토대로 하는 남을 위한 삶	사랑과 봉사정신을 갖춘 아름다운 인격인 형성	지도자 정신 함양과 공동체 생활
필수 이수 인성교과목	성균논어	바롬인성교육 Ⅰ, Ⅱ (공동체활동)	성찰과 성장 (1박2일 캠프)	인성캠프 (1박2일 캠프) 참 삶의 길	사회봉사
비교과 프로그램	○	○	○	○	○
인성교육 전담부서	○ 인성교육센터	○ 바롬인성교육원	○ 전인교육원 (이냐시오인재센터/인성교육센터)	○ 인성교육원	△ 한동인성교육센터 (1인 교수체계)
인성교육 전용 홈페이지	○	○	○	○	–
인성 관련 인증제	○ 비교과프로그램	–	○ 사회봉사인증제	○ 봉사활동인증 (졸업요건)	○ 사회봉사 마일리지

출처: 이한샘·전종희(2017).

영유아교사 양성기관에서 예비영유아교사들의 인성 함양을 위해 실시하는 인성교육 방법을 종합하면 다음과 같다.

- 교육과정 개선 : 예비영유아교사들이 근본적인 인성가치를 이해하고 실천할 수 있는 교육과정을 적용하고 교과목의 내용에 인성을 포함하는 등 개선하고 있다. 이를 위해 인성교육 관련 과목을 강화하고, 윤리 및 도덕에 대한 이해를 촉진하는 교육과정을 개발하고 있다.

- **실습 및 현장경험** : 예비영유아교사들의 인성 함양을 위해 실습 및 현장경험을 제공하는 것이 중요하므로 그들로 하여금 영유아교육기관으로 파견하여 실제 영유아들과 상호작용하고, 인간관계 및 소통능력 등의 향상을 통해 인성을 기른다.
- **토론 및 팀 프로젝트** : 예비영유아교사들 간의 토론이나 팀 프로젝트를 통해 인성과 관련된 주제에 대해 논의하고 공동체 의식을 키운다. 이를 통해 예비영유아교사들은 타인을 이해하고 존중하는 능력을 배우게 된다.
- **멘토링 프로그램** : 선배가 후배 예비영유아교사를 멘토링하는 프로그램을 도입하여 인성과 전문성을 함께 갖추도록 지원하고 있다. 이를 통해 그들은 상호존중과 배려의 문화를 조성하게 된다.
- **특강 및 워크숍** : 예비영유아교사를 대상으로 인성교육을 위한 특강이나 워크숍을 개최하여 전문가들의 지식과 경험을 나누고 함께 학습한다. 이를 통해 그들은 다양한 관점에서 인성과 교직윤리에 대한 이해를 넓힐 수 있다.

CHAPTER 08

인성교육의 원리 및 교수 · 학습방법

1. 영유아교사 인성교육의 원리

1) 인성교육의 원리

인성교육은 어떤 관점과 방식이 적용되든 그 모든 것들이 사람다운 사람이 지니고 있기를 기대하는 바람직한 인성자질과 역량 등에 초점을 맞추어야 한다. 인성교육이 바람직하게 이루어지고 효과적인 성과를 거두기 위해서는 다양한 원리에 의해 이루어져야 한다. 이에 보다 발전된 인성교육을 위한 실행 원리로 김영옥(2014)은 관계성의 원리, 자율성의 원리, 반복성의 원리, 동시성의 원리, 누적성의 원리, 지속성의 원리, 협동성의 원리, 통합성의 원리를 제시하고 있다.

관계성의 원리	인성교육은 다른 어떤 교수 · 학습방법보다도 동료교사와의 관계, 또는 다른 성인과의 관계 속에서 이루어진다. 영유아교사의 관계성은 주변의 좋은 사람과의 만남과 그러한 자질을 갖춘 사람들과의 상호작용이 매우 중요하다.
자율성의 원리	인성교육은 궁극적으로 영유아교사가 바른 가치관을 가지고 인성을 실천해 가도록 돕는 과정이다. 그러므로 자율성은 영유아교사가 도덕적 문제 상황이 생겼을 때 스스로 자신의 생각을 표현해 보고 일상생활에서의 문제를 해결해 보는 경험이 중요하다.
반복성의 원리	인성교육은 계속적으로 반복해서 이루어져야 한다. 영유아교사가 바람직한 행동 특성을 학습했다 하더라도 잊어버리거나 습관화되지 못할 수 있다. 그러므로 영유아교사들은 반복되는 훈련과정을 통하여 바람직한 인성을 내재화하도록 해야 한다.

동시성의 원리	인성교육은 인성덕목별로 각각 일어나기보다는 동시에 연계되어 이루어진다. 예를 들어 줄을 서는 것도 '배려'와 '책임'이 동시에 연관되어 있다.
누적성의 원리	인성교육은 일회성이 아니라 지속적으로 노력해야 한다. 즉, 시간의 과정을 통해 인성이 함양되며 정교해지고 차곡차곡 쌓아가는 것이다.
지속성의 원리	인성교육은 일정기간 동안에만 일어나는 것이 아니라 성장하는 동안 실천과 노력을 통해 지속적으로 내면화, 습관화되어야 한다.
협동성의 원리	인간은 혼자서 살아갈 수 없는 사회적 동물이다. 인성교육 또한 혼자서 습득하는 지식이 아니므로 영유아교사는 동료들과 다른 성인을 포함하여 서로 협동하는 경험이 필요하다.
통합성의 원리	교육이 본래 통합적인 특성을 지니고 있지만 그 중심에는 인성교육이라는 목표가 있어야 함을 의미한다. 인성교육은 어느 특정 덕목, 영역만이 아니라 모든 공간과 시간 속에서 통합적인 과정으로 이루어져야 한다.

2) 인성교육을 위한 수업의 원리

인성은 습관으로 형성되어야 한다. 이러한 습관형성을 위해 교육과학기술부(2012)에서 제시한 '교사의 인성교육을 위한 수업의 원리'는 다음과 같다.

(1) 도덕적 가치에 의한 지식과 행위, 그리고 그것을 매개하는 동기적 부분까지 고려하여 인성수업을 진행해야 한다.

좋은 인성은 선한 것을 아는 '인지적 요소', 선한 것을 사랑하는 '정의적 요소', 선한 것을 행하는 '행동적 요소'를 포함하는 종합적 접근에서 보다 효과적으로 형성된다. 인지적 요소는 무엇이 선한 것인지를 아는 것이고, 정의적 요소는 그 선한 것을 사랑하는 것, 행동적 요소는 선한 것을 행동으로 옮기는 것을 의미한다. 인성교육은 이 세 가지 요소를 종합적으로 통합할 때 더욱 효과적으로 형성된다.

인성교육의 인지적 요소, 정의적 요소 및 행동적 요소를 구체적으로 설명하면 다음과 같다(Lickona, 2011).

① 인지적 요소

인지적 요소는 도덕적 각성, 도덕적 추론, 의사결정 및 도덕적 자기 지식 등을 포함한다.

- 도덕적 각성 : 현재 상황이 도덕적 판단을 요구하는 도덕적 이슈인가? 즉 덕과 특정 상황에서 덕이 요구하는 것에 대한 상대방의 관점에서 이해
- 도덕적 추론 : 어떤 일을 도덕적 이치에 따라 추론
- 의사결정 : 사려 깊은 의사결정
- 도덕적 자기 지식 : 인간이 지켜야 할 도리나 바람직한 행동 규범과 관련된 자기지식

② 정의적 요소

정의적 요소는 마음의 습관 요소로 도덕적 판단과 도덕적 행위 사이의 가교 역할을 하는 것이다.

- 양심, 자기존경, 공감, 선한 것 사랑하기
- 겸손 : 도덕적인 실패를 스스로 인지하고 수정하고자 하는 의지

③ 행동적 요소

행동적 요소는 도덕적 능력, 도덕적 의지, 도덕적 습관을 포함한다.

- 도덕적 능력 : 의사소통, 갈등해결, 협동 등과 같은 기능
- 도덕적 의지 : 에너지와 판단을 가동시키는 자기 통제와 참을성
- 도덕적 습관 : 도덕적으로 직면하는 상황에 반응하려는 신뢰 있는 내적 성향

이러한 인성교육의 세 가지 요소는 영유아교사의 인성교육의 중요한 목표설정의 요소가 된다. 영유아교사 스스로 도덕적 양심을 가지고 실천하게 하며, 사회적으로는 좋은 영유아교육기관의 분위기를 만들고, 이는 결국 인성의 향기가 나는 좋은 사회를 만드는 원동력이 된다.

(2) 영유아교육기관에서 이루어지는 활동은 전반에 걸쳐 인성교육의 덕목들을 직 · 간접으로 다루어야 한다.

영유아교육기관에서의 인성교육은 영유아들의 지적, 정서적, 윤리적, 사회적 측면에서 전인적 발달을 위한 것으로, 영유아교사의 인성교육은 교사양성기관의 공식적인 교육과정과 더불어 잠재적 교육과정에까지 모두 상호 연계하여 이루어지도록 해야 한다. 즉, 영유아교사 때부터 어느 장소, 시간에서든, 어떠한 과제, 취미나 일상생활 속에서도 인성교육이 직 · 간접적으로 내재적 부분이 되어야 한다.

(3) 인성덕목을 중심으로 활동영역 간 연계된 통합활동이 필요하다.

인성교육은 미술, 음악, 신체활동 등 여러 영역과 관련하여 연계될 때 효과적이다. 기본적으로 인성교육은 점진적이고, 다양하며, 몸에 체화되도록 하는 교수 · 학습방법들이 여러 활동을 통해 자주 적용될수록 영유아교사의 인성함양 가능성은 높아진다.

(4) 영유아교사는 스스로 인성의 모델링 역할을 해야 한다.

영유아교사는 대부분의 시간을 영유아들과 상호작용을 하기 때문에 교실에서 인성적인 분위기를 형성해야 한다. 즉, 영유아교사는 여러 측면에서 영유아들의 인성교육에 직접적인 영향을 미치는데, 이는 영유아교사가 스스로 인성의 모델링 역할을 하기 때문이다. 영유아교사의 태도, 언어, 행동의 상호작용 방식이 지속적으로 영유아들의 인성덕목을 심어주게 되어 영유아들은 인성을 내면화하게 된다.

2. 영유아교사 인성교육의 교수·학습방법

인성교육은 영유아교사들이 단순히 지식을 습득하기보다는 바람직한 태도가 길러졌는지, 또한 실제 영유아교육기관에서 실천으로까지 이어졌는지에 초점을 맞추는 것이 더 중요하다. 영유아교사로서 영유아들에게, 동료교사들에게, 학부모들에게 어떠한 인성덕목을 실천할 수 있는지, 즉 '인성역량'을 키우는 것이 중요하다.

1) 영유아교사 인성교육의 교수 · 학습방법

영유아교사의 인성교육은 활동이 다양하며 통합적이고 구체적이며 스스로 자발적인 동기를 가질 수 있도록 구성되어야 한다. 이를 위한 영유아교사 인성교육의 구체적인 방법으로는 토의, 역할놀이, 협동학습, 스토리텔링(story-telling), 도서 활용, 현장학습 등이 있다.

① 토의

토의는 도덕적 문제에 대해 의견들 사이에 유사점과 차이점을 찾아보고, 서로 의견을 나누며 궁극적이고, 자율적으로 문제를 해결하는 것이다. 평상시 경험하는 다양한 갈등 상황이 토론의 주제가 될 수 있다.

② 역할놀이

역할놀이는 어떤 장면이나 상황에 처해 보게 하거나 특정 역할을 구체적으로 경험을 해보게 함으로써 바람직한 인간관계를 형성하고 도덕적 가치의 문제를 보다 깊이 있게 이해시킬 수 있다. 또한 역할놀이는 도덕적 사고력과 판단능력을 향상시켜 도덕적 행동의 성향을 증진시키는 방법이다. 사회적 질서나 도덕적 딜레마의 상황에서 예절을 지키지 않음으로써 생긴 상황을 역할놀이를 통해 흥미를 끌고 주의를 집중시키면서 인성교육을 할 수 있는 좋은 방법이다.

③ 협동학습

협동학습은 인성교육 내용이 지식 전달에 그치지 않고, 적절한 실천으로까지 이어질 수 있도록 협동을 최대한 활용하는 방법이다. 협동학습의 과정에서 주어진 과제를 수행하고, 집단구성원들과 공동의 목표를 달성하기 위해 자기가 맡은 역할을 끝까지 책임감 있게 완성하려는 노력을 보임으로써 책임과 협동 능력이 향상된다. 또한 집단구성원들과 관계에서 타인의 권리와 요구를 존중하면서 자신의 의견과 생각, 느낌 등을 적절히 표현하는 자기주장의 능력도 증진된다.

④ 스토리텔링(story-telling)

스토리텔링은 감명 깊은 이야기, 교훈적인 이야기를 통해 인성덕목에 관한 이해와 사고력을 심화시키고, 교훈과 감동을 통해 실천의욕을 증진시키는 방법이다. 준비가 용이하고 쉽게 접근할 수 있다는 장점이 있지만 훈화같이 지루하게 느껴질 수도 있다는 단점도 있다. 따라서 스토리텔링은 흥미로운 좋은 이야기 자료를 준비하여 감동, 감화를 주는 것뿐만 아니라 모범적 인물, 훌륭한 도덕적 삶의 본보기를 제시해 줌으로써 인성덕목에 대해 배울 수 있는 기회를 제공해 줄 수 있다.

인성교육에 관련된 전문가들을 초청하여 이야기를 듣거나 함께 활동을 해보는 것도 유용한 방법이다. 인성 관련 다양한 분야의 전문가들을 초청하여 인성덕목에 대해 알아보고, 실천할 수 있는 방법을 알아보며 전문가들의 경험을 공유함으로써 자신의 경험과 흥미를 확산시킬 수 있다.

⑤ 도서 활용

도서 활용은 직접적으로 경험하지 못하는 것을 도서를 활용하여 간접 경험을 풍부하게 해주며, 다른 사람의 생활과 경험, 느낌을 공감하고 도덕적 판단 기준을 갖게 한다. 이 방법은 교훈적이고 감명 깊은 이야기를 통해 인성덕목에 관한 이해와 사고력을 심화시키고, 감동을 통해 학습자들의 실천의욕을 증진시킬 수 있다. 예를 들어 실존했거나 현존하는 인물 가운데 본이 될 만한 사람들에 대한 문학작품을 제시할 수 있다.

⑥ 현장학습

현장학습은 현장을 직접 방문하여 체험해 봄으로써 사회 질서와 규범을 습득하여 실천에 옮길 수 있는 방법이다. 사회 참여적 봉사활동 등을 통하여 인성을 더욱 발전시켜 나갈 수 있다. 예를 들어 양로원, 아름다운 가게 방문 등 실천적인 경험을 통해 사회적, 도덕적 인성을 함양시킬 수 있다.

2) 영유아교사의 영유아인성교육을 위한 교사역할

영유아교사는 영유아의 모델링이 되므로 교사 스스로가 바람직한 인성을 함양하는 것은 매우 중요하다. 즉, 구체적이고 체계화된 인성교육 활동을 바탕으로 인성교육을 실천함으로써 영유아교사는 잘할 수 있다는 자신감과 역량을 키우는 등 영유아인성교육을 위한 바람직한 태도, 교수 · 학습방법에 대한 지식 및 능력 등을 길러야 한다.

영유아교사의 역할에는 도덕적이고 민주적인 교실 분위기, 역할 모델, 교수매체 선정, 가정과의 연계교육 실시 등이 있다.

① 도덕적이고 민주적인 분위기의 교실 운영

교실 분위기는 서로 배려하는 도덕적이고 민주적으로 운영하는 것이 중요하다. 예를 들어, 교사가 일방적으로 교실에서 필요한 규칙을 정하고 지키도록 요구하는 것보다 영유아와 함께 교실에서 필요한 규칙을 정해보는 것이 도덕적인 교실을 운영하는 한 가지 방법이 될 수 있다. 규칙을 정할 때는 영유아에게 긍정적인 표현을 사용하여 규칙을 정하는 것이 긍정적인 사고를 형성하는 데 도움이 된다.

② 역할 모델링

인성교육에 있어서 영유아교사의 역할 중 가장 중요한 것은 영유아교사의 모델링으로서의 역할이다. 예를 들어, 영유아교사는 '존중'의 덕목을 지식으로 가르치려고 하지 말고 스스로가 영유아를 존중하는 언어를 사용하고 행동으로 보여줌으로써 자연스럽게 영유아가 보고 배울 수 있도록 할 수 있다. 영유아교사의 역할 모델링을 통해 영유아는 민주적이며 도덕적인 분위기 속에서 일상생활을 통해 중요한 인성덕목을 자연스럽게 내면화할 수 있게 될 것이다.

③ 교수매체 선정

인성교육 프로그램에서 다루는 매체의 범위는 문학 기반 인성교육에는 그림책, 시(동시), 명언 및 사자성어 등이 있고, 미술매체 기반 인성교육에는 명화, 조형물, 협동화 등이 있으며, 음악 기반 인성교육에는 음원, 악보, 악기 등이 있고, 영상매체 기반 인성교육에는 영화, 애니메이션, 광고, 다큐멘터리 등 응용예술이 있다. 또한 동작 기반 인성교육에는 율동, 요가, 무용의 리본, 공 등의 도구가 있으며, 놀이 기반 인성교육에는 연극, 전통놀이 도구, 생태활동의 자연물 등이 있다.

영유아교사가 의도적으로 계획한 활동을 중심으로 인성교육을 실시해야 하는 것뿐만 아니라 잠재적 교육과정에서도 인성교육을 실천할 수 있도록 지도해야 한다.

④ 가정과의 연계교육 실시

영유아 인성교육이 삶을 통해 지속적으로 이루어지기 위해서는 영유아교육기관에서 하는 것만으로는 부족하므로 가정과의 연계가 반드시 필요하다. 영유아교사는 인성교육을 실천하는 일차적인 장소가 가정임을 인식하고 영유아교육기관의 인성교육이 가정에서 연계될 수 있는 방안을 찾아야 한다. 즉, 영유아교사는 가정 내에서 영유아인성교육을 실천할 수 있도록 부모들에게 안내하고, 가정 연계, 부모교육을 통해 영유아인성교육의 중요성과 구체적인 방법을 공유해야 한다.

3) 영유아교사의 인성교육 프로그램

(1) 그림책을 활용한 인성교육 프로그램

그림책은 감동을 주며, 자신의 감정과 느낌을 탐험하게 하고, 전 세계의 다양한 인종, 종교, 국민성, 사회, 경제 상황 속에 처해 있는 수백만 인간을 반영하므로 인간들의 경험 세계에 대한 통찰력을 얻게 한다(안진경, 이지현, 김은경, 2016). 그림책을 활용한 인성교육은 등장하는 여러 주인공의 삶을 통해 다양한 인간관, 가치관, 세계관을 경험할 수 있으며, 본받을 만한 인간성을 형성하고 스스로 내면화하여 인성을 함양하게 할 수 있다(최애경, 2016).

〈표 8-1〉 그림책을 활용한 인성 활동 주제

회기	도서명	글/그림	내용 및 선정 이유	인성 관련 요소	인성 활동 주제
1	민들레는 민들레	김장성/오현경	"싹이 터도, 잎이 나도, 줄기가 쑥 올라와도 민들레는 민들레는 길가, 가로수 아래, 낡은 지붕 위에서도 꽃이 져도, 씨가 맺혀도, 바람에 날아가도 민들레는 민들레. 혼자여도, 둘이어도, 여럿이어도 민들레는 민들레"라는 내용을 통해 자신의 모습을 있는 모습 그대로 받아들일 수 있도록 한다.	자아존중감	유아교사의 자아존중감과 정체성 수준은 어떠한가?
2	나, 꽃으로 태어났어	엠마 줄리아니	여린 꽃 한 송이가 세상에 피어나 따스한 햇살을 받고, 인내와 헌신의 따뜻한 기운으로 사람들을 돕고 나누며, 기쁨과 감사로 삶을 노래하는 내용을 담았다. 삶을 향한 꽃의 몸짓과 언어는 우리에게 무엇을 위해 살아야 하는지, 다른 이들과 더불어 어떻게 살아야 하는지를 들려주고 있다.	정체성	
3	꿈을 나르는 책 아주머니	헤더 헨슨/데이비드 스몰	책 읽기와 공부에는 전혀 관심 없던 소년 칼은 책을 좋아하는 누나 라크가 이해되지 않았다. 또한 2주에 한 번씩 책을 전달하기 위해 비가 오고, 눈이 오는 날에도 말을 타고 책을 전해주는 아주머니를 보며 무엇 때문에 힘든 일을 할까라는 의문을 가지면서 칼이 책을 읽게 된다. 한 소년이 그동안 보지 못한 세상을 보고 듣고 느끼게 되기까지의 성장 과정을 담고 있다.	책임감	유아교사 간 배려와 존중의 필요성
4	친구를 데려가도 될까요?	베아트리체 솅크 드 레그니어스/베니 몽트레소	페이지마다 반복되는 '친구를 데려가도 될까요?'라는 말은 어떤 동물 친구들을 데리고 와 유쾌한 소동을 벌일까 하는 즐거운 호기심을 불러일으켜 이야기에 집중하게 하는 시각적인 즐거움이 있다. 가까운 사이일지라도 배려가 있어야 함을 나타내는 그림책이다.	배려	
5	송이의 노란우산	이철환/유기훈	아름다운 우리 이웃의 모습을 담은 그림책으로 도움이 필요한 할아버지에게 우산을 씌워주는 송이의 따뜻한 마음을 통해 잔잔한 감동과 사랑을 느끼게 하는 아름다운 이야기이다.	존중	교사의 공감과 격려는 아이들에게 어떤 의미일까?

회기	도서명	글/그림	내용 및 선정 이유	인성 관련 요소	인성 활동 주제
6	소피가 속상하면 너무너무 속상하면	몰리 뱅	소피는 나무를 타고 오르며 만지고 느껴본 다양한 감정들과 느낌을 그림으로 표현했지만, 친구들은 소피의 그림이 나무 같지 않다고 약 올리자 소피는 너무너무 속상해진다. 자신의 생각이 존중받지 못하는 상황에서 좌절하고 위축되지만, 소피의 선생님은 소피의 너도밤나무 그림에 담긴 소피의 감정을 공감해 주고, 서로 다를 수 있음을 이해해 준다. 소피의 마음이 풀리는 과정을 통해 서로 존중하고, 이해하고 공감하는 능력을 기를 수 있는 그림책이다.	공감과 격려	교사의 공감과 격려는 아이들에게 어떤 의미일까?
7	비 오는 날의 소풍	가브리엘 뱅상	깜찍한 꼬마 생쥐와 꼼짝 못 하는 덩치 큰 곰 에르네스트 둘이 한 가족이 되어 평범한 일상을 따뜻한 행복으로 가꾸어간다. 소풍을 가기로 했는데 비 오는 날 소풍을 가기로 한다. "비 안 오는 셈 치고"…삶은 계획한 대로 이루어지지 않지만, 그럼에도 불구하고 우리는 삶을 살아내야 하므로 그림책의 주인공처럼 관점의 변화를 통해 실천해 보도록 권유하는 책이다.	소통 (일상의 관점의 변화	유아교육 현장에서 관점의 변화와 편견 없애기는 왜 필요할까?
8	아기늑대 세 마리와 못된 돼지	유진 트리비자스/ 헬린 옥슨버리	「아기 돼지 세 마리」의 패러디 동화로, 주인공의 역할을 뒤바꾸고 배경을 현대로 옮겼으며 새로운 관점의 해석으로 결말을 제시하는 흥미로운 이야기. 덩치 크고 못된 돼지가 꽃향기로 인하여 착한 돼지가 되어 아기 늑대들과 차를 마시며 행복하게 지낸다는 이야기이다.	소통 (선입견/ 편견배제)	
9	마음아, 작아지지마	신해은/ 김효진	부바는 자신의 키가 작아 크고 싶어 밥도 마구 먹어 보고, 까치발도 들어보지만 여전히 땅꼬마인 자신의 모습과 글씨를 잘 쓰고 싶어서 연습을 많이 하지만 늘 삐뚤빼뚤하게 쓰고, 친구들과 달리기를 할 때도 늘 거북이처럼 느린 자신으로 인해 어디론가 숨고 싶을 만큼 마음이 작아진다. 그러나 작은 꽃을 만나면서 자신의 긍정적인 모습을 찾아간다.	사랑	유아의 자신감을 북돋우는 교사되기
10	으뜸 헤엄이	레오 리오니	으뜸 헤엄이는 친구들에게 떼를 지어 다니는 작은 물고기들이 큰 물고기들에게 먹히는 것을 막기 위해 힘을 합쳐야 한다는 것을 알려주고, 으뜸 헤엄이가 말한 대로 서로 도와서 어려움을 이겨내는 내용으로 협동의 중요성을 일깨워 준다.	협동	유아에게 협력이 필요할 때

회기	도서명	글/그림	내용 및 선정 이유	인성 관련 요소	인성 활동 주제
11	행복	마르쿠스 피스터	조와 레오가 여러 계절을 함께하며 행복한 순간들을 헤아려본다. "행복이란 말이야, 콧등에 내려앉은 따뜻한 햇살을 느끼는 거야 이렇게."와 같은 다양한 글에서 행복이 느껴진다. 물감을 찍어 낸 듯 다양한 색감과 질감으로 기쁨의 순간들을 그림으로 펼쳐 주고 있다. 그림과 글에서 행복이란 것을 마음껏 표현하고 있는 책으로 읽고 있으면 내 삶의 행복에 대해 생각해 보게 한다.	행복	나의 행복 그리고 교사로서 행복 찾아보기
12	난 이럴 때 행복해	미건 헤스	마음에 쏙 드는 구두를 발견했을 때, 향기 나는 초를 켜고 욕조에 몸을 푹 담글 때, 초콜릿을 먹을 때, 오랜 친구에게서 연락이 왔을 때, 나를 위해 꽃 한 다발을 살 때, 라디오에서 내가 좋아하는 노래가 나올 때, 빗소리를 들으며 침대에 누워 있을 때 등 일상 속에서 작은 즐거움을 느낄 수 있는 순간들을 그림과 함께 조명해 놓은 그림책이다.	행복	
13	바람이 멈출 때	샬롯 졸로토/ 스테파노 비탈레	아름다운 낮 시간을 보낸 아이는 낮이 끝나는 것이 안타깝기만 하다. "왜 낮이 끝나냐 하나요?" 아이의 질문은 계속된다. 낮이 끝나면 해가 어디로 가는 지 등. 아이는 세상의 모든 것이 궁금하기만 하다. 이러한 질문에 세상은 완전히 끝나는 것이 아니라 새로운 시작으로 이어지고 또 이어지는 것임을 엄마는 그 너머에 있는 것을 알려준다.	일상의 행복과 긍정성	일상의 행복 느끼기, 긍정성

출처: 안진경(2021), 재인용.

〈표 8-2〉 그림책을 활용한 영유아교사 인성교육 프로그램 구성 예시

<table>
<tr><th>주</th><th>인성교육 강의 및 주제</th><th colspan="2">그림책을 활용한 인성교육 활동</th></tr>
<tr><td>1</td><td>• 프로그램 소개</td><td colspan="2">사전검사 : 인성검사, 회복탄력성 검사</td></tr>
<tr><td>2</td><td>• 인성교육의 개념 및 이론</td><td colspan="2" rowspan="4">• 그림책을 활용한 인성교육 활동 오리엔테이션
– 강의 : 1강 그림책의 정의 및 가치
2강 그림책의 문학적 요소와 예술적 요소
– 실제 : 인성 요소별 그림책 감상 및 느낌 나누기, 저널 작성, 그림책 활동 결과물 스크랩 설명
• 저널쓰기 : 그림책을 활용한 인성교육 활동 기대사항</td></tr>
<tr><td>3</td><td>• 유아 인성교육의 필요성</td></tr>
<tr><td>4</td><td>• 유아교사의 인성 덕목</td></tr>
<tr><td>5</td><td>• 인성교육의 내용과 방법</td></tr>
<tr><td rowspan="2">6</td><td rowspan="2">• 유아교사의 자아존중감과 정체성의 수준은 어떠한가?</td><th>그림책</th><th>인성 관련 활동</th></tr>
<tr><td>「민들레는 민들레」
「나, 꽃으로 태어났어」</td><td>글쓰기 : 나의 소중함 시로 표현하여 책 만들기</td></tr>
<tr><td>7</td><td>• 유아교사의 책임감, 왜 필요한가?</td><td>「꿈을 나르는 책 아주머니」</td><td>토론 : 유아교사에게 책임감이 필요한 이유</td></tr>
<tr><td>8</td><td colspan="3">• 중간고사</td></tr>
<tr><td>9</td><td>• 유아교사 간 배려와 존중의 필요성</td><td>「친구를 데려가도 될까요?」
「송이의 노란우산」</td><td>미술 : 화선지 물들이기
글쓰기 : 동료교사에게 편지쓰기</td></tr>
<tr><td>10</td><td>• 교사의 공감과 격려는 아이들에게 어떤 의미일까?</td><td>「소피가 속상하면 너무너무 속상하면」</td><td>토론 : 아이들에게 교사의 공감과 격려가 필요한 순간</td></tr>
<tr><td>11</td><td>• 유아교육 현장에서 관점의 변화와 편견 없애기는 왜 필요할까?</td><td>「비 오는 날의 소풍」
「아기늑대 세 마리와 못된 돼지」</td><td>이야기 나누기 : 편견 브레인스토밍하여 기록하기
게임 : 풍선 터트리기</td></tr>
<tr><td>12</td><td>• 유아의 자신감을 북돋우는 교사 되기</td><td>「마음아, 작아지지마」</td><td>조사하기 : 아이들의 마음이 작아질 때와 마음이 커질 때 인터뷰 및 발표</td></tr>
<tr><td>13</td><td>• 유아에게 협력이 필요할 때…</td><td>「으뜸 헤엄이」</td><td>게임 : 협력하여 손 풀기</td></tr>
<tr><td>14</td><td>• 나의 행복 그리고 교사로서 행복 찾아보기</td><td>「행복」
「난 이럴 때 행복해」</td><td>미술 : 행복 나무 만들기</td></tr>
<tr><td rowspan="2">15</td><td rowspan="2">• 일상의 행복 느끼기, 긍정성</td><td>「바람이 멈출 때」</td><td>동작 : 산책 후 몸으로 표현하기</td></tr>
<tr><td colspan="2">• 사후검사: 인성 검사, 회복탄력성 검사
• 저널쓰기 : 그림책을 활용한 인성교육 활동 사후 저널쓰기</td></tr>
</table>

출처: 안진경(2021), 재인용.

〈표 8-3〉 그림책을 활용한 영유아교사 인성교육 수업계획안 예시

그림책	나, 꽃으로 태어났어(글 · 그림 : 엠마 줄리아니)
활동목표	교사로서 자신의 과거와 현재의 모습을 수용하고, 있는 그대로의 모습 속에서 교사로서의 자존감을 확립한다.
활 동 명	나의 소중함 시로 표현해 책 만들기
준 비 물	'나, 꽃으로 태어났어' 그림책, '꽃' 시, A4 색지, 색 사인펜, 가위
도 입	• 김춘수 시인의 「꽃」 시를 읽어준다.
그림책 읽기 단계	• 작가 소개하기 • 그림책을 읽어준다. • 마음열기 – 여러분은 누군가에게 꽃을 받아보거나 준 경험이 있나요? – 꽃을 받았을 때 혹은 주었을 때의 기분은 어떠했나요? – 여러분들의 주고받았던 꽃은 어떤 의미였나요? – 여러분들이 꽃이라면 누구에게 어떤 의미로 다가가고 싶은가요? – 꽃이 아니라도 자신의 모습을 표현할 수 있는 것이 있나요? – 자신은 이 세상에서 어떤 존재라고 생각하나요?
확장활동	• A4 색지를 8등분으로 접는다. • 가위를 이용해 접혀진 부분에서 1/2을 잘라준다. • 펼쳐서 자른 부분이 가운데로 가도록 접는다. • 책모양으로 접은 후, 자신의 삶을 시로 표현해 본다. • 내 이미지를 대표하는 꽃을 생각해 보고, 자신의 특징(장점)을 넣어 글을 쓴다. • 책을 꾸며서 시집을 완성한다. • 구성원들에게 자신의 작품을 발표한다.
정리단계	• 마음 나누기 – 위와 같은 활동을 통해 마음이나 사고의 변화가 된 부분을 구성원들과 나누어 본다.

출처: 안진경(2021), 재인용.

(2) 명화를 활용한 인성교육 프로그램

명화는 주제나 선, 모양 등의 다양한 미술 요소가 포함되어 있고, 같은 소재라도 구성에 따라 다르게 느껴지므로 학습자로 하여금 다양한 시각으로 감상하게 한다(임경례, 2007). 명화감상을 통해 영유아교사는 자신이 명화 속 주인공이라면 어떤 기분이 드는지, 어떤 일이 벌어지고 있는지 등을 생각하고 분석하는 등 자신의 생각과 느낌을 심미적으로 표현하고 명화 속 상황을 나름대로 해석하거나

자신의 경험과 비교할 수 있다.

스토리텔링(storytelling)이란 '이야기를 들려주는 것, 또는 말로 전달되는 것으로 사건 및 사실에 대한 보도나 물리적 속성이 아닌 사건이나 인물이 가져다주는 개인적인 의미로서 이야기를 지어서 말하는 것'을 뜻한다(송정란, 2007). 스토리텔링은 중심이 되는 '이야기'가 허구이거나 사실이든 인물, 배경, 사건을 시간적인 흐름과 공간적 구성에 따라 흥미롭게 들려줌으로써 서로 이해하고 소통하면서 공감대를 확장시킬 수 있다(강미라, 2009).

[그림 8-1] 명화를 활용한 스토리텔링 인성교육 프로그램 수업 모형

1단계 감각 열기	심미적 접근 - 명화 감상
2단계 인성과 만나기	인성적 특성 인식 - 명화 속 인성덕목 찾기
3단계 생각나누기	사회관계증진 - 명화작품 스토리텔링하기
4단계 표현하기	개방적 태도 - 다양한 표현기법을 활용하여 스토리텔링한 명화 재구성하기
5단계 평가하기	자신의 명화 작품 소개 및 감상하기

출처: 김형재·현혜정·이순애(2017), 재인용.

〈표 8-4〉 명화를 활용한 스토리텔링 인성교육 프로그램의 명화내용 및 스토리텔링 예시

인성 덕목	명화작품명 및 작가	명화 스토리텔링 내용	
예	김홍도 〈서당〉	명화 분석	조선 후기의 화가 김홍도가 그린 풍속화첩. 소탈한 조선시대 전형적인 서민상을 표출함. 원형구도를 이용하여 짜임새 있는 구성과 회화적 효과, 등장인물들의 사실적, 해학이 넘치는 동작의 묘사가 인상적이다.
		스토리텔링	하늘 천 따지~ 검을 현 누를 황~ 서당에서 들려오는 천자문 읽는 소리. "훈장님? 아침 문안드립니다", "오냐 오냐, 어서 가서 글을 읽거라" 깜빡깜빡 훈장님은 어제 배웠던 것을 읊으시면서 "그렇지, 잘 한다.", "허허~ 예끼 이놈. 이 부분이 또 틀렸지 않았느냐?", "히히, 저기 봐 훈장님 얼굴이 꼭 멧돼지 같다.", "조용히 해, 훈장님 들으시면 버릇없다고 혼내실 거야.", "누구냐, 누구? 예를 갖추지 못하는 것이?" 기다란 회초리로 바닥을 탁탁~ 버릇없이 인사를 못한 친구는 눈물을 훔치고, 또 한 친구는 훈장님의 모습을 보고 킥킥 웃어댄다. 흔들흔들 몸을 움직이며 한 음 한 음 따라하며 공부하는 서당. 훈장님은 어떤 친구를 가장 예의 바르다고 하실까?
효	메리 커셋 〈아이의 목욕〉	명화 분석	미국에서 태어나고 자란 부유한 은행가의 딸인 메리 커셋. 그림 그리는 것에 대한 집안의 반대와 사회적 제약에도 굴하지 않고 드가와의 운명적 만남을 통해 인상주의 화가로서의 새로운 삶을 살게 됨. 그림 주제는 엄마와 아기였다.
		스토리텔링	"우리 딸은 커서 뭐가 되고 싶니?", "할머니를 잘 섬기는 엄마처럼 효녀가 되고 싶어요", "어머나 우리 딸이 최고네.", "또 다른 것을 생각해 본 적은 없니?", "화가요. 난 그림 그릴 때가 너무 좋아요" 평소 메리 커셋은 언니와 사이가 좋은 자매이다. "언니, 이 그림 어때?", "이건 나랑 우리 아기? 너무 멋지구나.", "나는 아기랑 따뜻하게 교감하는 언니 모습이 참 좋아." 메리 커셋은 부모님께 마음을 다하는 언니와 조카의 모습을 그리면서 행복한 나날을 보낸다. 그러던 어느 날, "여자가 그림을 그린다는 건 좋은 것이 아니야. 이제 그만해라.", "어머니, 전 제 꿈을 이룰 거예요." 서로가 바라는 꿈이 다르기에 마음이 불편해진 메리 커셋은 프랑스로 떠난다. 떠나온 뒤에도 엄마를 향한 사랑을 표현하기 위해 애를 쓴다.

인성 덕목	명화작품명 및 작가	명화 스토리텔링 내용	
정직	르네 마그리트 〈이중 비밀〉	명화 분석	초현실적인 작품을 남긴 벨기에의 화가, 르네 프랑수아 길랭 마그리트. 그의 작품은 신비한 분위기, 고정관념을 깨는 소재와 구조, 발상의 전환 등의 특징을 보인다.
		스토리텔링	"반가워요. 친구들~ 내 이름은 르네 마그리트 '그림 그리는 철학자'가 별명이야.", "아저씨 그림 그리는 철학자가 무슨 뜻이에요?", "하하, 나는 잠이 들 때까지 그림 생각만 해. 아마 그림 생각을 많이 한다고 철학자라고 불러." 마그리트는 꿈속에서도 수많은 단어, 물건, 생각을 그려보려고 노력하는 사람이에요. "자 오늘은 어떤 그림을 그릴까?", "그런데 이 그림은 좀 달라요?", "그렇게 보이니? 맞아. 다른 사람 눈에는 보이지 않는 것들, 거짓 없이 그림을 그리면 신기하게도 새로운 또 다른 것이 되기도 하기.", "꼭 기억해 친구들~ 우리가 보는 모든 것에는 다른 어떤 것이 또 숨겨져 있어."
책임	피카소 〈한국에서의 학살〉	명화 분석	20세기 최고의 화가인 파블로 피카소가 1951년 그린 그림. 미국에 의해 자행된 한국 전쟁의 학살을 보여줌. 이 그림의 소재는 1950년 황해도 신천에서 일어났던 대학살을 묘사한 것. 대표 작품으로는 아비뇽의 처녀들, 게르니카 등이 있다.
		스토리텔링	이곳저곳에서 들려오는 총소리. "어머나, 이게 무슨 일이에요?" 거리로 나와 맞서는 사람들 틈에 총과 칼을 든 병사들이 있다. "제발 목숨만 살려주세요" 너무 무서워서 움직이지도 못하는 사람들도 있다. "손들어". "엄마 무서워", "모두 꼼짝 마. 움직이면 쏜다.", "이리와, 괜찮아. 엄마가 널 지켜줄게" 겁에 질려 우는 아이, 벌거벗은 여인들. "엄마 나 이거 만져도 돼?", "아가, 조심해" 아무것도 모른 채 자기가 좋아하는 흙장난만 하는 아이. 힘없이 엄마 품에 안겨 흐느끼는 아이. "누가 우리를 구해주나요?", "이제 우린 어떻게 되는 것일까요?" 어떠한 대응도 할 수 없는 현실에 체념하는 사람들의 안타까운 모습이 가득하다. "이 비참한 전쟁은 누구 때문에 일어난 것일까요?", "과연 이 모든 것은 누가 책임을 질까요?" 국가가 그 책임을 질 수 있을까? 어느 나라가 책임을 질 것인가?

<table>
<tr><th>인성 덕목</th><th>명화작품명 및 작가</th><th colspan="2">명화 스토리텔링 내용</th></tr>
<tr><td rowspan="2">배려</td><td rowspan="2">빈센트 반 고흐 〈별이 빛나는 밤〉</td><td>명화 분석</td><td>네덜란드에서 태어난 빈센트 반 고흐는 37세의 나이로 생을 마감함. 자신의 귀를 자르기도 하고 자신의 가슴에 총을 겨누었던 그에게 그림이란 정신장애로 인한 고통을 담아내는 도구. 고갱이 떠나간 뒤 괴로워하던 시기에 그린 그림이 바로 별이 빛나는 밤. 화면의 모든 색이 꿈틀거리며 분노로 몸부림친다.</td></tr>
<tr><td>스토리텔링</td><td>“형, 내가 도와줄게.”, “고맙구나, 테오.” 고흐는 동생 테오와 우애가 깊었다. 화랑에서 일을 하면서 서로를 배려하고, 실수를 해도 따뜻하게 품어주었다. “형, 그림을 그려보는 건 어때?”, “그림을 그려보라고? 내가 할 수 있을까?”, “물론이지. 틀림없이 훌륭한 화가가 될 거야. 형이라면 잘할 수 있을 거야.” 무명의 화가 시절, 고단한 삶에서 테오는 늘 빈센트에게 큰 용기를 주었지만, 고흐에게는 아픔이 많았다. 사랑을 고백한 여인과 헤어져 슬픈 나날을 보내던 어느 해 겨울, “형, 마음이 아프지? 내가 어떻게 하면 형 마음이 편안해질지 모르겠네.”, “고맙다, 나를 배려하는 너의 마음, 꼭 기억할게.” 반 고흐는 동생의 권유로 벨기에에 있는 미술 학교에 등록했다. 그러나 행복한 순간도 잠시, 학교에서 퇴학 통보를 받게 되고 정신적으로 고통스러운 날들이 계속되었다. 그래도 테오는 형이 그림을 그릴 수 있도록 늘 옆에서 응원했다.</td></tr>
<tr><td rowspan="2">존중</td><td rowspan="2">베첼리오 티치아노 〈세례 요한의 머리를 든 살로메〉</td><td>명화 분석</td><td>“사람을 감옥으로 보내 요한의 목을 벤 후, 그 머리를 소반에 담아다가 처녀[살로메]에게 주니, 그녀가 제 어미[헤로디아]에게 가져가니라.” 마태복음 14장 10~11절. 동생의 아내인 헤로디아를 빼앗아 자신의 아내로 삼은 헤롯과 그런 헤로디아를 비난한 세례 요한. 세례요한을 향한 헤로디아의 원한과 그를 보호하려는 헤롯이었지만 끝내 살로메로 인해 죽음을 맞는다.</td></tr>
<tr><td>스토리텔링</td><td>“폐하, 어찌하여 율법을 어기십니까?”, “어찌하여 나에게. 여봐라~ 세례 요한을 감옥에 가두어라.” 헤롯은 두 가지 이유로 요한을 감옥 깊숙히 가둔다. “아버지, 생신 축하드려요.” 오늘은 헤롯왕의 생일. “오~나의 딸 살로메, 고맙구나.”, “제가 준비한 선물입니다. 아버지를 위해 춤을 추고 싶어요.”, “나를 기쁘게 했으니 무엇이든 들어주마. 소원을 말해 보거라.”, “정말이시죠? 왕이시여, 세례 요한의 머리를 잘라 주십시오.”, “뭐라? 세례 요한의 머리?” 연회에서 헤롯을 즐겁게 한 헤로디아의 딸이 헤롯에게 어머니를 대신해 소원을 말한다. “나를 감히 욕하다니, 요한을 용서할 수 없어” 자신을 비난한 요한에게 앙갚음을 결심한 헤로디아를 위해 살로메는 헤롯왕에게 요한의 머리를 소반에 놓아 달라고 부탁한다. 서로를 존중하지 못한 그들. 인간의 생명은 존중받아야 하는데 이 어찌 안타까운 일이 아닌가?</td></tr>
</table>

인성 덕목	명화작품명 및 작가	명화 스토리텔링 내용	
소통	알마 타데마 〈안토니우스와 클레오파트라〉	명화 분석	헬레니즘세계가 운을 다하고 로마가 그 주도권을 잡으려던 그 시대에 이집트 독립을 지켜낸 여왕. 클레오파트라와 사랑에 빠진 안토니우스의 이야기. 화려한 치장을 하고 나른하게 누워있는 신비로운 모습의 클레오파트라와 그녀를 자세히 보려는 안토니우스의 몸짓과 마음이 표현된 작품이다.
		스토리텔링	"여러분이 알고 있는 이집트의 여왕 클레오파트라는 어떤 사람으로 기억되십니까?", "나의 백성들은 들으시오. 나 카이사르는 이집트를 우리의 동맹국으로 선언하오.", "제가 생각하기엔 이집트 합병을 주장한 카이사르에게 접근하여 외교를 벌리고 자신의 왕위를 지켜낸 여인이 아닐까요? 18살에 동생과 결혼해서 왕위에 오른 여왕이에요.", "제 생각은 다릅니다. 그녀는 순수한 안토니우스를 유혹하여 로마를 혼란에 빠지게 한 여인입니다." 그녀는 카이사르의 부하인 안토니우스와 결탁하여 로마에 대항했다. "당신을 처음 본 그 순간, 내 마음이 빼앗겼소. 내 모든 것을 주겠소.", "오~ 나는 당신의 한마디 한마디에 감동받았어요.", "언제나 내 말을 이해해 준 그대에게 내 사랑을 전합니다.", "자, 여러분 이 둘의 관계를 이어갈 수 있었던 것은 과연 무엇일까요?", "뛰어난 외모, 탁월한 성적 기교일까요?", "아마 그건 바로 지혜와 인간적인 매력으로 다가간 그녀만의 소통의 힘이겠지요."
협동	밀레 〈이삭줍는 여인들〉	명화 분석	자연을 사랑한 화가 장 프랑수아 밀레. 그는 프랑스의 화가로 '이삭줍기', '만종', '씨 뿌리는 사람' 등 농부들의 일상을 그린 작품으로 유명하다. 황량하고 거친 들판을 배경으로 열심히 이삭들을 줍고 있는 세 여인의 모습이 인상적인 이 작품에서, 여인들의 등을 밝히는 햇빛은 신의 가호이며, 자연은 신의 의지이다.
		스토리텔링	여기는 노르망디의 작은 마을. "응애, 응애~", "축하드려요 듬직한 아들입니다." 농부의 화가 밀레가 태어났어. "목사님, 이렇게 하면 되나요?", "역시 우리 밀레의 데생 솜씨는 좋아." 어린 시절부터 목사님과 함께 그림을 그린 밀레. "밀레야, 그림 공부를 해보지 않겠니?" 그의 재능을 일찍부터 발견한 아버지의 권유로 그림을 배우게 되었어. 시골에서 자랐지만 농부들의 모습을 있는 그대로 따뜻하게 그려냈어. "수고하셨어요. 수확이 다 되었으니 이제 돌아갑시다." 그런데 저기 여인들은 무엇을 할까요? 여긴 수확이 끝난 밀 들판. "여기 보세요. 밀알이 있어요." 밀밭에서 볏단에 집어넣기에는 시시해서 내버려둔 것들. 그녀들은 허리를 굽혀 이삭을 줍고 있어. "자 조금 더 힘을 내요. 남들 눈에는 아주 하찮은 것이지만 이것도 모이면 우리에겐 일용할 양식이 될 수 있어요." 혼자서는 안되지만 함께 하기에 가능한 일들. 서로 힘을 합해 노력하는 모습에서 빛이 나는 것 같아요. "자, 더 나은 세상을 위해 우리 모두 힘을 내요."

출처: 김형재·현혜정·이순애(2017), 재인용.

〈표 8-5〉 명화를 활용한 스토리텔링 인성교육 프로그램의 활동내용

인성 덕목	명화작품명 및 작가	활동명	활동내용
예	김홍도 〈서당〉	내가 젤 어른이지	– '서당' 작가소개, 명화 감상 및 분석하기 – 인간과 동물의 세계에서의 '예' 의미 찾아보기 – '예'의 형식을 갖춘 것들에 대해 스토리텔링 하기 – 콜라주 기법을 사용하여 '예'의 의미를 담은 명화로 재구성하기 – 제작된 예 명화작품 소개 및 감상하기
효	메리커셋 〈아이의 목욕〉	변하지 않는 마음	– '아이의 목욕' 작가소개, 명화 감상 및 분석하기 – 명화 속 '효' 내용을 찾아 가족과의 경험 시각화하기 – 부모를 향한 자식의 '효' 실천방안에 대해 스토리텔링 하기 – 스텐실 기법을 사용하여 변하지 않는 사랑, '효'의 의미를 담은 명화로 재구성하기 – 제작된 효 명화작품 소개 및 감상하기
정직	르네 마그리트 〈이중 비밀〉	1인 2색	– '이중 비밀' 작가소개, 명화 감상 및 분석하기 – 가면을 이용하여 선과 악의 모습, '정직'의 순간 찾아보기 – 그림으로 표현하고자 하는 작가의 솔직한 의도에 대해 스토리텔링하기 – 여러가지 선, 도형, 모양을 활용하여 인간이 가진 이중성의 의미를 담은 명화로 재구성하기 – 제작된 정직 명화작품 소개 및 감상하기
책임	피카소 〈한국에서의 학살〉	온 마음을 다하여	– '한국에서의 학살' 작가소개, 명화 감상 및 분석하기 – 전쟁으로 벌어진 일들에 대한 '책임'의 의미를 작품속에서 찾아보기 – 책임져야 하는 순간 등을 떠올려 스토리텔링 하기 – 자신이 생각하는 애국심과 책임을 다한 인물에 대해 명화속 그림으로 표현하기 – 제작된 책임 명화작품 소개 및 감상하기
배려	빈센트 반 고흐 〈별이 빛나는 밤〉	마음이 빛나는 배려의 밤	– '별이 빛나는 밤' 작가소개, 명화 감상 및 분석하기 – '요정'이 되어 고흐의 마음에 간직하고자 하는 '배려'의 마음 찾아보기 – 상대방에게 베풀 수 있는 배려의 행동에 대해 스토리텔링 하기 – 뿌리기 기법을 사용하여 마음이 빛나는 '배려'의 의미를 담은 명화로 재구성하기 – 제작된 배려 명화작품 소개 및 감상하기

인성 덕목	명화작품명 및 작가	활동명	활동내용
존중	베첼리오 티치아노 〈세례 요한의 머리를 든 살로메〉	마음속 존중의 온도를 높이자	– '세례 요한의 머리를 든 살로메' 작가소개, 명화 감상 및 분석하기 – 헤롯과 세례 요한, 헤로디아 사이에 표현된 서로 간의 '존중'의 태도를 찾아보기 – 생명 존중에 대해 스토리텔링 하기 – 모자이크 기법을 사용하여 자신이 위로받고 싶거나 존중받고자 하는 것들을 명화로 재구성하기 – 제작된 존중 명화작품 소개 및 감상하기
소통	알마 타데마 〈안토니우스와 클레오파트라〉	화성에서 온 남자 금성에서 온 여자	– '안토니우스와 클레오파트라' 작가소개, 명화 감상 및 분석하기 – 클레오파트라가 펼친 인간애와 독자적인 '소통'의 방법 찾아보기 – 명화 속 두 남녀 간에 펼쳐진 소통의 순간에 대해 스토리텔링 하기 – 소통의 의미를 높이는 미술재료를 선택하여 명화를 재구성해 보기 – 제작된 소통 명화작품 소개 및 감상하기
협동	밀레 〈이삭 줍는 여인들〉	하나로 만드는 힘	– '이삭 줍는 여인들' 작가소개, 명화 감상 및 분석하기 – 힘과 마음을 합해 이룰 수 있는 '협동'의 의미를 작품에서 찾아보기 – 물질만능 시대에 함께 이룰 수 있는 것, 협동에 대해 스토리텔링 하기 – 스크래치 기법을 사용하여 '협동'의 효과를 담은 명화로 재구성하기 – 제작된 협동 명화작품 소개 및 감상하기

출처: 김형재·현혜정·이순애(2017), 재인용.

(3) 동양고전 독서토론에 기반한 인성교육 프로그램

독서토론이란 자신의 의견과 다른 이견(異見)이 있다는 것을 인정하고 여러 사람의 의견을 들어보고 반대가 있는 경우 책의 범위 안에서 자신의 주장을 펴고 설득하고 함께 생각을 나누는 의사소통이다. 즉, 책을 중심으로 한 독서토론은 일반적 토론과 달리 소통과 공유에 초점을 둔다.

동양고전 독서토론에 기반한 인성교육 프로그램은 독서 단계에서는 독서자료를 정독하여 논제를 만들도록 하고, 토론 단계에서는 논제를 중심으로 순차적으로 토론하며 의미의 공유와 문제해결을 경험하고자 하며, 성찰 단계에서는 저널 쓰기를 통해 성찰을 경험하고 실천으로 연결하는 것으로 반영점을 찾을 수 있다.

〈표 8-6〉 동양고전에 기반한 영유아교사 인성함양 프로그램의 추천 독서자료

구분	내용
추천 고전	논어, 소학, 사소절, 대학, 목민심서, 채근담, 부모은중경, 도덕경, 장자, 아희원람, 홍길동전
독서토론에 적합한 고전	• 현대적 해석이 있어 원문 이해가 용이한 고전 • 쉽고 의미 있는 스토리가 있어 쉽게 읽히는 고전 • '예','청렴', '배려'와 같은 인성적 요소가 있는 고전 • 고전문학이나 시, 전래동화와 같이 재미있는 고전 • 근원적 악이나 성차별 등이 담겨져 있지 않는 현대적 가치에 부합한 고전 • 도적적인 내용이나 교훈을 통해 자기반성과 성찰이 있는 고전 • 재미와 감동이 있는 독서자료

출처: 성용혜(2021), 재인용.

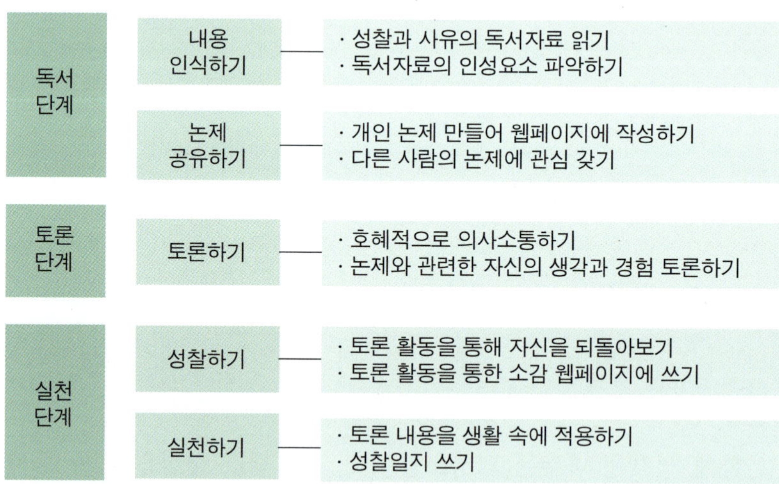

[그림 8-2] 동양고전 독서토론에 기반한 인성교육 프로그램 교수 · 학습과정

출처: 성용혜(2021), 재인용.

〈표 8-7〉 동양고전 독서토론에 기반한 인성교육 프로그램 내용

내용 범주	인성 요소	목표	교육내용	독서자료 인성 요소
마음의 힘 키우기	자기조절 심리적 건강	자기에 대한 이해를 높이고 자신을 수용하고 사랑한다	나를 이해하기	修養
			나를 사랑하기	自愛
			나의 정서 조절하기	虛靜
공감과 배려의 관계 맺기	공감, 정의감, 민감성, 수용성 타인존중, 배려	배려와 공감의 중요성을 인식하고 생활 속에서 실천 한다	다름을 인정하기	和而不唱
			편견을 버리기	分別智
			타인을 존중하기	恕
반성적 실천으로 성장하기	책임감 성실성 교직관 반정적사고	나의 교직관을 성찰해 보고 소명의식을 느낀다.	살피고 사랑하기	惻隱之心
			배우고 익히기	誠
			소명의식 느끼기	止於至善

출처: 성용혜(2021), 재인용.

〈표 8-8〉 동양고전 독서토론에 기반한 인성교육 프로그램 활동 예시

<table>
<tr><th colspan="2">주제</th><th colspan="3">다름을 인정하기</th></tr>
<tr><td colspan="2">동양고전</td><td>장자</td><td>중점 인성요소</td><td>공감, 배려</td></tr>
<tr><td colspan="2">활동 목표</td><td colspan="3">• '장자'에서 발견한 인성요소를 함께 나눈다.
• 애태타의 특성을 살펴보고 공감의 방법을 찾아본다.
• 공감의 방법을 찾아 애태타가 되어 주는 경험을 한다.</td></tr>
<tr><td colspan="2">활동 내용</td><td colspan="3">• 토론: 애태타는 어떤 사람이기에 그를 좋아할까?
• 활동: 애태타가 가지고 있는 품성 브레인스토밍하기</td></tr>
<tr><td colspan="2">활동 자료</td><td colspan="3">• 독서자료: 장자(덕충부 추남 애태타)</td></tr>
<tr><td>과정</td><td>단계</td><td colspan="3">활동 내용</td></tr>
<tr><td>사전 활동</td><td>독서</td><td colspan="3">• 독서자료 읽어보며 중심 생각 찾아보기
– 장자(덕충부 12절, 13절 추남 애태타) 논제 만들기
– 독서자료의 내용과 관련한 논제 찾기
• 논제 공유하기
– 자신이 생각한 논제를 밴드에 공유하고 미리 생각해 보기</td></tr>
<tr><td>본 활동</td><td>토론</td><td colspan="3">1. 참여자들이 제시한 논제를 정리하여 이야기한다.
2. 논제별로 차례대로 토론한다.
① 〈장자〉의 덕충부 추남 애태타를 읽고 생긴 질문과 논제는?
– 애태타는 어떤 사람이기에 사람들이 그를 좋아할까?
– 나도 애태타처럼 되려면 어떻게 해야 할까?
〈활동〉 애태타의 품성 브레인스토밍
② 애태타처럼 되고 싶으나 어려운 이유는?
– 무엇 때문에 애태타처럼 할 수 없는가?
– 애태타처럼 하기 어렵다고 느꼈던 적은?
– 유아교육 현장에서 발생하는 문제를 애태타처럼 해결할 수 있는 방법은 무엇일까?
3. 토론 내용을 요약하고 실천 사항을 안내한다.</td></tr>
<tr><td>사후 활동</td><td>성찰 및 실천</td><td colspan="3">• 주변의 사람에게 애태타가 되어 주기
• 주변에서 애태타와 같은 사람 찾아보기</td></tr>
</table>

출처: 성용혜(2021), 재인용.

CHAPTER 09

영유아교사 인성교육을 위한 8대 인성덕목

1. 예

1) 예(禮)의 개념

예(禮)란 여러 사람이 함께 살아가기 위해 서로가 지키려고 정한 형식과 규범이다. 인간과 인간 사이에서 지켜야 할 도리를 우리는 예절(禮節)이라고 말한다.

예절은 스스로 정성을 다하고 남을 공경하며 사랑하는 마음을 가질 때 그 기능이 온전할 수 있다. 또한 마음속에 정성을 담고 있어도 이를 겉으로 표현하는 행위(언어, 행동)가 있어야 한다. 예절은 말과 행동이 일정한 격식에 맞지 않으면 성립될 수 없으며 마음속에 있는 자기 자신의 정성을 일정한 격식에 따라 표현해서 상대방에게 인식시키는 것이 예의 바른 생활이다(한국여성교양학회, 2005)

인간은 태어나면서부터 혼자서는 살아갈 수 없는 사회적 존재이며, 일생동안 다른 사람들과 관계를 맺으며 살아간다. 다른 사람들과 함께 어울려 조화로운 사회생활을 하기 위해서는 마찰과 불편을 피할 수 있는 질서가 필요하다.

예절은 다른 사람들을 이해하고 존중할 수 있는 마음을 가지게 되는 것으로 사회성 발달의 기초가 되며, 상대방을 공경하고 사랑하며, 존중하는 마음이 행동으로 자연스럽게 나타나는 것이다.그러므로 예절은 어려서부터 자연스럽게 익혀 성인이 되어서도 실천할 수 있도록 하는 것이 가장 바람직하다고 학자들은 강조해 왔다(정귀옥, 2002). 예절 관련 하위구성요소는 친절, 겸손이다.

〈표 9-1〉 예절의 하위구성요소

덕목	하위구성요소	의미 및 도덕적 기능
예절 (etiquette)	친절(kindness)	예의에 관한 모든 절차나 질서를 준수하려는 마음가짐과 태도
	겸손(humility)	일정한 격식을 갖춘 행동으로 나타남

출처: 정귀옥(2002) 재구성.

2) 예(禮)의 필요성

어른들이 가장 흔하게 하는 말이 '요즘 아이들은 버릇이 없다', '애도 어른도 못 알아본다', '요즘 아이들은 예의를 몰라'이다. 요즈음 옛날에 비해 어른들에게 인사를 잘 한다거나 대중교통을 이용할 때 자리 양보, 물건을 들어주는 장면 등 어른을 공경하는 장면을 찾아보기가 드물어지고 있다.

현재 우리나라는 80%의 높은 대학 진학률을 기록할 정도로 세계 1위의 교육열을 자랑하고 있지만 우리 교육현실은 전반적으로 교과 · 지식 중심의 입시교육으로 전락하고 있다. 또한 지식교육에 그 중요성을 크게 부각시키고 있어, 도덕성 및 건전한 인격함양의 부재라고 하는 문제가 야기되고 있다. 기본적인 생활예절을 모른 채 버릇없는 아이들로 성장하고 있는 것이 오늘날의 현실이다(김미라, 2011).

예절이라는 것은 단순한 지식의 습득에 그치는 것이 아니라, 습관화되도록 반복하여 몸에 익숙해져야만 자연스럽게 생활에서 활용될 수 있는 것이기 때문에 어렸을 때부터 예절교육은 중요하다. 그러므로 일상 속에서 자연스럽게 습관화될 수 있도록 체계적인 예절교육이 필요하다.

3) 예(禮)의 교육방법

예절 교육은 전통예절을 몸에 익혀 어른을 공경하고 친구 간의 예절을 지키는 일상생활을 통하여 행복한 공동체 생활을 살아갈 수 있도록 한다. 공손하게 인사하기, 식사 예절 지키기, 존댓말 사용하기, 감사하는 마음 갖기 등은 바른 인사

습관 형성에 도움이 된다(교육과학기술부, 2012).

(1) 언어예절

사회생활을 하려면 사회 구성원들과 의사소통이 되어야 한다. 의사소통의 수단인 말은 의미가 담긴 소리로서 말에 담긴 의미와 밖으로 나타내려는 의사가 일치해야 비로소 가치가 있다. 생활문화권에서 약속된 어휘, 말씨에 의해 말을 해야 의사소통이 바르게 된다. 말에 대한 사회적 약속을 언어예절이라 한다.

말씨와 어휘, 태도가 사회공통의 방법에 합치되면 예의 바르다고 하지만 제멋대로 아무렇게나 하는 말은 무례하다고 한다. 말을 예의 바르게 하고 들으면 원만한 사회생활이 될 수 있지만, 언어예절을 알지 못해 함부로 하게되면 아무도 상대를 하지 않으려고 한다.

- 안녕하세요! 미안합니다! 감사합니다! 덕분입니다!
- 말 한마디에 천 냥 빚을 갚는다.
- 가는 말이 고와야 오는 말이 곱다.

(2) 인사예절

인사(人事)는 '人(사람 인)'과 '事(일 사)'의 합성어이다. 풀이를 하면, 사람이 하는 일이 인사인 것이다. 즉, 상대방에 대한 인정과 존중의 표현이다. 사람은 남에게 존중을 받을 때 상대도 대접하게 된다. 상황에 맞는 인사를 했을 때 상대방에게 좋은 이미지를 주고 예를 갖추는 것이 된다(강나경, 2012).

- 내가 먼저 인사한다.
- 상대방의 눈을 보며 미소 지으면서 인사한다.
- 상황에 맞는 인사와 인사말을 한다.

2. 효

1) 효의 개념

효(孝)는 가장 기본이 되는 덕목이며 우리 사회에서 소중히 여기는 전통적 가치이다. 즉, 효는 자식이 어버이를 정성을 다해 받들어 섬긴다는 뜻으로 어버이와 자녀와의 관계로부터 성립된다고 볼 수 있다(이선화, 2014).

효의 사전적 의미를 살펴보면 '어버이를 잘 섬기는 일'로(국어국립원 표준국어대사전, 2014), 자신을 낳아주시고 길러주신 부모님께 감사하는 마음을 갖고 공경하고 봉양하는 것으로 자녀 된 마땅한 도리이자 당연히 해야 할 덕목이다.

즉, 효는 자신을 낳아준 생명의 근원이며 길러준 부모에 대한 감사함과 그 은혜를 갚고자 하는 마음에서 출발한다고 볼 수 있다. 이렇듯 효는 부모 자식 간의 친밀한 감정을 중요시하고, 또한 부모 자식 간의 친밀한 감정에서만 그치는 것이 아니라 인간의 도리로 승화되어야 하는 것이다(장재천, 2014).

2) 효의 필요성

모든 인성의 기본은 가정에서부터 먼저 이루어져야 하며 그 바탕이 '효'이어야 함을 알아야 한다. 이에 대한 올바른 가치체계를 확립하고 자신의 근본부터 알고, 지역사회 어른들을 존경하는 행동을 할 수 있도록 어린 시절부터 일상생활에서 습관화하는 교육이 절실히 요구된다. 예부터 효자는 부모가 만든다고 한다. 이는 자녀가 부모의 모습을 바라보며 모방하기 때문일 것이다. 자녀가 어릴 때부터 작은 습관을 하나씩 실천하는 것이 중요하며, 이때 부모나 교사는 자녀들의 모델이 되어야 하며 칭찬과 격려를 통해서 효가 바로 설 수 있도록 도와주어야 할 것이다. 부모의 가치관과 행동, 그리고 바람직한 습관과 올바른 말투에서부터 '효' 교육은 시작될 수 있다. 훌륭한 자식 위에 훌륭한 부모가 있듯이, 스스로에게 부끄럽지 않은 어른이 되도록 노력해야 할 것이다.

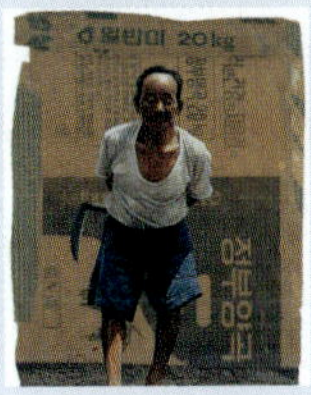

아버지와 손잡을 때

치매기가 있던 백발노인이 아들에게 묻는다. "얘야 저 새가 뭐냐?", "까치요." 잠시 후 다시 묻는다. "얘야 저 새가 뭐냐?", "까치라니까요." 아버지는 창밖을 바라보시더니 같은 말을 다시 묻는다. "얘야 저 새 이름이 뭐냐?" 화가 난 아들이 대답한다. "글쎄, 까치라구요." 그때 옆에 있던 어머니가 한숨을 쉬면서 이야기를 들려준다. "아범이 어릴 때도 저 새가 뭐냐고 백 번도 더 물었단다. 그러나 아버지는 말하는 네가 너무 귀여워서 계속 대답하고 알려주곤 했지."
어릴적 다정했던 아버지를 떠올리며, 지금 아버지의 손을 꼭 잡아보세요.

출처: https://www.youtube.com/watch?feature=player_embedded&v=kvnyEkWJC1o

3) 효를 실천하는 방법

세상을 살아감에 있어 사람을 사람답게 하는 기본적인 관계의 덕목인 효를 실천하는 방법은 다음과 같다(장재천, 2014).

- **부모를 잘 봉양하는 것** : 몸에 좋은 음식을 잘 대접하는 것, 건강상태를 잘 보살피는 것, 부모의 속을 상하지 않게 하는 것, 부모의 말에 순종하는 것, 늘 부모를 기쁘게 해드리는 것
- **부모를 공경하고 부모의 뜻을 따름으로써 부모의 마음과 하나가 되는 것** : 부모의 몸만 받드는 것은 진정한 의미의 효가 아니므로 부모의 뜻을 받들어 부모의 사랑을 받을 수 있도록 해야 하는 것

효의 실천적 활동은 부모에 대한 효, 조부모에 대한 효, 지역사회 어른에 대한 효로 나누어진다.

〈표 9-2〉 효의 실천적 활동

구분	활동
부모에 대한 효	• 감사 카드 꾸미기 • 가족의 고마움 전하기 • 성장책을 보며, 나의 성장 과정을 알고 부모님께 감사한 마음 갖기 • 가족 그림 카드를 만들어, 웃어른을 위해 내가 할 수 있는 일을 그림과 글로 표현해 보기

조부모에 대한 효	• 효도의 의미를 알고 웃어른께 감사한 마음 가지기 • 할아버지, 할머니를 초대하여 함께 여가 즐기기 • 할아버지, 할머니께 존경하는 마음 가지기 • 상황에 맞는 인사예절 익히기 • 가족 간에도 지켜야 할 예절이 있음을 알려주기 • 할아버지와 할머니께서 편리하게 생활하실 수 있도록 돕는 마음 가지기
지역사회 어른에 대한 효	• 함께 지내는 어른들의 호칭을 바르게 알고 인사하는 습관 기르기 • 함께 지내는 어른들께 고마운 마음 갖기 • 우리 동네 경로당 방문하여 노래, 율동 등 공연 기회 가지기 • 우리 동네 할머니, 할아버지를 즐겁게 해 드리는 일에 참여하기 • 대상과 상황에 맞는 존댓말을 알아보고 사용하기 • 존댓말 카드를 통해 어른께 예의 바르게 행동하기

출처: 장재천(2014).

3. 정직

1) 정직의 개념

사전적 의미에서의 정직(正直, honesty)은 '마음에 거짓이나 꾸밈이 없이 바르고 곧음'으로 정의된다(국립국어원, 2012). 즉, 정직은 일반적으로 '마음이 바르고 곧음'을 의미한다.

정직은 '대화에서의 정직'과 '행위에서의 정직'으로 구분될 수 있다. 전자는 자신이 알고 있는 것을 다른 사람을 속이지 않고 최대한 사실대로 표현하는 것이다. 후자는 규칙에 따라 훔치거나 부정행위를 하거나 기만이나 속임수를 쓰지 않고 행동하는 것이다. 대개 성공하는 사람들의 생활태도는 정직하다. 곧, 타인에게 깊은 신뢰를 주기 때문이다. 자신에게 정직하다면 자연스럽게 타인에게도 정직해질 수밖에 없다.

2) 정직의 필요성

우리 사회의 여러 분야에서 정직과 관련된 도덕적 병폐를 지적하는 목소리가 높다. 즉, 학력위조, 병역비리, 특혜입학, 실험결과의 조작 등 '정직'이 무너짐으로 파생되는 심각한 사회문제들이 대한민국 사회의 병폐로 지적되고 있다(한덕웅, 강혜자, 2000; 한덕웅, 최훈석, 2006). 이처럼 불신과 거짓이 만연해 있는 사회 속에서 학습자들의 올바른 인성을 기대하기란 어렵다. 특히 최첨단 과학과 정보기술이 급진적으로 발달하면 할수록 우선적으로 강조되어야 할 부분은 바로 '정직'인 것이다.

영유아교사의 경우 영유아들에게 모델링이 되기 때문에 그들의 정직성은 매우 중요하다. 특히 정직성에 대한 많은 선행연구들은 성인모델이 학습자의 정직성 발달에 미치는 영향을 강조하고 있다(우남희, 이은정, 2004). 즉, 인생의 가장 중요한 시기에 있는 영유아들에게 부모와 교사의 역할을 모두 해야 하는 영유아교사는 자신에 대한 정직함을 통해 좋은 교사로 성장해야 할 것이다.

〈표 9-3〉 예비영유아교사들이 인식하는 정직의 개념

설명	그림	설명	그림
주운 돈을 경찰서에 가져다 주는 것	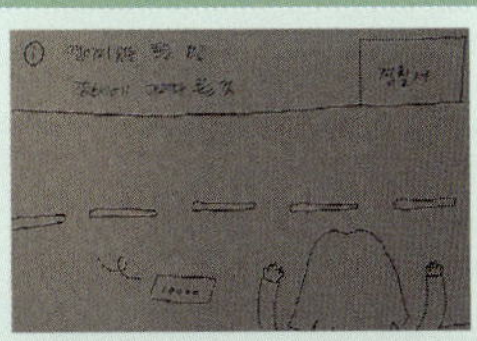	자기가 저지른 잘못을 사실대로 말하는 것	
학생요금으로 속이고 타지 않는 것	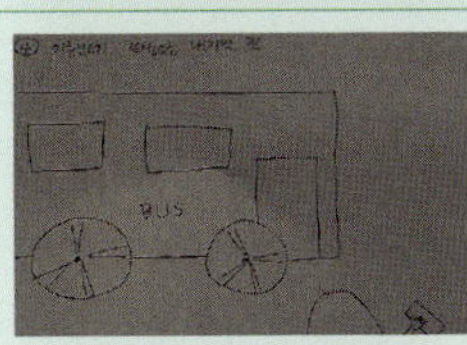	더 받은 거스름돈을 솔직하게 돌려주는 것	
커닝하지 않고 시험치는 것		횡단보도에서 교통질서를 지키는 것	

3) 정직의 하위구성요소

정직의 하위구성요소는 원칙주의, 진실성, 정의성, 충실성, 준법성으로 나누어진다.

〈표 9-4〉 하위구성요소에 따른 정직의 개념

덕목	구성요소	개념	유사성 진술문	진술문
정직	원칙주의	개인 내적 양심에 거리낌이 없고 바른 마음가짐	양심적인	• 속이 깊은, 평온한 마음가짐, 마음가짐이 바름
			신뢰	• 믿을 만한, 소신이 있는
			이성적인	• 이성적인, 흔들리지 않음
			고지식한	• 손해 보는 성격, 우직함, 융통성이 없음, 고지식한, 어려운
	진실성	거짓 없이 있는 그대로 말하고 행동하는 특성	거짓말하지 않기	• 거짓말하지 않기
			진실 말하기	• 거짓 없이 사실 추구하기, 사실을 그대로 이야기하기, 진실을 말하기, 솔직하기
			속이지 않기	• 숨기지 않기, 속이지 않기, 꿍꿍이 없는, 겉과 속이 같은, 언행일치
	정의성	옳고 의로운 일을 추구하려는 행동 특성	용기	• 남에게 끌려다니지 않기, 주변의 비난을 받을 확률 높음, 의지가 곧음, 신념 지키기, 대범함, 진실을 말할 수 있는 용기
			공정	• 자신의 이해관계에 얽매이지 않기, 자신의 잘못 인정하기, 나와 남을 같게 생각하기, 공정하기
			정의로운	• 불의와 타협하지 않기, 의로운 일 행하기, 정의를 실현하기, 옳은 일 하기, 올바른 것을 추구하기
	충실성	꾸준하고 성실하며 책임감 있는 태도	성실	• 성실한, 바른 가치관 지니기, 바른 생활, 자신과 남에게 떳떳하기
			책임	• 양심의 가책을 느낌, 억지 부리지 않기, 책임지기
			일관성	• 일관적인, 객관적으로 행동하기, 사리 분별하기, 물질 앞에서 의연하기

덕목	구성요소	개념	유사성 진술문	진술문
정직	준법성	사회적 관계 속에서 규칙, 규범과 같이 지켜야 할 일을 준수하려는 행동 특성	타인에게 피해 주지 않기	• 피해주지 않기, 나쁜 일 하지 않기, 노력 이상의 몫을 탐내지 않기
			법과 질서 규칙준수	• 편법하지 않기, 부정행위 하지 않기, 법질서 준수, 부끄러움 없기, 스스로 규칙 지킴, 규율에 맞는, 예외 없는
			배려하는	• 배려하는, 타의 모범, 법 없이 살 수 있음, 비밀을 누설하지 않기, 과장되지 않기

출처: 장회선(2012).

4. 책임

1) 책임의 개념

사전적 의미에서의 책임은 '맡아서 행해야 할 의무나 임무'를 말한다. 책임은 상호의존적으로 결합된 인간 공동체 내에서 공동선의 실현을 위해 각 구성원들에게 부여된 역할과 의무를 충실히 이행하는 것이다(유병열, 2004).

책임감은 인간에게 주어진 과제, 곧 맡은 일을 다함으로써 전체적인 사회에 이바지하는 것을 요구하고 공동생활을 위한 사회의 분업을 전제로 하여 개인의 행동을 전체의 목표에 연결시키는 도덕적인 덕목이다(이규호, 1989). 인간은 누구라도 자신에게 맡겨지는 책임이 있으며, 주어진 책임을 성실하고 충실하게 해낼 의무가 있다. 책임감을 실현하는 인간은 자신이 선택한 것에 대해 인내와 끈기를 발휘해서 최선을 다한다. 또한 자신이 선택한 범위를 벗어난 상황에서도 자신의 역할과 지위를 인식하여 의무감과 책임감을 가지고 이를 해내려는 동기가 있다(이명준 외, 2011).

〈표 9-5〉 예비영유아교사들이 인식하는 정직의 개념

설명	그림	설명	그림
기한 내에 과제를 하고, 동생 돌보기, 청소하기 등 맡은 일에 대해 임무를 수행하는 것		영유아교사가 아이들을 끝까지 보호할 책임감을 가지는 것	
세월호 사건에 대한 국가적 책임	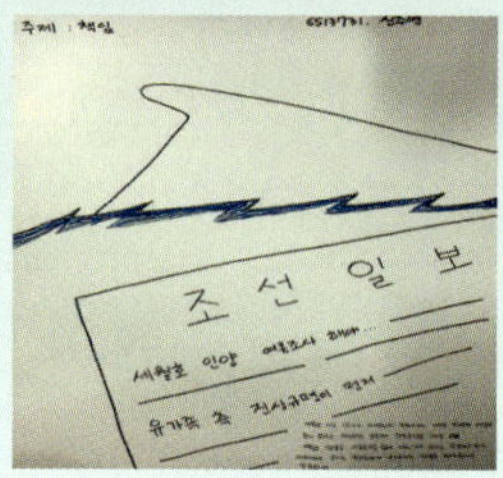	태어날 생명에 대한 책임	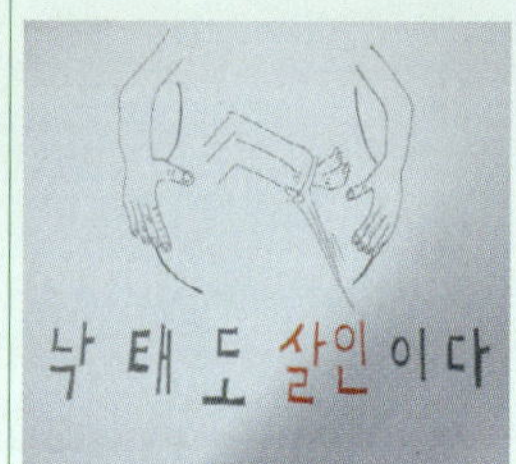

2) 책임감의 필요성

책임감이 있는 사람은 자신이 할 수 있는 모든 것을 수행하고, 무책임한 행동을 하지 않는다. 또한 자신뿐만 아니라 타인을 돌보고 존경할 줄 알고, 자신에게 부여된 책임을 이행하기를 좋아하며 의무를 다하려 노력한다. 자신이 해야 할 일은 스스로 수행함으로써 다른 사람에게 고생이나 걱정을 주지 않는다. 자신의 생각과 감정, 행동에 대한 책임을 지려 하고, 다른 사람에게 도움을 주며 주어진 일을 성실하게 해내며 노력없이 결과를 기대하지 않는 신뢰할 수 있는 사람이다.

자신의 행동을 책임감 있게 하면 주변 사람들이 믿고 중요한 일도 맡기지만 책임감없이 행동하면 공동체 생활에 있어서 신뢰를 잃게 되고, 자신과 타인에게 많은 지장을 주게 된다(서경덕, 2013). 책임감이 결여된 영유아교사들은 자신의 일에 책임을 지지 않고, 자신의 이익과 욕구에만 관심을 갖는 자기중심적 태도로 다른 사람의 권리를 존중하지 않는다. 또한 부정적인 결과를 타인이나 환경의 탓으로 돌리며 자신과 타인, 사회에 해를 끼치는 행동을 하게 된다. 따라서 영유아교사로서 자신의 일을 수행함에 있어서 책임감 있는 태도를 가지고 행동을 해야 하는 것은 매우 중요하다.

3) 책임감의 하위구성요소

책임감의 하위구성요소은 개인적 책임과 사회적 책임으로 나누어진다.

〈표 9-6〉 책임감의 하위구성요소

덕목	하위구성요소	내용
책임감	• 개인적 책임감	자기 자신이 해야 할 일을 스스로 선택하고 책임지는 행동과 태도
	• 사회적 책임감	어려움에 처해 있거나 도움이 필요한 사람이 있음을 알고 그들을 돕는 선택을 하여 행동으로 옮기는 것

출처: Hellison(1995).

5. 존중

1) 존중의 개념

존중(尊重)의 사전적인 의미는 '높이어 귀중하게 대함'으로 높이어 귀하게 여기는 것으로 정의할 수 있다. 존중이란 사람이나 사물의 가치를 알고 소중히 여기는 것이라 할 수 있다. 사람과 사물이 가진 가치를 인식하고 나와 다른 사람에게도 가치가 있음을 믿는 것이다. 혹 내가 남으로부터 대우받기를 원할 때는 내가 남을 먼저 대우하는 것이 존중이다. 이것은 타인의 필요와 감정을 고려하는 것을 뜻한다. 이처럼 존중이란 존엄성을 가지고 다른 사람을 대우하는 것이며 성별이나 인종, 종교나 능력에 상관없이 모든 사람들이 존중받고자 갈망한다는 것을 알 수 있다.

	이 사진은 백인과 흑인이 결혼을 하여 아이를 가진 모습이다. 어떤 아이들은 백인과 흑인은 절대로 결혼할 수 없다고 생각할 것이다. 그리고 우리와 모습이 다른 외국인 백인과 피부 색깔이 다른 흑인을 무서워하고 심지어 더러워하는 아이들이 있다. 그들도 우리와 사는 모습은 다르지만 함께 살아가고 있다는 것을 알려주어야 한다. 존중하는 법을 모르는 아이들에게 이들은 우리와 같은 인간이며 단지 조금은 다르다고 말해 주어야 한다. 그리고 이들을 존중하는 방법을 알게 해 주어야 한다.

출처: http://news.naver.com/main/read.nhn?mode=LSD&mid=sec&sid1=104&oid=003&aid=0006058826

2) 존중의 필요성

현대사회를 살아가고 있는 우리는 모두 특별하고 소중한 존재이다. 모든 사람은 소중하므로 외적인 환경을 초월하여 다른 사람의 감정이나 행동을 귀하고 중요하게 여기는 마음인 '존중'이 필요한 것이다. 일반적으로 다른 사람을 존중해 주는 마음은 예의범절로 표현된다. 서로 인사를 나누면서 예의 바른 행동이 보여진다면 그 의미는 바로 '나는 당신을 존중합니다.'라는 뜻이다. 설령 다른 사람의 행동이 내 뜻과 다르다고 해도 모든 사람에게 공평하게 베풀어야 하는 것이 '예의'이다. 이처럼 존중은 사람이 갖추어야 하는 도덕적 요건 중의 하나로 먼저 자신을 사랑하고 아끼며, 타인의 생각과 행동을 공손하고 신중하게, 그리고 소중히 대하는 실제적인 자세가 습관화되어야 할 것이다. 또한 우리는 세상 모든 사람들을 존중해야 한다. 왜냐하면 나이나 성별, 피부색이나 직업에 상관없이 누구나 존중받을 권리를 가지고 있기 때문이다.

(1) 나를 존중하는 법

① 나의 장점 찾아보기

② 항상 웃는 얼굴을 해보기 : 행복해서 웃는 것이 아니라 웃어서 행복하다.

③ 나의 단점을 장점으로 승화시키기

④ 나의 못난 부분도 아껴주기

⑤ 나 스스로를 응원하기

⑥ 매일 매일 '넌 할 수 있어', '넌 최고야'를 되뇌이기

⑦ 나만의 일기장을 만들어 보기 : 누군가에게 말하기 힘든 것들은 어딘가에 적어두면 그래도 한결 마음이 편안해진다.

(2) 존중받고 싶을 때

① 남이 나에게 관심을 가져주길 기다리지 말자.

② 나의 단점에 집착하지 말고 장점을 찾자.

③ 상대방에게 진심 어린 관심을 갖자.

④ 겸손과 양보, 차례를 지키는 습관을 키우자.

⑤ 화해하는 능력을 키우자.

⑥ 모든 일에 긍정적인 정서를 갖자.

⑦ 내가 나를 존중하여 스스로 자신감 있는 사람이 되자.

내가 존중 받은 책 !

『네가 태어난 날엔 곰도 춤을 추었지』 (낸시 틸먼 글 · 그림/ 이상희 역/ 내인생의 책/2009)	대학 진학으로 가족들과 떨어져 지내며 혼자 생일을 맞게 되는 날이 생기고 생일날 우울한 경험이 있습니다. 그때 서점의 동화책 코너를 보다 발견한 책이 바로 '네가 태어난 날엔 곰도 춤을 추었지'입니다. 이 책을 읽고 나도 존중받고 있다는 느낌을 받고 책을 구입하게 되었습니다.	–내가 존중받은 장면– 넌 이 세상에 오직 하나 뿐이란다

3) 존중의 하위구성요소

존중의 기본 윤리는 우선, 인간의 삶과 가장 밀접한 관련이 있으며 스스로를 존중하는 것에서 출발하여 모든 사람의 가치, 생명체의 가치, 그리고 사물의 가치를 그 자체로 인정하고 소중히 하고자 한다. 존중의 하위구성요소는 타인존중의식과 자기존중의식으로 나누어진다.

〈표 9-7〉 존중의 하위구성요소

덕목	하위구성요소	내용	영역	
			자기	타인
존중	• 타인존중의식	권위의 존중과 수용, 예의범절, 효, 사랑, 배려, 정직, 신뢰	자기존중의식	타인존중의식
	• 자기존중의식	자신감, 자아수용, 자기표현, 자기통제		민주시민의식

출처: 교육과학기술부(2012).

6. 배려

1) 배려의 개념

배려(配慮, caring)의 사전적 의미는 '타인을 도와주거나 보살펴 주려고 마음을 씀', '남의 형편과 처지를 걱정하고 근심함'으로 정의된다(네이버 국어사전). 배려란 타인의 성향이나 성격에 대해 민감하게 파악하는 능력, 타인의 어려운 상황에 대해 공감하는 마음, 타인의 이익을 위해 자신의 감정을 조절하고 타인이나 사물을 존경하는 마음, 도움이 필요한 대상에게 온정을 베풀고, 관심을 갖는 마음을 포함하는 개념이다(지은림, 2013). 또한 상대방의 입장을 자신의 입장보다 우선시하고 타인의 어려움이나 필요에 반응해 주는 것을 의미한다. '배려'는 일상생활 속에서 나와 타인과의 관계성이 전제되고 있으며, 행동으로 옮기는 데 있어 다른 덕목들에 비해 행동적인 측면의 실천적 의미를 가지고 있는 것으로 볼 수 있다(노선화, 2014).

누군가에게는
이 계단이
에베레스트산입니다.

출처: 이제석의 공익광고 http://jeski.org

2) 배려의 필요성

배려교육은 정서적, 이타적 성향 함양에 중요한 역할을 하며, 행복하고, 건강한 사회적 존재로 구성원들과 함께 살아가는 데 필수적인 요소라고 할 수 있다.

- 교육에 있어 장소의 연속성, 사람의 연속성, 목적의 연속성, 교육과정의 연속성이 필요하므로(Noddings, 2002), 학교에서 교육의 목적, 교육과정 속에 배려를 위한 관계 형성이 이루어져야 한다.
- 배려교육은 친사회적 행동, 감정조절에 긍정적 영향을 미치며, 자아존중감은 공감능력을 향상시킨다.
- 타인과의 관계에 있어 질적 수준을 고양할 수 있고, 건강하고 행복하게 성장할 수 있다.
- 상황 속에서 옳은 가치를 판단하고, 실천, 배려할 줄 알아야 한다.
- 자기 배려, 자기 존중, 자기반성, 자기지식이 요구된다. 자기를 배려할 때 자아의 존중이 자기 자신에 머물러 있는 것이 아니라 타인에게 확대될 수 있다.

〈표 9-8〉 예비영유아교사의 존중 일기

설명	그림	설명	그림
몸이 좋지 않을 때 함께 일하는 동료들이 쉬고 나의 일을 도와주는 것		들어갈 때 먼저 문을 열어 갈 수 있도록 하는 것	
버스에서 임산부, 몸이 불편한 사람들에게 자신의 자리를 양보해 주는 것		식당에서 의자를 빼주고, 자신보다 친구를 배려해 음식을 주문해 주는 것	

3) 배려의 하위구성요소

배려의 하위구성요소는 민감성, 온정성, 배려성, 타인에 대한 배려이다.

〈표 9-9〉 배려의 하위구성요소

덕목	하위구성요소	내 용
배려	민감성	타인의 성향이나 성격에 대한 공감, 타인의 어려운 상황을 변화시키는 데 시간을 할애, 타인의 입장에서 감정을 이해하기
	온정성	타인의 어려운 상황에 대한 공감, 타인의 어려운 상황을 변화시키는 데 시간을 할애
	배려성	타인의 이익을 위해 자신의 감정을 조정하고 사랑, 도움, 존경하는 마음을 가지기
	타인에 대한 배려	타인이 격려가 필요할 때 적절한 도움이나 충고 등을 제공, 타인의 감정을 위로, 타인에게 공감적 관심 보이기

출처: 지은림(2013).

7. 소통

1) 소통의 개념

소통은 사전적인 의미에서 '의견이나 의사 따위가 다른 사람에게 막히지 않고 잘 통함'으로 정의된다. 또한 인간이 환경에 속한 대상과 느낌을 주고받는 과정을 의미한다(교육부, 2014). 이는 언어적 · 비언어적 수단을 통해 생각이나 느낌을 전달하고 교환하여 서로 의미가 통하는 것을 말한다.

소통은 타인과의 원활한 의사소통으로 관계 유지와 갈등 관리에 관련된 역량이 강화된다는 측면에서 영유아교사들에게 매우 중요하다. 대인관계에서의 소통적 역량은 다양한 상황에서 타인의 관점과 감정을 이해 · 파악하고 타인과 긍정적인 관계를 유지하고 소통하는 능력 및 공동의 문제를 해결하기 위해 상호 간에 합력할 수 있는 능력을 의미한다(박창언, 2014).

2) 소통의 필요성

우리 사회에서 발생하는 대표적인 문제는 소통 기술의 부족, 낮은 자아 존중감, 실제적인 문제를 해결하는 능력의 부족이며, 이러한 문제의 가장 큰 원인으로 가족 구조의 변화로 인한 핵가족화와 생활방식의 변화가 가정에서 부모와의 소통 감소, 전통적인 미덕 결여, 원만한 인간관계 형성 부족의 상황을 보이고 있다. 또한 사회구성원의 의식과 가치관이 개별화 · 다양화되면서 개개인의 욕구와 주장이 상충되어 갈등이 생기는 경우가 빈번하다. 이에 서로 간의 생각과 주장을 이해하고 배려하기 위해 소통의 중요성이 점점 더 강조되고 있다.

이는 지적인 능력보다 다른 사람과 잘 융화하고 소통하는 태도를 지닌 상호관계성이 인간이 미래에 생존하기 위한 필수적인 능력이라고 제시했다. 즉, 다른 사람과의 인간관계를 바르게 형성한 균형 잡힌 개인들이 모인 공동체를 만들기 위해서도 소통의 필요함을 강조한다.

소통은 단기간에 형성되는 것이 아니라 상대방을 대하는 진실한 태도와 차이를 인정하는 너그러움이 바탕이 될 때 그 결실을 맺게 된다. 특히 영유아교사가 영유아들과의 소통이 어렵다면 그것은 바로 교사 자신의 문제이다. 영유아교사들의 소통에 관한 문제를 근본적으로 해결하기 위해서는 소통을 단순한 의사전달의 문제로만 인식하지 않고, 영유아들에 대한 이해와 존중을 바탕으로 영유아교사와 영유아들과의 상호작용에 대한 관점에서 인식할 필요가 있다(김옥인, 2013).

공감적인 의사소통 시 유의 사항은 다음과 같다(유영달 외, 2013).

① 상대방의 비언어적 표현이나 표현하지 않은 내용에도 관심을 기울인다.
② 상대방과 표정을 일치시킨다.
③ 기본적인 주요감정, 즉, 상대방이 강렬하게 이야기하는 것을 찾는다.
③ 완벽한 감정 단어를 사용할 필요는 없으며 적절한 것이 좋다
④ 상대방의 발언에 대한 판단은 미루고 사실인 것처럼 들어주는 것이 좋다.
⑤ 거절하거나 거부감을 느낄 수도 있으므로 가정(假定)적 언어를 사용한다.

3) 소통의 하위구성요소

소통의 하위구성요소는 사교성, 개방성, 공유성, 피드백으로 나누어진다.

〈표 9-10〉 소통의 하위구성요소

덕목	하위구성요소	내 용
소통	사교성	여러 사람들과 친밀하고 참여적인 정도 타인에게 호감을 주는 정도
	개방성	지적 자극, 변화, 다양성에 대한 선호도
	공유성	구성원들 간의 목표와 비전의 공유 구성원들 간의 유용한 정보나 성과의 공유 구성원들 간의 과정과 결과의 공유
	피드백	타인의 발화와 행위에 대한 감사, 격려, 위로, 칭찬의 표현 타인의 발화와 행위에 따른 문제에 대한 지적 및 정보제공

출처: 지은림(2013). 인성기술개발연구. 교육부.

★ 소통의 법칙 ★

1. 앞에서 할 수 없는 말은 뒤에서도 하지 마라.
   뒷말은 가장 나쁘다. 궁시렁 거리지 마라.
2. 말을 독점하면 적이 많아진다.
   적게 말하고 많이 들어라. 들을수록 내 편이 많아진다.
3. 목소리의 톤이 높아질수록 뜻은 왜곡된다.
   흥분하지 마라. 낮은 목소리가 힘이 있다.
4. 귀를 훔치지 말고 가슴을 흔드는 말을 하라.
   듣기 좋은 소리보다 마음에 남는 말을 하라.
5. 내가 하고 싶은 말보다 상대방이 듣고 싶은 말을 해라.
   하기 쉬운 말보다 알아듣기 쉽게 이야기해라.
6. 칭찬에 발이 달려 있다면, 험담에는 날개가 달려 있다.
   나의 말은 반드시 전달된다. 허물은 덮고 칭찬은 자주 해라.
7. 뻔한 이야기보다 재미있는 펀(fun)한 이야기를 해라.
   디즈니만큼 재미있게 해라.
8. 혀로만 말하지 말고 눈과 표정으로 해라.
   비언어적 요소(표정)가 언어적 요소보다 힘이 있다.
9. 입술에 30초가 가슴에 30년이 된다.
   나의 말 한마디가 누군가의 인생을 바꿀 수 있다.
10. 혀를 다스리는 것은 나지만 내뱉어진 말이 나를 다스린다.
   함부로 말하지 말고 한번 말한 것은 책임을 져야 한다. 소통은 귀로 듣고 눈으로 말하는 것이다.

https://blog.naver.com/tk-max/220805890635

출처: http://happycompass.storyshare.co.kr

8. 협동

1) 협동의 개념

사전적 의미의 협동이란 '서로 마음과 힘을 합하는 것'으로 공동의 목표에 도달하기 위해 개인 간의 관계에서 나타나는 행동을 의미한다. 즉, 개인이나 혹은 집단이 공동의 목적과 목표의 달성을 촉진하기 위해 정도의 차이는 있어도 무엇인가 조직적인 방법으로 개인이나 집단이 활동을 결합하고, 서로 도우면서 같이 일하는 것을 말한다.

기본적으로 협동이라는 말은 두 사람 이상의 구성원이 필요하고 또 그들을 하나로 묶는 공동의 목표가 있어야 하며, 목표를 달성하기 위한 긍정적인 상호작용이 필요하다는 전제가 깔려 있다. 이러한 협동은 인류 역사가 시작된 이래 계속해서 중시되어 온 생존방식이며 복지와 영속을 위한 기본적 조건이므로 중요시되고 있다. 그러므로 협동은 인간의 사회를 유지하고 발전시키기 위한 필수적인 기술이라고 할 수 있다.

2) 협동의 필요성

현대사회의 교사들은 컴퓨터, TV, 휴대폰 등 다양한 대중매체의 과도한 사용과 결과중심 사고로 인한 개인주의 성향, 경쟁의식으로 인성교육에서도 요구되는 인성적 판단과 인간관계의 소홀 등 전반적인 사회성이 부족한 현상을 보이고 있다. 이러한 사회성 부족 현상을 최소화할 수 있는 방안으로 영유아교사에게 경쟁이 아닌 동료와 함께하는 공동체 생활을 통한 협동을 제공해야 할 필요성이 있다.

협동활동의 필요성을 살펴보면 다음과 같다(박현지, 2015).

① 협동활동을 통해 타인에 대한 이해를 높일 수 있다.
② 협동활동은 사회성 향상에 도움이 된다.
③ 협동활동은 자아증진감 향상에 도움이 된다.
④ 협동활동은 공동체 의식을 심어준다.

3) 협동의 하위구성요소

협동의 하위구성요소는 긍정적 상호의존성, 개별적 책무성, 대면적 상호작용, 사회적 기술, 집단과정으로 나누어진다.

〈표 9-11〉 협동의 하위구성요소

덕목	하위구성요소	내 용
협동	긍정적 상호의존성	서로 도움을 주는 관계여야 함을 의미
	개별적 책무성	과제를 수행해야 하는 책임이 개별적으로 있다는 것을 의미
	대면적 상호작용	구성원들이 서로의 노력을 직접 대면하여 격려하고 촉진시켜 주는 것을 의미
	사회적 기술	집단 내에서의 갈등 관리, 의사결정, 효과적 리더십, 능동적 청취 등을 의미
	집단과정	얼마나 노력하고 협력했는지에 대한 토론과 평가를 해야 함을 의미

출처: Johnson과 Johnson(1994).

PART 2

실제편

CHAPTER 10
문학 & 동작 기반 영유아교사 인성교육

1. 문학 기반 영유아교사 인성교육

문학은 우리가 일상생활에서 가장 접근하기 쉬운 분야이다. 사람들 사이에서 읽혀지고 이해되고 감상 되는 해석과 수용의 대상으로 독자의 상상과 감정에 호소하기 때문에(이대균 외, 2006) 인성교육 매체로 가치가 있다. 문학작품은 현대사회에서 인간의 메말라가는 감성을 자극시키고, 각 개인이 가진 사고, 태도, 행동의 특성 등을 변화시킴으로써 인성교육에 도움이 된다. 이에 영유아교사는 문학작품을 통해 인성의 역량을 기르고, 문학 읽기와 즐기기의 경험으로 바람직한 인격체로 성장할 수 있도록 그림책, 시, 명언, 사자성어를 기반으로 한 인성교육을 살펴보고자 한다.

1) 문학 기반 인성교육의 내용

(1) 그림책과 인성교육

그림책은 일상생활과 가장 근접한 내용을 전달함으로써 영유아교사의 사고력, 창의성, 상상력을 자극시킬 수 있다(이상금 · 장영희, 2001). 영유아교사들은 그림책을 통해 사회 · 정서적인 자극을 받고 타인의 감정에 공감하고 배려하는 마음을 배우게 된다. 그림책은

[그림 10-1] 가족의 소중함과 책임

영유아교사에게 모델링 역할을 하므로 인성덕목이 포함된 그림책을 통해 다른 사람의 욕구와 권리를 이해할 수 있다(홍순정, 2011).

즉, 영유아교사는 인성 관련 동화를 듣고 자신의 경험을 떠올리며 등장인물에 대한 감정이입과 더불어 문제를 인식하고 간접적으로 경험해 보면서 타인에 대한 배려적 사고와 태도를 내재화시킬 수 있다.

(2) 시(동시)와 인성교육

시는 예술적 언어로서 삶의 문제를 시인의 언어로 표상한 것이기 때문에 시인의 내면을 알 수 있다. 영유아교사는 인성덕목에 적합한 시를 통해 내적 치유뿐만 아니라 인성 감수성을 높일 수 있다.

[그림 10-2] 친구와의 소통과 우정의 동시

동시는 영유아들이 이해할 수 있는 언어와 감정을 자연스럽게 담아내어 영유아뿐만 아니라 영유아교사들도 언어마다 풍부한 상상력과 언어의 아름다움을 느낄 수 있다(김영옥, 2014).

즉, 동시는 소리 또는 운율에 따른 음악성이 있어서 영유아교사들로 하여금 언어적 감각과 정서적 풍부함을 경험하게 하고, 자신의 생각과 감정을 시(동시)로 표현함으로써 인성 함양에 도움이 된다.

(3) 명언 · 사자성어와 인성교육

명언은 사리에 맞는 훌륭한 말이며(네이버지식), 덕망 있는 사람들이 전하는 도덕적 가르침, 역사적 교훈, 예스러운 감정이 담긴 멋진 표현이다.

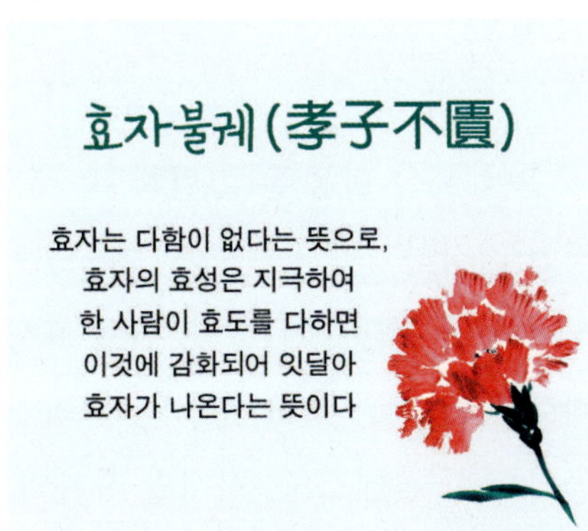

[그림 10-3] 효를 나타내는 사자성어

사자성어는 네 개의 한자로 이루어져 관용적으로 쓰이는 글귀이다(두산백과). 영유아교사는 인성덕목이 포함된 명언이나 사자성어를 통해 그 의미를 파악하고 자신의 경험과 관련시켜 봄으로써 인성덕목의 중요성을 인식하고 구체화시킬 수 있다.

2) 문학 기반 영유아교사 인성모형 및 수업 단계

(1) 문학 기반 인성교육 모형

영유아교사를 위한 문학 기반 인성교육은 그림책과 시(동시), 명언 · 사자성어를 활용하여 언어 표상 활동, 신체 표상 활동, 미술 표상 활동, 통합 표상 활동 등으로 내용을 구성할 수 있다. 영유아교사를 위한 문학 기반 인성교육의 모형은 [그림 10-4]와 같다.

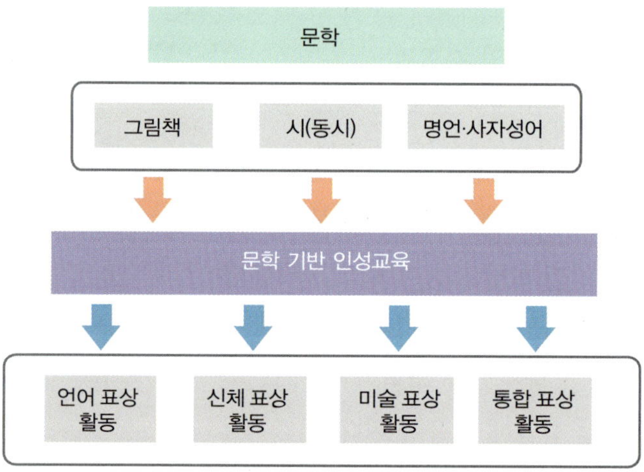

[그림 10-4] 문학 기반 인성교육 모형

'언어 표상 활동'은 그림책 속 주인공의 감정 단어 릴레이, 패러디 시 만들기, 명언 감상하기 등을 구성할 수 있으며, 상황극을 만들어 체험하기, 신체로 사자성어 의미 전달하기 등의 '신체 표상 활동'이 이루어질 수 있다. 또한, 다양한 매체로 작가의 감정 표현하기, 시의 가상배경 꾸미기 등의 '미술 표상 활동', 신인들의 문학 콘테스트, 시대별 작가의 생애사 감상하기, 나도 시인 등의 '통합 표상 활동'으로 진행될 수 있다. 영유아교사를 위한 문학 기반 인성교육 활동의 예는 〈표 10-1〉과 같다.

〈표 10-1〉 문학 기반 인성교육 활동

문학 기반 인성교육 표상 활동		
언어 표상 활동	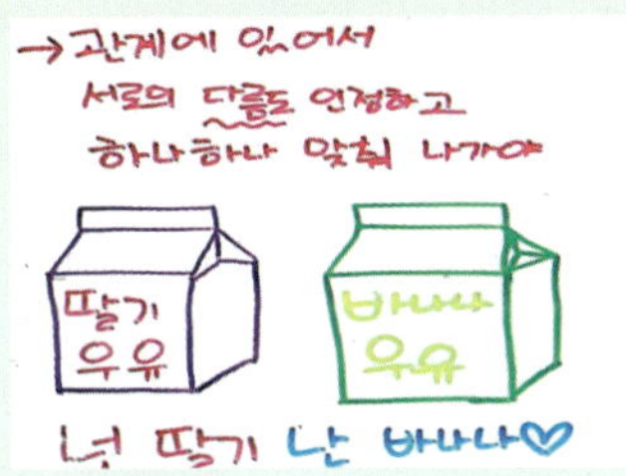	〈그림책 속 주인공의 감정 단어 릴레이 – 아냐, 내가 최고야!〉 • 「아냐, 내가 최고야!」 동화를 감상한다. • 그림책 속 주인공의 감정을 생각한다. • 각자의 다름과 존중에 대해 언어로 표상 활동한다.
신체 표상 활동	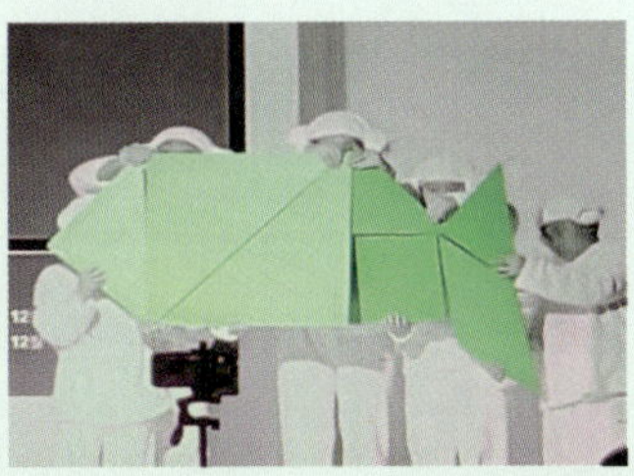	〈사자성어 만들기– '어두육미' 표현하기〉 • 사자성어 '어두육미' 뜻을 알아본다. • '어두육미'를 어떻게 표현해야 할지에 대해 생각해 본다. • '어두육미' 동작을 협동하여 표현한다.
미술 표상 활동		〈시의 가상배경 꾸미기– '봄 개구리'〉 • '봄 개구리' 동시를 감상한다. • '봄 개구리' 동시 배경을 어떻게 꾸밀지 서로의 의견을 존중하여 구상한다. • 봄 배경과 우물 등 다양한 배경을 제작한다.
통합 표상 활동		〈나도 시인– '장날'〉 • 인성동화 '장날' 동시를 감상한다. • 무대를 꾸민다. • '장날' 동시를 시의 운율에 맞게 낭독한다.

활동 참고자료		
그림책	『아냐, 내가 최고야!』 (김소연 글/김병남 그림 /아르볼/2014)	자기가 최고인 줄 아는 꼬마 도깨비 노랑이와 노랑이 때문에 속상한 일을 당한 친구들의 이야기를 통해 존중이란 무엇인지 알려주는 이야기. 아이들은 자기와 꼭 닮은 노랑이가 달라지는 모습을 통해 나뿐 아니라 다른 사람의 마음도 가치 있는 일이라는 사실을 자연스레 깨닫게 된다.
사자성어	어두육미	물고기는 머리가 맛있고 육지 고기는 꼬리가 맛있다는 말. 물고기의 머리는 고기 맛(魚頭肉味)이라는 뜻이다.
동시	봄 개구리	개굴 개굴 개구리 어디서 왔니? 시냇물 따라서 흘러 흘러 왔지 개굴 개굴 개구리 어디서 왔니? 하늘 나라에서 보내 주었지 봄을 가져다 주려고 보내주었지
동시	장날	철부지 어린애처럼 엄마 손 꼭 잡고 길 잃을까봐 올망졸망 쫓아간다 장터로 들어서니 외할머니 집에 들어가면 풍기던 떡 냄새가 구수하게 풍긴다 "싸요. 사! 아이 그깟 백 원 갖고" 실랑이를 벌이는 할머니도, 한 개 더 준다며 인심쓰는 아주머니도, 꼭 약속처럼 땀 몇 방울과 주름 두세 개가 걸려져 있다 장날은 이것저것 볼 것 많아 좋지만 목 아프도록 소리치고도 아무것도 아니라는 듯 손을 휘젓는 사람들 때문에 날 부끄럽게 하는 욕심을 덜어준다

(2) 문학 기반 인성교육을 위한 수업 단계

문학 기반 인성교육의 수업 5단계는 다음과 같다.

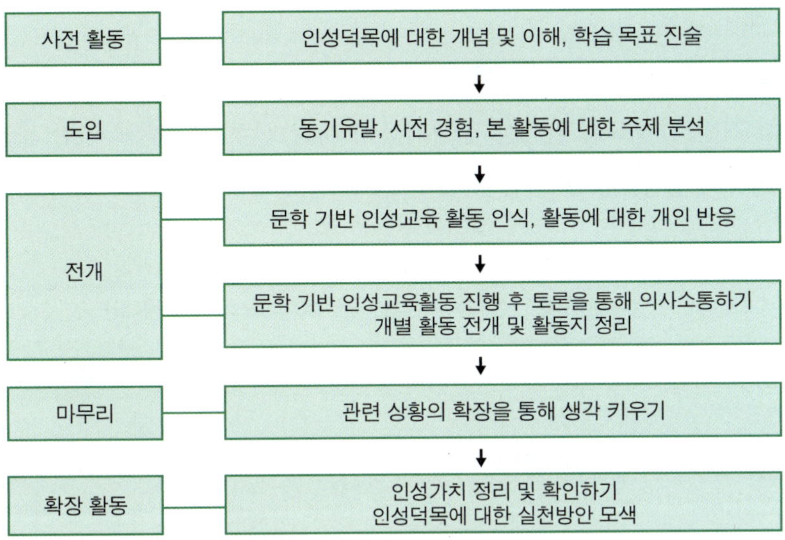

[그림 10-5] 문학 기반 인성교육 수업 단계

- **사전 활동** : 본 활동이 진행되기 전에 영유아교사들에게 진행할 인성덕목 주제를 소개하고, 학습 목표를 진술한다. 또한, 인성덕목과 관련된 문학작품을 감상하면서 그 작품을 통해 인성덕목에 대한 상황을 간접 경험하고 문학작품의 작가, 명대사, 기억에 남는 장면과 감동받은 부분을 낭독해 본다.
- **도입 단계** : 문학에 대한 동기유발, 활동에 대한 주제 분석 및 내용을 분석한다.
- **전개 단계** : 문학 기반 인성교육 활동 인식, 활동에 대한 개인 반응, 문학 기반 인성교육 활동 진행 후 토론을 통해 의사소통하기, 개별 활동 전개 및 활동지 정리를 한다. 또한, 이러한 과정을 통해 다양한 언어 표상, 신체 표상, 미술 표상 및 통합 표상 활동으로 전개된다.
- **마무리 단계** : 전개 활동에서 산출된 작품이나 활동지에 대해 발표하고 관련 상황을 확장하여 생각을 키운다.

• **확장 활동** : 인성덕목에 대한 가치를 정리하고 확인하며, 활동 후 후속 과제로 덕목에 대한 실천방안을 모색하고 적용해 본다.

3) 문학 기반 인성교육 요소와 활동내용

(1) 그림책 기반 인성교육 요소와 활동내용

그림책 기반 인성교육 활동은 인성덕목에 따라 선정된 그림책 기반 활동에 인성교육 요소와 활동내용을 적용한다.

〈표 10-2〉 8대 인성덕목에 따른 인성교육 요소와 활동내용

인성덕목	그림책	줄거리	활동명	활동내용
예	『예절이 필요해』(필립 잘베르 글 · 그림/김벼리 역/한울림어린이/2015)	무례하고 버릇없는 모든 아이들을 위한 웃기는 동물들의 좌충우돌 예절 이야기	예절 동시를 지어요.	'예절이 필요해' 동화를 통해 지켜야 할 예절에 대해 이야기한 후 예절 동시를 지어본다.
효	『오른발 왼발』(드미 드파올라 글 · 그림/정해왕 역/비룡소/1999)	병에 걸린 할아버지에 대한 손자의 효에 대한 이야기	효 실천 카드 만들기	할아버지, 할머니에게 실천한 '효' 실천카드를 만들어 본다.
정직	『토끼와 거북이』(라 퐁테느 글/브라이언 와일드스미스 그림/우순교 역/보림/2020)	조금은 느리더라도 꽤 부리지 않고 정직하게 한다면 무엇이든 해낼 수 있다는 이야기	내가 만약 정직한 토끼라면?	'정직'을 주제로 각 등장인물의 마음을 패러디 해본다.
책임	『내 동생 싸게 팔아요』(임정자 글/김영수 그림/미래엔 아이세움/2006)	자전거 뒤에 얄미운 동생을 태우고 동생을 팔러 시장에 가요. 하지만 동생의 장점을 말하면서 책임을 지게 되는 이야기	마음을 나누어요	책임져야할 대상에 대해 생각해 보고 감사하는 마음을 다양하게 표현해 본다.
존중	『버리데기』(박윤규 글/이광익 그림/시공주니어/2006)	버림받은 아이가 커서 부모를 찾아가지만 병에 걸린 아버지를 살리는 존중 이야기	나도 주인공	높이고 귀하게 대하는 '버리데기' 동화를 듣고 영유아 존중, 다문화 존중 동화를 만든다.

인성덕목	그림책	줄거리	활동명	활동내용
배려	『우당탕탕 할머니 귀가 커졌어요』 (엘리자베드 슈티메르트 글/카롤리네 케르 그림/유혜자 역/비룡소/2008)	배려하며 더불어 살아가는 방법과 이웃의 의미를 깨닫는 이야기	우당탕탕 동네가 달라졌어요	동료 간에 일어날 수 있는 배려의 순간과 상황들에 대해 실천해 보고 느낀 점을 이야기해 본다.
소통	『프레드릭』 (레오리오니 글 · 그림/최순희 역/시공주니어/2019)	혼자가 아닌 서로 소통을 하며 따뜻함을 전해주는 이야기	네 마음 내 마음	친구의 마음과 내 마음을 이해하며 잡지, 신문지의 글을 활용하여 신종어 찾기를 한다.
협동	『길아저씨 손아저씨』 (권정생 글 · 그림/국민서관/2006)	부족한 부분을 채워 가며 눈이 되고 발이 되어 협동하며 살아가는 이야기	함께라면 잘할 수 있어요.	붕대로 눈을 가리고 목표 지점까지 서로 협동하면서 장애물을 건너기 게임을 해본다.

(2) 시(동시) 기반 인성교육 요소

시(동시) 기반 인성교육 활동은 인성덕목에 따라 선정된 시(동시) 기반 활동에 인성교육 요소와 활동내용을 적용한다.

〈표 10-3〉 8대 인성덕목에 따른 인성교육 요소와 활동내용

인성덕목	시(동시)	활동명	활동내용
예	엄마하고 / 박목월	모두들 들으시오	부모님과 함께 높임말을 사용해 본다.
효	엄마 걱정 / 기형도	우리 엄마	'엄마 걱정' 시를 감상하고 부모님에 대한 고마움을 영상편지로 만들어 띄어 본다.
정직	서시 / 윤동주	회고록	시를 통해 자기 자신을 되돌아보고 20년 후의 회고록을 그려본다.
책임	우리 동네 구자명 씨 / 고정희	책임 그릇 만들기	10년 후 내가 질 수 있는 책임에 대해 생각해 보고 책임감을 가져야 하는 이유를 알아 보고 책임 그릇을 만든다.

인성 덕목	시(동시)	활동명	활동내용
존중	풀꽃 1, 2 / 나태주	쉿! 비밀이야.	타인의 장점을 알고 존중하는 마음을 갖고 친구 "삼십 오계" 찾기를 해본다.
배려	고쳐 말했더니 / 오은영	고쳐말해요	상대방을 배려하는 마음을 담아 고쳐 말해주기 릴레이게임을 한다.
소통	쉬운 일 / 나태주	생각 통하기 '이구동성 게임'	동료들 간의 소통을 위한 실천 약속 '이구동성 게임'을 한다.
협동	개구리네 한솥밥 / 백석	우리 모두 한마음	조각 그림을 각각 만들어서 하나의 퍼즐을 만들어 본다.

시(동시)	활동자료
엄마하고 / 박목월	엄마하고 길을 가면 나는 키가 커진다 엄마하고 얘길 하면 나는 말이 술술 나온다 그리고 엄마하고 자면 나는 자면서도 엄마를 꿈에 보게 된다 참말이야, 엄마는 내가 자면서도 빙그레 웃는다고 하셨어
엄마 걱정 / 기형도	열무 삼십 단을 이고 시장에 간 우리 엄마 안 오시네, 해는 시든 지 오래 나는 찬밥처럼 방에 담겨 아무리 천천히 숙제를 해도 엄마 안 오시네, 배춧잎 같은 발소리 타박타박. 안 들리네, 어둡고 무서워 금간 창 틈으로 고요히 빗소리 빈방에 혼자 엎드려 훌쩍거리던 아주 먼 옛날 지금도 내 눈시울을 뜨겁게 하는 그 시절, 내 유년의 윗목
서시 / 윤동주	죽는 날까지 하늘을 우러러 한 점 부끄럼이 없기를 잎새에 이는 바람에도 나는 괴로웠다 별을 노래하는 마음으로 모두 죽어가는 것을 사랑해야지 그리고 나한테 주어진 길을 걸어가야겠다 오늘 밤에도 별이 바람에 스치운다

<table>
<tr><th>시(동시)</th><th colspan="2">활동자료</th></tr>
<tr><td>우리 동네 구자명 씨 / 고정희</td><td colspan="2">맞벌이 부부 우리 동네 구자명 씨
일곱 달 된 아기 엄마 구자명 씨는 출근 버스에 오르기가 무섭게
아침 햇살 속에서 졸기 시작한다
경기도 안산에서 서울 여의도까지 경적 소리에도 아랑곳없이
옆으로 앞으로 꾸벅꾸벅 존다
차창 밖으로 사계절이 흐르고 진달래 피고 밤꽃 흐드려져도 꼭
부처님처럼 졸고 있는 구자명 씨
그래 저 십 분은 간밤 아기에게 젓 물린 시간이고 또 저 십 분은
간밤 시어미니 약 시중든 시간이고 그래그래 저 십 분은
새벽녘 만취해서 돌아온 남편을 위하여 버린 시간일 거야
고단한 하루의 시작과 끝에서 잠 속에 흔들리는 팬지꽃 아픔
식탁에 놓인 안개꽃 멍에 그러나 부엌문이 여닫는 지붕마다
여자가 받쳐 든 한 식구의 안식이
아무도 모르게 죽음의 잠을 향하여 거부의 화살을 당기고 있다</td></tr>
<tr><td>풀꽃1, 2 / 나태주</td><td>풀꽃1
자세히 보아야 예쁘다
오래 보아야 사랑스럽다
너도 그렇다</td><td>풀꽃2
이름을 알고 나면 이웃이 되고
색깔을 알고 나면 친구가 되고
모양을 알고 나면 연인이 된다
아, 이것은 비밀</td></tr>
<tr><td>고쳐 말했더니 / 오은영</td><td colspan="2">사다리가 전봇대를 보고 놀렸어요. "넌 다리가 하나밖에 없네."
전봇대도 사다리를 보고 놀렸어요. "넌 다리가 두 갠 데도 혼자 못 서지?"
사다리가 말을 바꿨어요. "넌 대단해! 다리가 하난 데도 혼자 서잖아."
전봇대로 고쳐 말했어요. "네가 더 대단해! 사람들을 높은 데로 이끌어 주잖아!"</td></tr>
<tr><td>쉬운 일 / 나태주</td><td colspan="2">그건 쉬운 일이에요/ 내가 먼저 말하는 것이고/ 내가 먼저 웃는 일이에요
꽃한테 내가 먼저 말해보고/ 내가 먼저 웃어 보세요
꽃들도 말을 해줄 것이고/ 웃어줄 거예요
하늘한테 그래 보세요/ 하늘도 무언가 말을 해줄 것이고
벙글벙글 웃어줄 거예요/ 그건 쉬운 일 참 쉬운 일이에요</td></tr>
<tr><td>개구리네 한솥밥 / 백석</td><td colspan="2">불을 받아 준 개똥벌레,
짐을 져다 준 하늘소,
길을 치워 준 쇠똥구리,
방아 찧어 준 방아깨비,
밥을 지어 준 소시랑게
모두모두 둘러앉아
한솥밥을 먹었네.</td></tr>
</table>

(3) 명언 · 사자성어 기반 인성교육 요소

명언 · 사자성어 기반 인성교육 활동은 인성덕목에 따라 선정된 명언 · 사자성어 기반 활동에 인성교육 요소와 활동내용을 적용한다.

〈표 10-4〉 8대 인성덕목에 따른 인성교육 요소와 활동내용

인성덕목	명언 · 사자성어	활동명	활동내용
예	모든 사람에게 예절 바르고, 많은 사람에게 친절한 사람은 아무에게도 적이 되지 않는다. – 벤자민 프랭클린 –	인성부 기자	매체에 있는 '예'에 관한 기사를 찾아본다.
효	반포지효(反哺之孝) 까마귀 새끼가 자란 뒤에 늙은 어미에게 먹이를 물어다 주는 효성이라는 뜻으로, 자식이 자라서 부모를 봉양함	'효' 프로젝트	20년간 부모님에 대한 효 실천 모습을 매년 프로젝트 한다.
정직	정직무사(正直無私) 정직하고 공정하며 사사로움이 없음	1분 인터뷰	정직에 대한 드라마나 영화 대사를 찾아본다.
책임	살아서든 죽어서든 너의 책임을 완수하라. – 존 러스킨 (영국의 사회사상가)	책임 리스트	주변에서 할 수 있는 일을 5인 1조로 역할 분배해 책임 리스트를 해본다.
존중	내가 원하지 않는 바를 남에게 행하지 말라. (己所不欲勿施於人) – 공자	나만의 키오스키	칭찬 주인공을 찾아 칭찬 메뉴판을 만들어 서로를 존중하고 높이는 마음을 표현해 본다.
배려	역지사지(易地思之) 남의 입장에 서서 생각함.	우리 집에 놀러 와요	다른 나라의 문화에 대해 이해하고, 타국의 친구를 초대했을 때 배려하는 모습을 표현해 본다.
소통	소통에서 가장 중요한 것은 들리지 않는 것을 듣는 것이다. – 피터 드러커 (미국의 경영학자)	몸으로 전해요	소리 내지 않고 입 모양으로 말 전하기를 통해 소통해본다.
협동	상부상조(相扶相助) 서로서로 돕고 단결, 협동함.	협력하여 글자 만들기	협력하여 몸으로 글자를 만들어 본다.

2. 동작 기반 영유아교사 인성교육

헬리슨(Hellison, 2011)은 인성의 핵심을 자신과 타인의 선을 위한 책임감 있는 행동과 태도, 신념을 가지는 것으로 규정하였고, 특히 동작을 통한 인성 개발의 중요성을 강조하였다. 영유아교사의 신체활동은 기억력과 집중력, 문제해결력 등의 인지기능을 향상시킬 수 있고, 자기 주도성, 타인에 대한 존중, 리더십과 협동심 등을 함양시킨다(오윤선 · 신윤정 · 한경숙 · 2007; 최의창 · 박정준, 2011). 이처럼 영유아교사는 동작 기반의 다양한 신체활동을 실천함으로써 긍정적인 자아개념을 함양시킬 수 있다.

1) 동작 기반 인성교육의 내용

(1) 기본동작과 인성교육

동작을 통한 신체 활동은 몸의 각 부분을 탐색하고, 각 동작들을 서로 연결하는 등 신체의 움직임으로 이끈다. 신체의 기본동작은 이동동작, 비이동동작, 조작동작 등 움직임을 매개로 하며, 영유아교사는 타인과 어울려 함께 움직이며 소통하는 경험을 통해 타인과 공간을 공유하고 움직이면서 타인에 대한 배려와 존중의식을 경험한다. 또한, 여럿이 함께 동작을 만들기도 하고 규칙을 지키거나 차례를 기다리는 움직임을 통해 소통하며 타인과 원만한 관계를 맺는다(김재희, 2023). 영유아교사는 이러한 기본적인 움직임 속에서 동작의 구성요소인 신체, 공간, 노력, 시간, 관계 등을 이해하고, 기본동작을 통해 자기 존중뿐만 아니라 타인을 위한 배려와 존중, 협력과 책임, 질서와 공동체 의식 등 인성교육을 함양한다.

파라슈트를 통한 협동, 책임 인성교육 함양

비치볼을 통한 배려, 협동 인성교육 함양

[그림 10-6] 기본동작과 인성교육

(2) 창의적 신체 표현 동작과 인성교육

창의적 신체 표현 동작이란 자신의 생각과 느낀 것을 신체 움직임으로 표현한 것으로, 떠오르는 이미지를 상상하면서 춤을 추거나 리듬에 맞추어 춤을 추는 것이다(오세복, 2006). 창의적 신체 표현 동작은 자연의 모습에서 주어진 행동을 정확하게 모방하기보다는 동작 과정을 잘 기억하였다가 응용하여 새로운 내용과 재창조한 움직임으로 표현할 수 있다(박혜숙 · 김상윤, 2009). 영유아교사에게 우리나라 전통춤과 마당놀이, 여러 나라 문화의 민속춤을 통해 다양한 동작 표현을 감상할 기회를 제공하여 서로 협동하고 배려하며 존중하는 가운데서 인성교육을 실천할 수 있다.

여러 나라 문화의 민속춤을 통해 협동, 배려, 존중의 인성교육 함양

[그림 10-7] 기본동작과 인성교육

2) 동작 기반 영유아교사 인성교육 모형 및 수업 단계

(1) 동작 기반 인성교육 모형 및 수업 단계

동작 기반 인성교육의 모형은 다음과 같다. 동작 기반 인성교육의 모형은 기본 동작, 창의적 신체 표현 동작 등을 활용하여 이야기 나누기, 토론 및 토의하기 등 '언어 표상 활동'과 몸으로 의사 전달하기, 음악을 듣고 손가락으로 표현하기, 체조선수 되어보기, 동화를 듣고 신체로 표현하기 등 '신체 표상 활동'과 민속춤 감상하기, 다양한 춤 감상하기 등의 '감상 표상 활동', 악기 소리에 맞춰 표현하기, UCC 제작하기 등 '통합 표상 활동'으로 진행한다. 영유아교사를 위한 동작 기반 인성교육의 모형은 [그림 10-8]과 같고, 인성교육 활동의 예는 〈표 10-5〉와 같다.

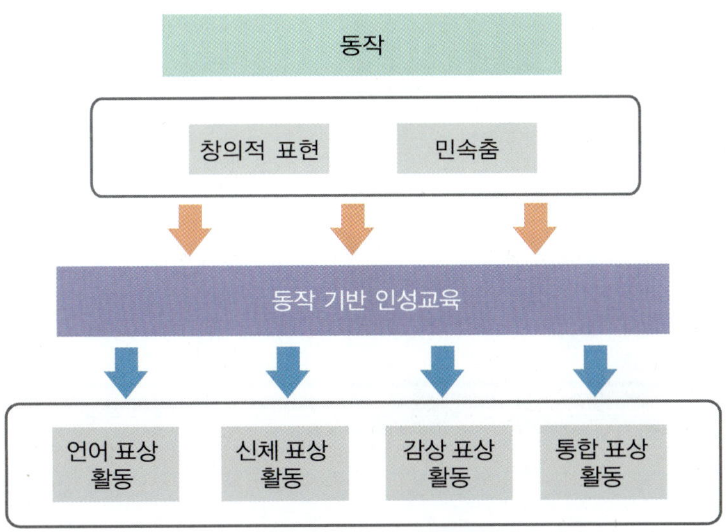

[그림 10-8] 동작 기반 인성교육 수업 단계

〈표 10-5〉 동작 기반 인성교육 활동

동작 기반 인성교육 표상 활동		
언어 표상 활동		〈창의적 표현동작- 이야기 나누기〉 • 비발디 사계 '가을' 음악을 감상한다. • 음악의 떠오르는 이미지를 상상하며 서로의 생각을 소통한다. • 상상한 이미지를 리듬에 맞추어 어떻게 표현할지 이야기 나눈다.
신체 표상 활동		〈몸으로 의사 전달하기- '원숭이도 나무에서 떨어진다.'〉 • 속담 '원숭이도 나무에서 떨어진다' 그림을 감상한다. • 몸으로 '원숭이도 나무에서 떨어진다'의 의미를 동작으로 표현한다.
미술 표상 활동		〈민속춤 감상하기- 세계 여러 나라〉 • 세계 여러 나라 민속춤을 감상한다. • 각 나라별로 예절을 어떻게 표현할지 구상한다. • 표현해 보고 싶은 나라의 춤을 표상 활동한다.
통합 표상 활동		〈민속 음악에 맞춰 표현하기- '민속 음악'〉 • '민속 음악' 곡을 감상한다. • '민속 음악' 곡에 나오는 다양한 악기 소리를 듣는다. • 악기 소리에 맞춰 협동하여 표현한다.

(2) 동작 기반 인성교육을 위한 수업 단계

동작 기반 인성교육의 수업 5단계는 다음과 같다.

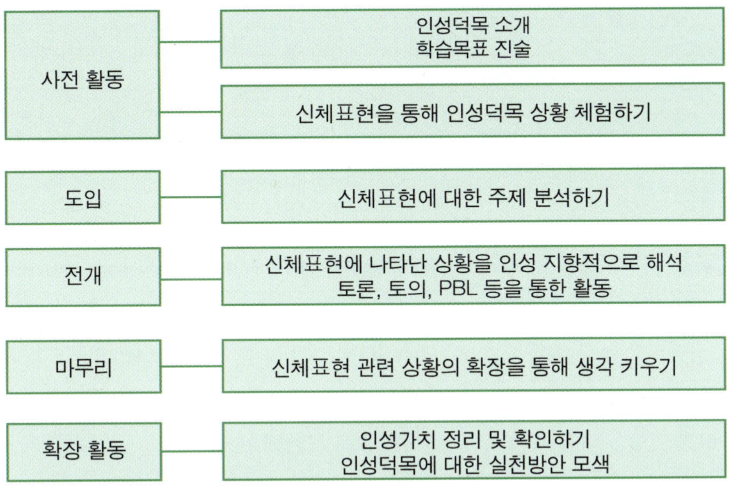

[그림 10-9] 동작 기반 인성교육 수업 단계

3) 동작 기반 인성교육 요소와 활동내용

(1) 창의적 신체 표현을 활용한 인성교육 요소와 활동내용

창의적 신체 동작 기반 인성교육 활동은 인성덕목에 따라 창의적 신체 동작을 활용한 활동에 인성교육 요소와 활동내용을 적용한다.

〈표 10-6〉 8대 인성덕목에 따른 인성교육 요소와 활동내용

인성덕목	창의적 표현	활동명	활동내용
예	손 율동	Finger Dance	〈튼튼이와 새침이〉 가사에 맞추어 손동작 인사를 해보고 새로운 가사를 만들어 인사해 본다.
효	창의적 표현	심청 발레	심청전 이야기를 듣고, 심청이 또는 아버지의 마음을 발레로 창의적인 표현을 해 본다.
정직	손 율동	청개구리	청개구리 이야기를 듣고 역할극으로 표현하고 손 율동을 만들어 본다.
책임	창의적 표현	신문지로 춤을 춰요	신문지를 이용하여 구겨보고, 비벼보고, 날려보고, 찢어보는 등 음악에 맞추어 창의적으로 표현해 본다.
존중	리듬체조	나는야 손연재!	리본체조를 감상한 후 음악의 속도에 맞추어 서로 다른 예술 표현을 존중하며 리본체조를 만들어 본다.
배려	창의적 표현	동물원의 동물이 되어 보아요	동물원의 여러 동물들의 움직임을 탐색하고 움직임을 창의적으로 표현해 본다.
소통	놀이 요가	거울아 거울아	다른 사람의 미묘한 움직임을 관찰하고 따라 해보면서 소통 해본다.
협동	요가 댄스	그대로 멈춰라!	협동하여 큰 원을 만들어 자유롭게 움직이다가 음악에 맞추어 창의적 표현을 해 본다.

(2) 민속춤을 활용한 인성교육 요소와 활동내용

민속춤 기반 인성교육 활동은 인성덕목에 따라 민속춤을 활용한 활동에 인성교육 요소와 활동내용을 적용한다.

〈표 10-7〉 8대 인성덕목에 따른 인성교육 요소와 활동내용

인성덕목	민속춤	활동명	활동내용
예	훌라춤	훌라 훌라	훌라춤을 감상하고, 종교의식으로 예를 갖추어 추던 훌라춤을 표현해 본다.
효	탈춤	양반 탈춤을 추자!	탈춤을 감상하고 탈춤의 춤사위를 알아보고 양반의 근본 효행을 탈춤으로 표현해 본다.
정직	학춤	한 마리의 학이 되어 보아요	학춤을 감상하고, 절제 있는 동작으로 춤 선을 표현 해 본다.
책임	농악무	풍악을 울려라	농악무를 감상하고, 각자 맡은 악기에 대해 책임감을 가지고 신체표현을 해 본다.
존중	포크댄스	즐겁게 춤을 즐겨요	포크댄스를 감상하고, 서로 존중하며 박자에 맞춰 댄스로 신체를 표현해 본다.
배려	부채춤	나풀나풀 날아라	부채춤을 감상하고 다양한 표현으로 협동해서 작품을 만들어 본다.
소통	캉캉춤	우리 모두 캉캉 춤을 춰 봐요	캉캉춤을 감상하고 캉캉치마를 걸치고 발을 굴리며 신체표현을 해본다.
협동	강강술래	강강수월래 강강수월래	정월대보름을 상상하며 박자에 맞춰 둥글게 둥글게 강강수월래를 해 본다.

3. 영유아교사 인성교육의 실제

인성덕목 - 정직 | 문학매체 - 사자성어 | 정직무사 (正直無私)

인성 관련요소	핵심 가치 · 덕목								핵심역량		
	예	효	정직	책임	존중	배려	소통	협동	인성 실천지식	의사소통 능력	갈등해결 능력
			⊙	○	○		○			⊙	○

활동명 : 1분 인터뷰

활동목표	• 정직이 무엇인가에 대해서 알 수 있다. • '진정한 정직'의 의미를 알고 실천할 수 있다. • 적극적인 태도로 경청하고 자신의 의견을 표현할 수 있다
활동내용	• 사자성어 '정직무사'에 대해 이야기 나눈다. - 사자성어 '정직무사'에 대해 자기 생각을 이야기 나눈다. • 진정한 정직이란 무엇인지에 대해 이야기 나눈다. - 진정한 정직에 대한 자기 생각을 이야기 나눈다. - 용기 있는 정직은 어떤 의미인지에 대해 생각해 보고 이야기 나눈다. - 믿음을 주는 정직한 행동은 어떤 것이 있는지에 대해 이야기 나눈다. • '정직' 드라마나 영화 대사를 만들어 본다. - 드라마나 영화 대사를 소개하고 활동을 통해 느낀 점을 이야기 나눈다. - 1분 인터뷰를 통해 정직했던 상황을 이야기 나눈다. - 'ㅇㅇ(이)는 이럴 때 정직했어요' 1분 인터뷰를 통해 정직했던 상황을 이야기 나눈다.

이름 :		날짜 :

▶ 정직에 관한 드라마나 영화 대사를 찾아보아요.

▶ 'OO(이)는 이럴 때 정직했어요' 정직했던 상황을 캡처해서 넣어 보아요.

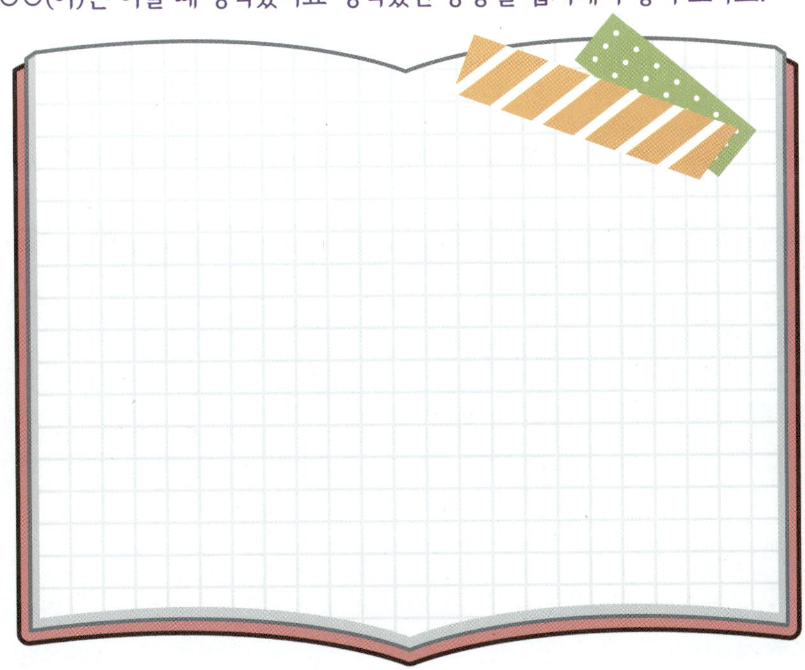

인성덕목 - 소통 | 표현동작 - 리본체조 | 나는야 손연재!

인성 관련요소	핵심 가치 · 덕목								핵심역량		
	예	효	정직	책임	존중	배려	소통	협동	인성 실천지식	의사소통 능력	갈등해결 능력
			○	○	○		⊙			⊙	○

2016 리우 올림픽 리듬체조 개인종합 결선에서 손연재 선수가 리본 연기를 춤의 모양, 리듬감, 자신감 있는 모습으로 멋지게 펼치고 있다.

출처: https://youtu.be/R5v0yCv_wok?si=Z03y3zB92U4bscbx

활동명 : 나는야 손연재!

활동목표	• 음악에 맞추어 몸의 움직임과 리본의 움직임의 다름을 안다. • 리본을 이용하여 다양하게 움직여봄으로써 신체 인식 능력을 기른다. • 춤을 추는 과정에서 서로의 생각과 느낌을 나누고 소통하며 풍부한 감성과 심미적 태도를 기른다.
활동내용	• 〈나는야 손연재!〉 리본체조 동영상을 감상하고 이야기 나눈다. - 가장 기억에 남는 장면은 무엇인지에 대해 이야기 나눈다. • 음악과 리본 막대를 이용하여 여러 가지 움직임의 표현을 만들어 본다. - 리본 막대를 제자리에서 움직일 때와 이동하면서 움직일 때 어떤 점이 다른지에 대해 이야기 나눈다. - 음악의 속도에 따라 리본 테이프를 어떻게 움직이면 좋을지 생각해 본다. - Libertango 음악을 들으면서 다양한 동작을 표현해 본다. • 리본체조를 추고 난 후의 느낌에 관해 이야기 나눈다 - 리본체조를 추면서 어려웠던 점은 무엇인지에 대해 이야기 나눈다. - 다른 사람의 리본체조를 감상한 느낌을 말해본다.

이름 :		날짜 :

▶ 자신만의 독특한 리본체조를 만들어 춤을 표현한 후 서로의 생각과 느낌을 소통해 본다.

CHAPTER 11

미술 & 음악 기반 영유아교사 인성교육

1. 미술 기반 영유아교사 인성교육

미술 매체를 통한 활동은 영유아교사들에게 '학습'이 아닌 '즐거움'으로 다가설 수 있다. 미술 기반 활동은 다양한 예술작품을 통해 심미적 체험이 가능하고 통합적인 활동으로 확장되며, 인간 내부의 예술적 감정과 직관을 회복케 하여 조화로운 인격계발을 돕는 활동이다. 특히, 미술 활동은 인간의 내면세계에 있는 감성과 사고 등을 외부로 나타내고 다양한 미술 매체 활동을 통해 부적절한 심리적 요소를 순화하여 긍정적인 인성을 형성하게 한다(김한결, 2014).

1) 미술 기반 영유아교사 인성교육의 내용

(1) 명화와 인성교육

명화는 선, 색, 모양, 주제 등의 다양한 미술 요소가 포함되어 있으며, 같은 소재라도 구성에 따라 다양한 감각을 느끼게도 하고, 명화를 보며 인간은 다양한 생각을 하게도 한다(임경례, 2007). 명화를 감상할 때 기본적으로 느끼는 감정은 무엇인지, 어떤 생각과 느낌이 드는지, 명화 속의 주인공과 동일시되어 자신이 명화 속 주인공이라면 어떤 기분이 드는지, 어떤 행동을

[그림 11-1] 명화 속 주인공 생각과 느낌 표현하기

하게 될지 등 생각하는 과정에서 자연스럽게 감정이입을 경험할 수 있다.

(2) 조형물과 인성교육

조형물을 활용한 활동은 학습자들로 하여금 다양한 자료나 도구를 공유하며, 자신들의 생각들을 함께 나누고, 의사소통하여 결정을 내리는 등의 바람직한 인성을 기를 수 있다. 특히, 여러 명의 학습자가 함께 표현하는 조형물을 활용한 활동은 학습자들에게 공통적인 흥미를 갖게 하며, 서로의 생각을 함께 의논하고, 협의하는 과정을 통해 배려, 존중, 책임, 협동의 인성덕목을 기를 수 있다.

[그림 11-2] 달걀을 활용한 감정 표현하기

2) 미술 매체 기반 영유아교사 인성모형 및 수업 단계

(1) 미술 매체 기반 인성교육 모형

미술 매체 기반 인성교육은 명화, 조형물, 사진 등 미술 매체를 활용하여 이야기 나누기, 이야기 만들기, 토론 및 토의, 편지쓰기, 스토리보드 제작 등의 '언어 표상 활동', 몸으로 의사 전달하기, 동작 만들기 등의 '신체 표상 활동', 감상 후 표현하기, 그림 그리기, 조형작품 만들기, 포스터 만들기 등의 '미술 표상 활동', 그리고 영상편지 만들기, 역할극 하기, UCC 제작하기 등의 '통합 표상 활동'으로 진행한다. 영유아교사를 위한 미술 매체 기반 인성교육의 모형은 [그림 11-3]과 같고, 인성교육 활동의 예는 〈표 11-1〉과 같다.

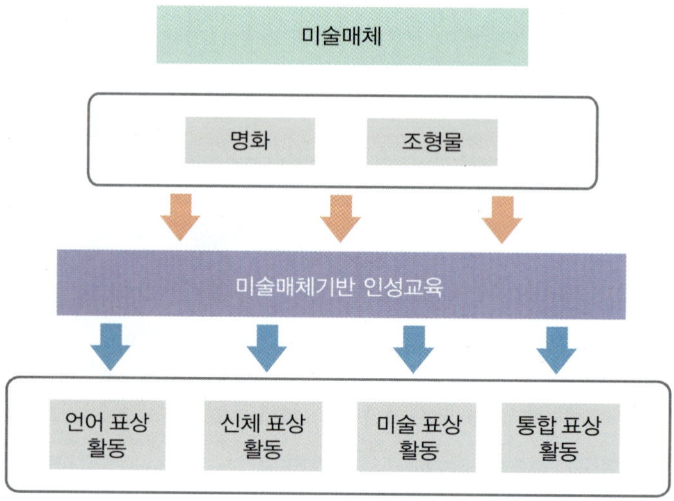

[그림 11-3] 미술매체 기반 인성교육 모형

〈표 11-1〉 미술 매체 기반 인성교육 표상 활동

미술 매체 기반 인성교육		
언어 표상 활동		〈다양한 미술 매체- 이야기 만들기〉 • 이야기 주제를 정한다. • 서로의 생각을 존중하며 이야기를 창작한다. • 다양한 종류의 미술 재료로 창작한 이야기 장면을 구성한다.
신체 표상 활동		〈동작 만들기- 로댕의 '생각하는 사람'〉 • 로댕의 '생각하는 사람' 그림을 감상한다. • 로댕의 작품세계를 생각해 보며 어떤 모습, 어떤 감정으로 표현해야 할지에 대해 생각해 본다. • 몸으로 '생각하는 사람' 동작을 표현한다.
미술 표상 활동		〈포스터 만들기- 개념포스터〉 • 홍콩에 대해 자료를 수집한다. • 홍콩에 대한 내용을 포괄적으로 소통하고 표현할 수 방법에 대해 생각해 본다. • 전달하고자는 내용을 인상 깊게 포스터로 제작한다.

미술 매체 기반 인성교육		
통합 표상 활동		〈역할극 하기– 막순이와의 장수〉 • '막순이와 장수' 작품을 감상한다. • 각자의 역할에 책임감을 가지고 표현할 수 있도록 한다. • 주어진 역할에 맞는 대사와 상황을 역할극으로 표현한다.

(2) 미술 매체 기반 인성교육을 위한 수업 단계

미술 매체 기반 인성교육을 위한 수업 5단계는 다음과 같다.

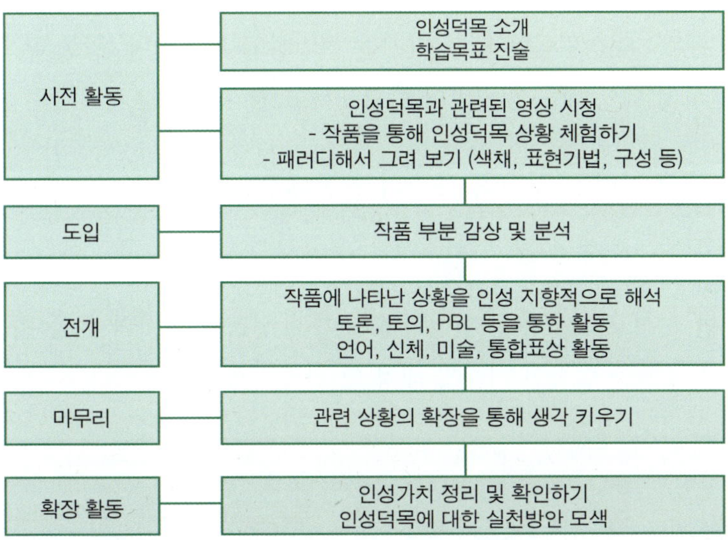

[그림 11-4] 미술매체 기반 인성교육을 위한 수업단계

출처: 박영수(2004) 재구성.

- 도입 단계 : 시대적 배경, 의미, 미술 요소를 중심으로 조사, 감상하고 작품에 대한 내용을 분석한다.
- 전개 단계 : 미술작품에 나타난 상황을 인성덕목 주제에 대한 인성 지향적으로 해석하고 이때, 다양한 인성교육 활동이 활발히 이루어지는 단계로, 미술 매체 기반 인성교육을 위한 토론 및 토의, 딜레마 토론, 역할극, 체험 활동, 문제중심학습(PBL) 등의 교수학습방법이 활용된다. 또한, 이러한 과정을 통해 다양한 언어 표상, 신체 표상, 미술 표상 및 통합 표상 활동으로 전개된다.
- 마무리 단계 : 전개 활동에서 산출된 작품이나 활동지에 대해 발표하고 관련 상황을 확장하여 생각을 키운다.
- 확장 활동 : 인성덕목에 대한 가치를 정리하고 확인하며, 활동 후 후속 과제로 인성 덕목에 대한 실천방안을 모색하고 적용해 본다.

3) 미술 매체 기반 인성교육 요소와 활동내용

(1) 명화 기반 인성교육 활동내용

명화 기반 인성교육 활동은 인성덕목에 따라 선정된 명화와 이를 활용한 활동에 인성교육 요소와 영화의 시대적 배경 및 활동내용을 적용한다.

〈표 11-2〉 8대 인성덕목에 따른 인성교육 요소와 활동내용

인성덕목	명화	활동명	명화의 시대적 배경 및 관련 내용	교육활동
예	서당 -김홍도-	ㅇㅇ대학당 	그림 속 훈장과 제자들은 정겨움이 느껴지고 한국적인 정취를 풍기고 있다. 모든 인물들은 다 얼굴이 보이는데 단 한 사람 제일 끝에 앉은 막내 아이만 뒷모습을 그려서 얼굴이 보이지 않게 해놨다. 이 아이는 어떤 표정일까? 요즘은 스승에 대한 예가 사라지고 있다. 고등학교 교실에서 학생이 교사를 빗자루로 폭행하며 욕설과 침을 뱉기까지… 피해 교사는 폭행 학생들의 처벌을 원하지 않는다고 했다. 폭행을 지켜만 보고 있었던 학생들. 내가 그 자리에 있었다면 나는 어떤 행동을 취했을까?	학교에서 스승에게 지켜야 할 예에 대해 토론하고 내가 실천해야 할 목록을 작성해 본다.
효	아이의 목욕 -메리커셋-	내 엄마는 한 살 	한평생 유럽과 미국을 넘나들며 작품 활동에 열중했던 커셋은 독신으로 지냈지만, 그녀가 가장 사랑하고 즐겨 그린 소재는 아이러니하게도 어머니와 아이가 함께 있는 모자상이었다. 그녀가 최종적으로 선택한 것은 안정된 가정이 아닌 예술에 대한 헌신이었지만, 마음 한켠에는 미처 가보지 못한 어머니와 아내로서의 길에 대한 미련이 남아 있었던 것이다.	엄마가 스스로 활동을 못 하시게 될 때 내가 엄마를 위해서 할 수 있는 일과 해야 하는 일을 글로 표상해 본다.
정직	절규 -에드바르 뭉크-	인간의 이중성 	에드바르 뭉크(Edvard Munch, 1863~1944)는 노르웨이 출신의 표현주의 작가이다. 그는 인간의 근원적인 문제들을 작품에 다뤘는데 〈절규〉에서는 핏빛의 하늘을 배경으로 괴로워하는 인물을 표현했다.	나의 이중성은 없는가? 보여지는 나와 감춰진 나의 모습을 비교하여 그림과 콜라주로 표상해 본다.

인성 덕목	명화	활동명	명화의 시대적 배경 및 관련 내용	교육활동
책임	이삭 줍는 여인들 –밀레–	나는 무엇을 주워야 할까? 	전문적인 미술 지식이 없는 사람이라도 이 그림이 무엇을 그린 것인지 알 수 있다. 인류 역사상 가장 보편적 생업인 농업을 모티브로 했고, 인간이면 누구나 공감할 수 있는 노동을 주제로 삼았기 때문이다. 아름다움의 이면에는 농민의 궁핍한 삶이 느껴진다.	길가에 버려진 누군가에게 이제 필요 없는 물건, 누군가에겐 꼭 필요한 물건. 나는 무엇을 주울까에 대해 재활용품으로 조형물로 표상해 본다.
존중	세례 요한의 머리를 든 살로메–베첼리오 티치아노	마음속 존중의 온도를 줄이자 	'세례 요한의 머리를 든 살로메' 작가소개, 명화 감상 및 분석하기. 헤롯과 세례 요한, 헤로디아 사이에 표현된 서로 간의 '존중'의 태도를 찾아보기. 생명 존중에 대해 스토리텔링 하기. 모자이크 기법을 사용하여 자신이 위로받고 싶거나 존중받고자 하는 것들을 명화로 재구성하기. 제작된 존중 명화작품 소개 및 감상하기	숨겨진 나의 장점을 찾고 거울 속 나의 자랑스런 내면을 글과 그림으로 표상해 본다.
배려	별이 빛나는 밤 –빈센트 반 고흐–	마음이 빛나는 배려의 밤 	'별이 빛나는 밤' 작가소개, 명화 감상 및 분석하기. '요정'이 되어 고흐의 마음에 간직하고자 하는 '배려'의 마음 찾아보기. 상대방에게 베풀 수 있는 배려의 행동에 대해 스토리텔링 하기. 뿌리기 기법을 사용하여 마음이 빛나는 '배려'의 의미를 담은 명화로 재구성하기. 제작된 배려 명화작품 소개 및 감상하기	고개를 숙이고 차마 들지 못하고 있는 노인. 두 눈을 감싸안은 채 어느 누구도 위로해 줄 수 없을 것 같은 슬픔에 싸인 듯한 노인. 노인이 다시 희망에 찬 모습으로 돌아오기 위해 우리가 할 수 있는 일을 글과 그림으로 표상해 본다.

인성덕목	명화	활동명	명화의 시대적 배경 및 관련 내용	교육활동
소통	고갱의 의자 -빈센트 반 고흐-	생각의자에 묶인 나 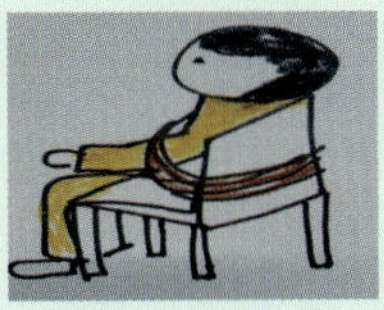	고흐는 자신의 의자와 고갱의 의자를 그리면서 고갱의 의자에만 지성과 상상력을 상징하는 책과 촛불을 두었다. 장식적인 곡선과 풍부한 색채로 의자 주인이 보이지는 않지만 단순한 정물화를 넘어선 신비감을 느끼게 하는 그림이다.	나의 고정관념에 묶여 자기중심적 사고에만 빠져 있지는 않은가? 버려야 할 나의 고정관념을 글과 그림으로 의자에 묶어 본다.
협동	그랑드자트 섬의 일요일 오후 -조르주 피에르 쇠라-	몸으로 연주해요 	같은 힘으로, 같은 속도로 점을 찍어 완성한 점묘화로 2년이나 이 작품에 매달려 완성하게 된다. 작은 점 하나하나가 모여 그의 거룩한 작품이 되었다.	팀이 정한 음악을 듣고 몸으로 리듬악기가 되어 각자가 느끼는 리듬을 몸으로 합동 연주해 본다.

(2) 조형물 기반 인성교육 활동내용

조형물 기반 인성교육 활동은 인성덕목에 따라 선정된 조형물과 이를 활용한 활동에 인성교육 요소와 활동내용을 적용한다.

〈표 11-3〉 8대 인성덕목에 따른 인성교육 요소와 활동내용

인성덕목	조형물		활동명	교육활동
예	곰방대훈장 -청도 새마을 운동발상지-	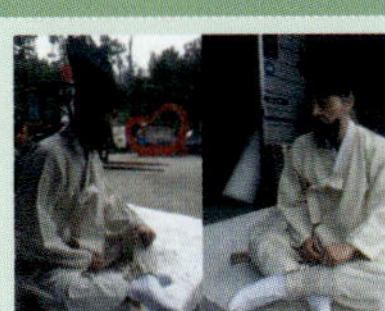	옷에도 예절이 있어요	하는 일에 따라 옷차림이 달라짐을 알고 직업에 따른 옷의 예절을 콜라주와 그림으로 표상해 본다.
효	아버지의 굳건한 사랑 -노르웨이 비겔란 조각공원-		내 아버지는 500kg	현대 사회 아버지들의 삶에 대해 토론해보고 아버지 어깨에 얹힌 짐을 내가 내려놓을 수 있는 방안은 어떤 것들이 있는지 글과 그림으로 표상해 본다.

인성 덕목	조형물		활동명	교육활동
정직	늑대가면 -연천 구석 축제-	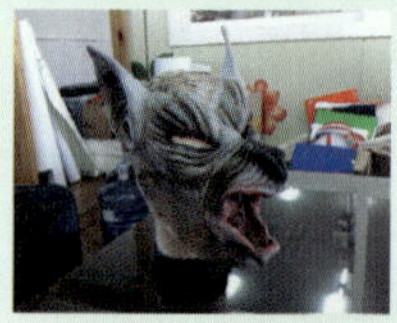	ㅇㅇ(늑대) 가면을 쓴 ㅇㅇ(순애)	나는 살아가면서 어떤 가면을 쓰고 있을까? 나의 정직하지 못한 면을 동물가면으로 만들어 본다.
책임	모래조각 - 캐나다 밴쿠버-		사라진 지구	빙하기 마지막 모래를 이용한 조각을 패러디하여 점차 사라질 위험이 있는 지구에 대해 찰흙과 콜라주로 표현해 본다.
존중	청계천 등축제 조형물		문화, 우리와 달라요	우리의 문화를 존중하고 계승해야 한다는 의미를 되새기고 지금 현재 문화 중 계속 승계되어지길 바라는 문화에 대해 포스터 그리기로 표상해 본다.
배려	시각장애인 지구본 -유원대학교-		아름다운 수다	한 시간 동안 안대를 하고 시각장애인을 경험해 보고, 앞을 보지 못하는 친구를 위해 아름다운 수다로 설명해 본다.
소통	서울숲 조형물		거꾸로 보는 세상	주변 사물을 땅에 손을 짚고 거꾸로 보는 신체활동을 해보고 각 나라마다 다른 문화들에 대해 우리가 이해하지 못했던 문화를 거꾸로 보는 세상 액자에 담아 그림으로 표상해 본다.
협동	강강술래 -목포지방 해양수산청-		신세대 강강술래	팀 구성원들이 함께해야만 할 수 있는 놀이를 계획하고 만들어서 실제 팀원들과 신체로 표상해 본다. 그리고 교육 계획안을 구성해 본다.

2. 음악 기반 영유아교사 인성교육

인간은 새로운 음악적 경험을 통하여 자신의 슬픈 감정을 정화시키고 부정적인 경험이나 생각들을 긍정적으로 승화시킨다(서영미, 2015). 음악은 비언어적 교류의 수단으로써 다른 사람과의 상호작용을 통하여 사회적인 소통기능을 가지며, 음악적 통합은 사람들과 결속력을 높이는 등 인성교육에 활용될 수 있다. 또한, 자기 생각과 느낌을 음악으로 표현해 봄으로써 음악의 아름다움을 발견하기도 하고, 만족스러운 정서 상태로 이끄는 과정에서 자기 자신을 위안할 수 있다(지민희, 2015). 이에 영유아교사는 음악의 아름다움을 경험하면서 음악적 정서를 발달시키고, 음악에 대한 감수성을 내면화시키는 과정을 통해 인성을 기를 수 있다.

〈표 11-4〉 음악교육에서의 인성교육 세 가지 원리

현대 교육적 관점으로 논의되어지는 음악교육의 세 가지 원리	
자기 이해의 원리	음악교육을 통해 영유아교사가 영유아 개인의 내적 · 외적 특성에 대한 이해와 지각, 그리고 통찰에 이를 수 있도록 지도하는 것이다.
자기 표현의 원리	영유아교사는 영유아가 음악이 가진 표현적 속성을 정확하게 이해하고 음악적 언어를 잘 활용하여 자신을 적극적으로 표현할 수 있도록 지도하는 것이다.
조화와 균형의 원리	영유아교사는 다양한 음악 활동과 음악작품에 내재되어 있는 요소를 정확하게 이해하며 인성이 균형과 조화를 이루도록 지도하는 것이다. 이러한 인성교육의 세 가지 원리에 의해 개인의 인성은 음악을 통해 탐색 되고 안정화를 거쳐 통합을 이룰 수 있을 것이다.

출처: 김미숙 · 권혜인(2014).

1) 음악 기반 영유아교사 인성교육의 내용

(1) 음악감상과 인성교육

[그림 11-5] 사진을 통한 소통과 배려

음악감상이란 음악을 주의 깊게 들으면서 사고하는 것으로, 음악의 의미를 이해하며 즐기는 행위, 음악을 형성하고 있는 모든 음악적 표현 요소의 특징과 의미를 자각하고 감응하는 것을 뜻한다(송수현, 2015). 이러한 음악감상은 음악적으로 접근하는 모든 교육적 노력의 핵심이 되며, 음악적인 측면과 삶 전체에 있어서도 가치가 있는 활동이다(Haines, Geber, 1996). 음악감상은 영유아교사들의 심미감 발달을 도와주며(최은실, 2014). 작곡가와 감상자 사이의 의사소통이며, 신뢰를 바탕으로 서로 교류하는 공감의 소리가 되어 인성교육을 강화할 수 있다(지민희, 2015).

〈표 11-5〉 음악감상 활동

감상활동
동요듣기 : 풍부한 감상력과 심미감을 주는 곡
클래식 듣기 : 전통클래식과 세미클래식
만화 주제가 듣기 : 미래지향적인 내용의 곡, 아름다운 선율을 감상할 수 있는 곡
종교 음악 듣기
대중 음악 듣기
이야기가 있는 음악 듣기

(2) 음악창작과 인성교육

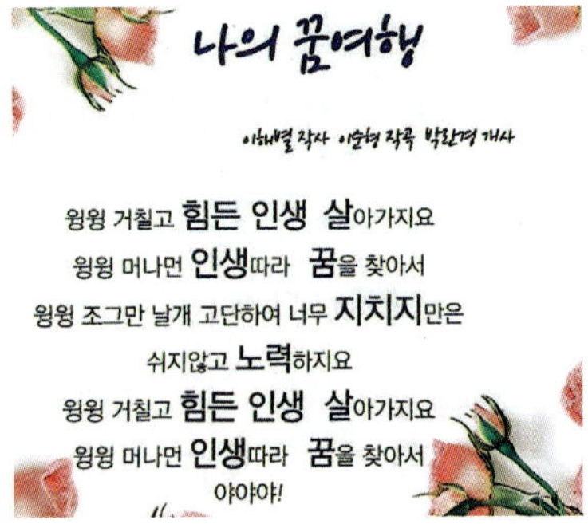

[그림 11-6] '꿀벌의 여행' 개사하기

음악창작 활동은 음악 활동에서 습득한 음악 개념을 적절히 활용하고, 자신의 음악적인 아이디어를 창출하는 것이다. 음악창작 활동은 소리 탐색 및 표현, 즉흥연주와 표현, 작곡 등의 활동으로 나눌 수 있다. 창작 활동의 초기 단계에서는 여러 가지 도구나 악기의 소리, 다양한 연주법을 탐색한다. 즉흥연주는 노래나 선율악기, 그리고 타악기 등을 통해 리듬이나 선율을 즉흥적으로 연주해 보는 것을 의미하는 것으로, 즉흥표현에서는 신체활동이나 주어진 선율에 가사를 변형하기도 한다.

〈표 11-6〉 음악창작 활동

음악창작 활동에 적극적인 참여를 이끌어내기 위한 방법
주제와 관련된 가사를 직접 작사하고, 선율은 기존의 곡을 이용한다.
기존 선율과 리듬을 활용하여 특정 부분만 변형하는 편곡 형태나 일부분 작곡 형태의 창작 활동을 진행한다.
뮤지컬, 영화음악, 가요, 동요 등 쉽게 부를 수 있는 선율을 이용한다. 이처럼 음악창작 활동은 소통과 공감 능력을 키울 수 있는 기회가 된다. 또한, 칭찬과 격려를 통한 음악창작 활동을 함으로써 자아존중감을 높이고, 자아정체성을 확립할 수 있는 바탕을 마련할 수 있다.

출처: 김지선(2015).

(3) 악기연주와 인성교육

[그림 11-7] 다양한 악기로 연주하기

영유아교사들은 악기연주를 통해 풍부한 음악적 표현력 증진과 다양한 미적 체험을 한다. 교사들간에 함께 연주하여 화음을 만들고 공유하며 서로에게 부족한 점들을 보완해 주고, 칭찬하는 과정을 통해 협동, 공감, 배려 등 인성 함양에도 도움이 된다. 이러한 음악적 표현을 위해 활용할 수 있는 도구는 무엇이든지 악기로도 활용될 수 있고, 일상생활 소품을 이용하여 음악을 구성해 보는 경험은 영유아교사들에게 새로운 접근이 될 수 있다(김성희, 2014).

〈표 11-7〉 컵타 활동에서의 인성요소

컵타 활동에서 지도할 수 있는 인성요소	
정직	모둠 또는 그룹에서 결정한 방식을 인정하고 받아들인다.
배려	연습 중 부족한 사람들을 도와 그 사람의 연주능력 향상을 위해 함께 노력을 한다.
책임	모둠 또는 그룹에서 자신에게 정해진 부분을 완벽하게 소화하기 위해 노력을 한다.

2) 음악 기반 인성교육의 모형과 수업 단계

(1) 음악 기반 인성교육 모형

음악 기반 인성교육은 음악감상, 음악창작, 악기연주를 활용하여 이야기 나누기, 이야기 만들기, 토론 및 토의하기, 작사하기, 음악회 초대장 만들기, 스토리보드 제작 등 '언어 표상 활동'과 연주자 되어보기, 몸으로 의사 전달하기, 신체로 표현하기 등 '신체 표상 활동', 연주복 그리기, 악기 조형작품 만들기, 공연 포스터 만들기, 티켓 디자인하기, 무대 꾸미기, 무대 조명 배치하기 등 '미술 표상 활동', 공연 기획하기, 음악회 열기, 영상편지 만들기, 역할극 하기, UCC 제작하기 등의 '통합 표상 활동'으로 진행한다. 영유아교사를 위한 음악 기반 인성교육의 모형은 [그림 11-8]과 같고, 인성교육 활동의 예는 〈표 11-8〉과 같다.

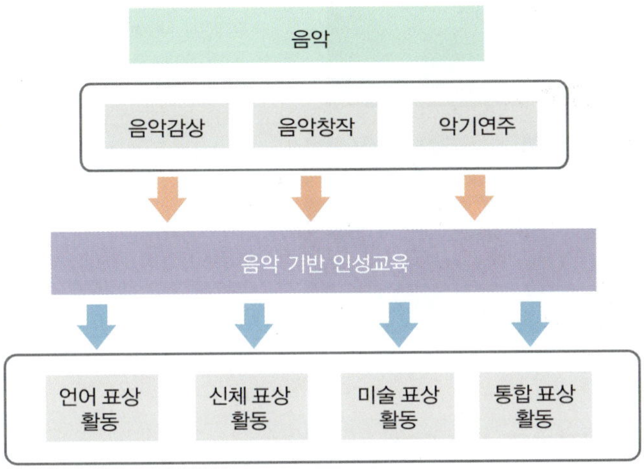

[그림 11-8] 음악 기반 인성교육 모형

〈표 11-8〉 음악 기반 인성교육 표상 활동

음악 기반 인성교육		
언어 표상 활동		〈음악창작– 드뷔시의 '꿈' 이야기 나누기〉 • 드뷔시 '꿈'을 감상한다. • 드뷔시 '꿈'을 감상한 후 보드판에 언어로 표상 활동한다. • 서로의 생각을 존중하며 작성된 이야기로 언어 표상 활동한다.
신체 표상 활동		〈신체로 표현하기〉 • '동물의 사육제' 곡을 감상한 후 이야기를 나눈다. • 곡에 맞는 동작을 협동하여 정한다. • '동물의 사육제' 동작을 창의적으로 표현한다.

음악 기반 인성교육		
미술 표상 활동		〈공연 포스터 만들기- '봄날은 간다'〉 • '봄날은 간다' 공연을 계획한다. • '봄날은 간다' 내용을 포괄적으로 표현할 방법에 대해 생각해 본다. • 전달하고자는 내용을 인상 깊게 포스터로 제작한다.
통합 표상 활동		〈공연 기획하기- 수화〉 • '당신은 사랑받기 위해 태어난 사람' 수화 작품을 감상한다. • 수화 동작을 익히는 연습을 한다. • 공연예절을 지킨다. • 일정에 맞추어 공연한다.

(2) 음악 기반 인성교육 수업 단계

음악 기반 인성교육을 위한 수업 5단계는 다음과 같다.

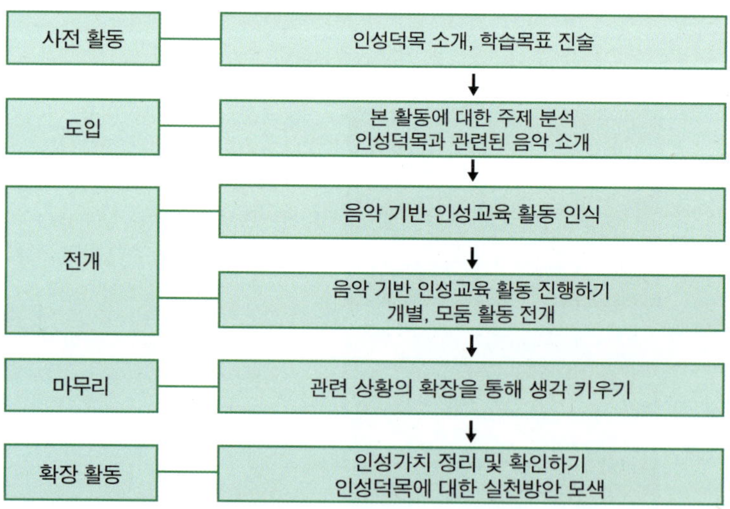

[그림 11-9] 음악 기반 인성교육 수업 단계

- **사전 활동** : 본 활동이 진행되기 전에 영유아교사들에게 이번 주에 진행할 인성덕목 주제를 소개하고, 학습 목표를 진술한다. 또한, 인성덕목과 관련된 음악이나 영상을 시청하면서 인성덕목에 대한 상황을 간접 경험하고 음악감상 노트에 작곡가, 작사가, 편곡자, 리듬, 가사를 기록해 본다.
- **도입 단계** : 음악을 2~5분 정도 감상하고 음악에 대한 내용을 분석한다.
- **전개 단계** : 음악에 나타난 상황을 인성덕목 주제에 맞게 해석하고 음악 기반 인성 교육을 위한 개인별 활동, 모둠별 토론 및 토의, 역할극, 체험 활동 등의 교수 · 학습 방법이 활용된다. 또한, 이러한 과정을 통해 다양한 언어 표상, 신체표상, 미술 표상 및 통합 표상 활동으로 전개된다.
- **마무리 단계** : 전개 활동에서 산출된 작품이나 활동지에 대해 발표하고 관련 상황을 확장하여 생각을 키운다.
- **확장 활동** : 인성덕목에 대한 가치를 정리하고 확인하며, 활동 후 후속 과제로 인성덕목에 대한 실천방안을 모색하고 적용해 본다.

3) 음악 기반 인성교육 요소와 활동내용

(1) 음악감상 · 음악창작 기반 인성교육 활동내용

음악감상 · 음악창작 기반 인성교육 활동은 인성덕목에 따라 선정된 음악감상 · 음악창작을 활용한 활동에 인성교육 요소와 활동내용을 적용한다.

〈표 11-9〉 8대 인성덕목에 따른 인성교육 요소와 활동내용

인성덕목	음악감상/음악창작	활동명	교육활동
예	다섯 글자 예쁜 말	골든 디스크상	〈다섯 글자 예쁜 말〉을 듣고 다섯 글자로 된 감동을 줄 수 있는 가사를 만들어서 새롭게 곡을 완성해 본다.
효	아버지	아버님 전상서	음악감상 후 '아버지'께 영상 편지를 만들어 보는 시간을 통해 효를 실천해 본다.
정직	Honesty	솔직한 DJ~ 부탁해요	현대인의 굴절된 가치관과 가식을 꼬집은 'Honesty', 정직이라는 메시지를 통해 이 시대를 살아가는 우리 모두에게 진실한 삶을 깨닫게 하는 명곡. 노래 주문표를 작성하고 노래 온도를 측정하여 일일 DJ에게 음악을 청해 본다.
책임	수고했어 오늘도	나는야 실천 왕	〈수고했어. 오늘도〉 감상 후 자기 관리 시간표를 작성해 보고 수고한 자기 자신에게 편지쓰기를 해본다.
존중	아름다운 세상	Let's go together	개인정보보호 캠페인 송 〈아름다운 세상〉. 존중에 대한 노랫말을 찾아 캠페인 글귀를 만들어 본다.
배려	가족송	해피 음악 클럽	〈가족 송〉(방시혁, 김정인)을 감상한 후 DJ가 들려주는 음악 선곡 중에서 가족들에게 고마움과 배려를 전할 수 있는 곡을 선택해 본다.
소통	작은 별 주제에 의한 변주곡	딴청 토론	모차르트의 〈작은 별 주제에 의한 변주곡〉을 감상한 후 다양한 음악적 역할에 대해 토론하고 연주하는 모습, 지휘하는 모습, 노래하는 모습, 관객 등을 '딴청 음악회'로 다양한 소통의 모습으로 표현해 본다.
협동	STAND BY ME	우리 그리고 하나	뮤직비디오 〈STAND BY ME〉에서 전하는 메시지가 무엇인지 알아보고 협동에 대한 음악을 이용하여 뮤직비디오를 제작해 본다.

(2) 악기연주 기반 인성교육 요소

악기연주 기반 인성교육 활동은 인성덕목에 따라 선정된 음악 또는 영상을 활용한 활동에 인성교육 요소와 활동내용을 적용한다.

인성 덕목	악기연주		활동명	교육활동
예	실로폰 연주		여러분 안녕~	솔솔미 솔미~ 리듬에 맞춰 여러분 안녕? 선생님 안녕? 인사말을 나누어 본다. 원대형으로 안부나 문제에 대한 답을 묻고 답하기를 악기 소리에 맞춰 진행한다. 실로폰 악기 대신 손가락 악기를 사용해 본다.
효	무엇이 무엇이 똑같을까		추격 음악대	말 리듬을 4박자로 만들어 보고 주걱 소리에 맞춰 연주해 본다.
정직	남생아 놀아라		ON or OFF	자진모리장단(덩 덩 덩 덕 쿵 덕)에서 덩 on 카드가 제시되면 소리내어 연주하고, off 카드가 제시되면 쉬는 박으로 기다리는 음악연주 게임을 해본다.
책임	뮤지컬 빅 4		오늘의 미션 –배경음악을 책임져라	캣츠, 오페라의 유령, 미스사이공, 레미제라블에 사용된 곡을 즉흥적으로 새롭게 변화시켜 삽입해 본다.
존중	고장난 시계		짹각 소리	〈고장난 시계〉 음악을 듣고 음의 고저, 강약, 음의 흐름을 고려하여 시계의 감정을 표현하는 소리를 만든다. 종이, 휴지, 셀로판지, 스카프, 마라카스, 에그쉐이크 등을 이용하여 연주해 본다.
배려	컵타		컵타 앙상블	신체를 이용하여 4박자 다양한 소리 탐색 후 〈신체 타악기 앙상블〉을 연주해 보고 '컵타' 기본 동작과 리듬에 관한 영상 시청 후 자신이 만든 컵타 리듬을 모둠별로 연주해 본다.

소통	체체 쿨레		나처럼 해봐라	탬버린(찰), 트라이앵글(칭), 기로(드륵), 큰북(쿵), 우드블록(똑딱), 바이올린(찌징) 소리를 복합적으로 연주해 본다. 악기에 맞춰 돌림노래 형식이나 지휘자의 신호에 맞춰 연주해 본다.
협동	소리 동화 〈쥐돌이의 행복한 소풍〉		악기가 인성을 만날 때	소리동화 〈쥐돌이의 행복한 소풍〉을 듣고 동화 속에 나오는 모양과 소리를 흉내 내는 말에는 어떤 것들이 있는지 이야기 나눈 후 만들 소리와 종류를 모둠별로 정하고 여러 가지 악기를 이용하여 소리를 만들어 본다.

3. 영유아교사 인성교육의 실제

인성덕목 - 배려 | **미술매체 - 명화** | **서당 -김홍도-**

인성 관련요소	핵심 가치 · 덕목								핵심역량		
	예	효	정직	책임	존중	배려	소통	협동	인성 실천지식	의사소통 능력	갈등해결 능력
	⊙				○		○		○	○	○

서당 – 김홍도

그림 속 훈장과 제자들은 정겨움이 느껴지고 한국적인 정취를 풍기고 있다. 모든 인물들은 다 얼굴이 보이는데 단 한 사람 제일 끝에 앉은 막내 아이만 뒷모습을 그려서 얼굴이 보이지 않게 해놨다. 이 아이는 어떤 표정일까? 요즘은 스승에 대한 예가 사라지고, 교실에서 학생이 교사를 폭행하거나 침 뱉기, 욕설까지 피해 교사들은 폭행 학생의 처벌을 원하지 않는다고 했다. 폭행을 지켜만 보고 있었던 학생들까지. 내가 그 자리에 있었다면 어떤 행동을 취했을까?

활동명 : ㅇㅇ대학당

활동목표	• 스승에 대한 예를 생각해 봄으로써 스승에 대한 감사하는 마음을 가진다. • 본인이 직접 실천 목록을 작성해 봄으로써 스승에 대한 예를 실천할 수 있다. • 스승에 대한 활동 과정을 통해 스승과 학생 간의 소통을 함양할 수 있다.
활동내용	• 명화 〈서당〉을 보고 이야기 나눈다. – 스승에 대한 예에 어긋난 행동에 대해 주변에서 경험한 이야기를 나눈다. – 스승에 대한 인식이 어떻게 변화하고 있는지에 대해 토론한다. • 〈서당〉을 보고 가장 기억에 남는 것에 대해 이야기 나눈다. • 우리가 학당에서 지켜야 할 스승에 대한 '예'에 대해 이야기 나눈다. – 스승에 대해 어떤 생각과 마음을 가져야 할지 적어본다. – 실천 목록을 친구들 앞에서 발표한다. – 활동을 통해 느낀 점을 이야기 나눈다.

이름 :		날짜 :

▶ 학당에서 스승에 대한 '예'를 지키기 위한 예절 목록을 작성해 보세요.

인성덕목 - 배려 / 음악-악기연주 / 컵타

인성 관련요소	핵심 가치 · 덕목								핵심역량		
	예	효	정직	책임	존중	배려	소통	협동	인성 실천지식	의사소통 능력	갈등해결 능력
	○		○		○	⊙	○	○	○	⊙	

〈컵타〉 컵 하나를 이용하여 리듬치기를 행하는 음악활동	*1997년 사물놀이를 응용하여 무대극으로 만든 '난타'라는 퍼포먼스가 처음으로 시작됨. '주방의 요리사'라는 배경을 통해 말이나 선율로 구성된 음악 없이 주방에서 쉽게 접할 수 있는 주방 도구들로 이루어진 타악 퍼포먼스(non verbal percussion performance). '컵타'는 이를 응용하여 생활 속에서 쉽게 볼 수 있는 플라스틱 컵을 통해 생겨났으며 연주방식도 비슷함. – 컵 아래 부분으로 책상 치기 – 컵 윗부분으로 책상 치기 – 컵 아래 부분을 서로 부딪치기 – 컵 옆면을 서로 부딪치기 등

활동명 : 컵타 앙상블

활동목표	• 손과 컵을 이용하여 다양한 소리를 내어볼 수 있다. • 리듬에 맞춰 컵 연주를 할 수 있다. • 리듬 치기를 통해 여러 명이 소리의 앙상블 이루고, 소리를 통한 의사소통 능력 및 배려하는 태도를 형성할 수 있다.
활동내용	• '신체 타악기' 활동에 대해 이야기 나눈다. – 신체의 각 부위를 하나의 악기로 여기고 다양한 방법으로 소리를 내어보는 '신체 타악기' 활동을 해본다. – 몸으로 낼 수 있는 다양한 소리에는 어떤 것이 있는지 이야기 나눈다. – 탐색한 소리들을 살펴보고 4박자의 패턴을 만들어 본다. • 신체 타악기 앙상블' 활동을 소개한다. – 각 모둠의 구성원들이 정한 4박자 패턴을 돌아가면서 발표해 본다. – 1번이 자신의 리듬 연주하기 후 같이 따라 해보기, 2번이 자신의 리듬 연주 후 같이 따라 해 보기식으로 3번, 4번 계속 진행한다.

활동내용	– 1번이 2번의 리듬을 연주하고 2번이 1번의 리듬을 연주한다. – 1번이 3번 리듬 연주하기, 2번은 자신의 리듬 연주하기, 3번이 1번 리듬을 연주한다. – 1번이 4번 리듬 연주하기, 2번이 3번 리듬 연주하기, 3번이 2번 리듬 연주하기, 4번이 1번 리듬 연주하기로 진행해 본다. • '컵타 앙상블' 활동에 대해 이야기 나눈다. – 자신이 만든 컵 타 리듬을 친구들에게 소개한다. – 컵타의 소리가 실제로 연주에서는 어떻게 적용하고 있는지를 비교하면서 이야기를 나눠보는 시간을 가진다. – 컵타 활동을 통해 알게 된 점과 느낀 점에 대해 이야기 나눈다.

출처: 김미숙 외 (2010).

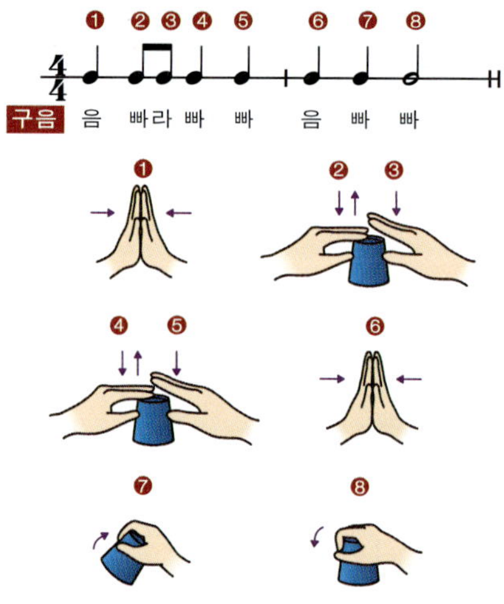

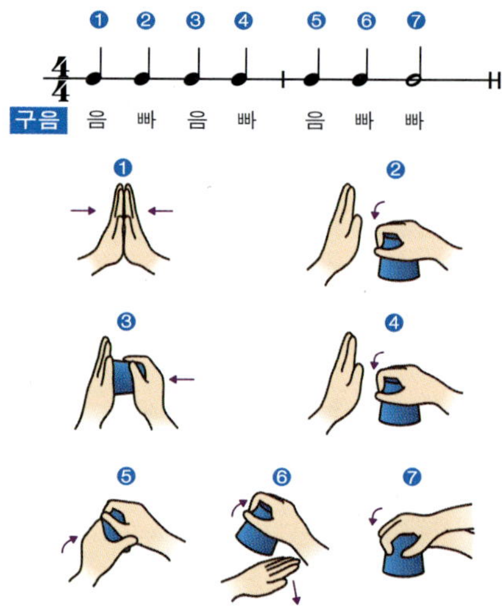

컵타의 기본리듬

음 - 손뼉치기
빠라 - 왼손, 오른손으로 컵 윗부분 치기
빠 - 왼손으로 컵 윗부분 치기
빠 - 오른손으로 컵 윗부분 치기
음 - 손뼉치기
빠 - 오른손으로 컵 윗부분 잡기
빠 - 왼손으로 컵 윗부분 잡기

이름 :		날짜 :

▶ 신체를 이용한 4박자 리듬을 적어 보세요.

▶ 컵타의 새로운 리듬을 만들어 보세요.

CHAPTER 12

영상매체 기반 영유아교사 인성교육

1. 영상매체 기반 영유아교사 인성교육

영상매체는 이미지와 텍스트, 사진, 영상, 그래픽, 소리 등 멀티미디어적인 요소를 통합적으로 표현할 수 있는 특징을 가지고 있다(이지연, 2018). 영유아교사는 영화, 애니메이션 등의 영상매체를 통해 현실을 완전히 다른 시각에서 보고 창조적 재구성 능력뿐만 아니라 창의성이나 상상력을 길러줄 수 있으며, 자신감과 성취감을 포함하여 인성 발달과 관련된 협동, 책임, 존중, 배려, 소통 등의 인성덕목 함양에 도움이 된다(김정주 · 김형재 · 엄세진, 2016). 즉, 영화, 애니메이션, 광고, 다큐멘터리 등의 영상매체는 단일 감각에 의존하는 문자 매체와는 달리 영상매체는 인간의 감각을 확장하는 매체에 의한 것이다(McLuhan, 1964). 이에 영유아교사의 다양한 감각을 자극해 몰입과 감성을 이끌어내는 효율적인 시청각 콘텐츠로, 다양한 사회문화적 배경을 가진 영유아교사들에게 보편적으로 적용될 수 있다.

1) 영화와 인성교육

영화는 시각과 청각을 동시에 지닌 시청각 매체로, 감각적인 움직임을 수반한다. 즉, 영상 언어를 통해 주의 집중시켜 주며 감정을 불러일으키는 데 효과가 있다. 이러한 몰입적 특성으로 학습자들로 하여금 감정이입을 가능하게 해준다(진동섭 · 한은정, 2013).

〈표 12-1〉 인성덕목에 따른 영화와 영화의 줄거리 및 명대사

인성덕목	영화	장르/감독	개봉년도	명화의 시대적 배경 및 관련 내용	
효	 맨발의 기봉이	코미디/권수경	2006	줄거리	기봉이는 팔순의 노모를 극진하게 모시는 효자로 온 동네에 소문이 자자하다. 기봉이의 아침은 엄마를 위해 매일 아침 따뜻한 세숫물을 가져다주는 것으로 시작한다. 엄마를 위해 군불을 땔 나무도 해오고, 빨래도 도맡아 한다. 노환으로 거동이 불편하고 귀가 어두운 엄마 옆에는 항상 기봉이가 따라다닌다. 기봉이는 달리기에서 일등을 하면 이가 없어 마음대로 음식을 먹을 수 없는 엄마에게 틀니를 맞춰 드리리라 결심하며 매일 동네를 달리며 연습에 매진하게 되는데….
				명대사	– 마라톤 해서 1등 해서 엄마 틀… 틀리 사줄꺼여 틀…리… – 기봉이 반만 닮아봐라. 넌 입으로 효도를 하냐?! 기봉이는 가슴으로 해~!! – 내가 왜 널 사랑하는 줄 아냐 그거는 나두 몰러 그냥 미운 정 고운 정 비빈겨. – 영화 첫 장면 타이틀… [모든 사람의 인생은 하나님에 의해 쓰여진 동화와 같다]
정직	 라이어 라이어	코미디 / 톰 새디악	1997	줄거리	플레처 리드는 소송에 이기기 위해서는 모든 수단과 방법을 가리지 않는 악질 변호사이다. 그의 거짓말은 타의 추종을 불허할 정도로 능수능란해서 그의 처와 하나밖에 없는 아들 맥스에게도 이미 신용을 잃은 상태이다. 가족과의 약속을 항상 지키지 못하고 변명만 하던 어느 날, 아들 맥스의 생일 때는 꼭 참석하겠다고 굳게 약속한다. 맥스는 생일파티를 준비해 놓고 기다리지만, 아빠는 끝내 나타나지 않는다. 실망한 맥스는 아빠가 원망스러워 생일 소원을 빌면서 아빠가 하루만이라도 거짓말을 하지 말게 해달라고 기도한다.

인성 덕목	영화	장르/ 감독	개봉 년도	명화의 시대적 배경 및 관련 내용	
정직	라이어 라이어	코미디 / 톰 새디악	1997	줄거리	그런데, 신기하게도 맥스의 소원은 이루어진다. 다음날부터 플레처는 거짓말을 하려고 하지만 자신의 의지와는 상관없이 계속 정직한 말만 튀어나오게 되자 상당한 곤욕을 치른다. 나중에 아들이 그런 소원을 빌었다는 말을 들은 플레처는 맥스에게 그 소원을 취소하고 다른 소원을 빌어달라고 부탁하지만, 그의 바람은 이루어지지 않았다. 하지만 법정에서 진심으로 아이들을 사랑하는 상대편 의뢰인을 보고 아들을 사랑하는 마음이 되살아난다.
				명대사	– 아빠가 하루 동안 거짓말을 못 하게 해주세요. – You know, this truth stuff is pretty cool. – I…can't…lie!! – 몇 년 전 친구 집 지붕에 도둑이 들었어요. 그 도둑은 부엌 천장으로 떨어져 칼에 다쳤죠. 그러자 도둑은 뻔뻔스럽게 친구에게 소송을 걸었고 당신 같은 변호사 덕분에 승소했고 친구는 도둑에게 6천 달러나 줬어요. 그게 정의예요?
존중	 하운드독	드라마 / 데보라 캠프마이어	2007 /미국	줄거리	르웰린은 폭력을 휘두르는 아버지 밑에서 무료한 나날을 보낸다. 근처에 사는 외할머니나 가끔 찾아오는 아빠의 여자 친구도 그녀의 진정한 친구가 되어주지는 못하고, 유일한 낙은 친구와 강에서 수영하거나 엘비스 프레슬리의 노래를 부르는 것이다. 그러다가 르웰린이 사는 작은 시골 마을에 엘비스가 공연을 오게 되고, 표를 구해 준다는 친구의 형 앞에서 엘비스의 노래를 부르게 되는데 비극은 이곳에서 벌어지게 된다.
				명대사	– 죽은 뱀도 항상 조심해야 돼~ 죽은 후에도 반사작용으로 무는 경우가 있어~ – "아빠, 사랑해", "네, 아가씨"(아버지가 뱀에게 물릴 것을 알면서도…) – (마지막 장면) 아빠 사랑해... 하면서 몇 번을 뒤돌아보는 순간에…할머니 뱀독을 치료하시기 위해 술을 가져오고…

<table>
<tr><th>인성덕목</th><th>영화</th><th>장르/감독</th><th>개봉년도</th><th colspan="2">명화의 시대적 배경 및 관련 내용</th></tr>
<tr><td rowspan="2">소통</td><td rowspan="2">노킹온 헤븐스 도어</td><td rowspan="2">코미디, 범죄, 액션 / 토마스 얀</td><td rowspan="2">1997/ 벨기에</td><td>줄거리</td><td>15년 만에 스크린에 재현된 90년대 최고의 명작과 20세기 최고의 음악! 생의 마지막 순간, 천국을 향한 두 남자의 뜨거운 여행!
"바다를 한 번도 못 봤어?", "응, 단 한 번도."
뇌종양 진단을 받은 마틴과 골수암 말기의 루디는 같은 병실에 입원한다. 시한부 판결을 받아 삶이 얼마 남지 않았다는 공통점 외에는 전혀 다른 성격의 두 남자. 단 한 번도 바다를 보지 못한 루디를 위해 마틴은 그와 함께 바다로 향하는 생애 마지막 여행을 시작한다.</td></tr>
<tr><td>명대사</td><td>- 천국에서 주제는 하나야… 바다지…. 노을이 질 때 불덩어리가 바다로 녹아드는 모습은… 정말 장관이지… 유일하게 남아있는 불은 촛불과도 같은 마음속의 불꽃이야…
- 내가 먼저 얘기하지. 두려울 것 하나도 없어.
- 그럼 천국에서 할 말이 없잖아.
- 사물이 눈에 보이는 것보다 가까이 있음(행복은 눈에 보이는 것보다 가까이 있음)</td></tr>
<tr><td rowspan="2">협동</td><td rowspan="2">사관과 신사</td><td rowspan="2">드라마 / 테일러 핵포드</td><td rowspan="2">1982/ 미국</td><td>줄거리</td><td>잭 메이어는 짧은 사랑 후 떠나간 해군 아버지로 인해 자신을 낳자마자 자살한 어머니에 대한 연민을 안고 살아간다. 해군 항공 사관학교에 입학한 그는 그곳에서 남을 늘 감싸고 배려하는 동료 시드 월리와 교관 폴리를 만나 혹독한 훈련 속에서도 인간애를 느끼며 점점 원만한 성격이 되어 간다. 해외에 나가 근사하게 살고 싶어 하는 가난한 여공 리넷의 사소한 거짓말은 월리를 절망에서 자살로 몰고 간다.</td></tr>
<tr><td>명대사</td><td>- 사람은 이 세상에서 혼자야. 이것을 알면 더 이상 상처받을 일 없어.
- 저 갈 곳이 없습니다.… 상사님(리처드 기어) 문제 생도의 퇴출을 다 몰아가는데, 기합을 주는 주임상사에게 눈물로 고백하는 리처드기어의 절규.</td></tr>
</table>

2) 애니메이션과 인성교육

애니메이션은 기법에 따라 종이 애니메이션(paper animation), 인형 애니메이션(puppet animation), 클레이 애니메이션(clay animation), 픽실레이션(pixilation) 같은 다양한 종류가 존재하며, 소재나 다룰 수 있는 내용이 다양하다. 이러한 애니메이션은 시공을 초월한 상상력과 다양한 표현 가능성으로 인해 인성과 관련한 다양한 요소들을 끌어낼 수 있다. 이러한 애니메이션은 독특한 시각과 영상을 통해 몰입을 촉진하고 감정이입에 효과적이며, 문제해결력 증진에 도움이 된다(박미리 · 이경화, 2009). 이에 애니메이션을 교수 매체로써 잘 활용한다면 영유아교사에게 많은 정보를 제공해주고 인성요소를 자연스럽게 내면화시켜 인성교육을 가능하게 한다.

〈표 12-2〉 인성덕목에 따른 애니메이션과 애니메이션의 줄거리 및 명대사

인성 덕목	애니메이션	장르/ 감독	개봉 년도	명화의 시대적 배경 및 관련 내용	
정직	 언어의 정원	애니 메이션/ 신카이 마코토	2013/ 일본	줄거리	사랑보다 훨씬 더 이전의 고독한 사랑의 이야기! 구두 디자이너를 꿈꾸는 고등학생 다카오는 비가 오는 날 오전에는 학교 수업을 빼먹고 도심의 정원으로 구두 스케치를 하러 간다. 어느 날 그는 우연히 유키노라는 여인과 정원에서 만나게 되는데 그 만남이 나중에 그의 인생에 어떤 변화를 가져올지 다카오는 알지 못한다. 그리고 비록 이름도 나이도 알지 못하지만 걷는 법을 잊어버린 그녀를 위해 다카오는 구두를 만들어 주기로 결심한다. 그러나 장마가 끝나갈 무렵 그들 사이에는 뭔가 말하지 못한 것들이 남아 있는 듯하다. 과연 다카오는 그의 감정을 행동이나 말로 옮길 수 있을 것인가?
				명대사	– 천둥소리가 저 멀리서 들려오고, 구름이 끼고 비라도 내리지 않을까 그러면 널 붙잡을 수 있을 텐데. – 그곳에서, 나 네게 구해진 거야! – 언젠가 좀 더 멀리 나아갈 수 있게 된다면 만나러 가자– 실은, 장마가… 끝나지 않기를 바랐어.

인성 덕목	애니메이션	장르/감독	개봉 년도	명화의 시대적 배경 및 관련 내용	
존중	 강아지 똥	애니메이션/권오성	2003	줄거리	시골 돌담길에 홀로 남겨진 어린 강아지 똥은 작은 참새와 조그만 흙덩이마저도 하찮게 보는 여리고 쓸모없는 존재이다. 그나마 말동무라도 되어주던 흙덩이마저 떠나고 추운 겨울을 외롭게 보낸 강아지 똥은 봄이 되어 암탉과 병아리 가족을 만나지만 그들 역시 강아지 똥에게 아무런 쓸모를 발견하지 못하고 강아지 똥을 지나쳐 버린다. 봄비가 내리는 어느 날 자신의 곁에 피어난 민들레를 발견하고, 민들레는 별처럼 고운 꽃을 피우는 존재라는 것을 알고 부러워한다. 하지만 민들레는 자신이 고운 꽃을 피우기 위해서는 강아지 똥의 도움이 필요하다고 말하는데…
				명대사	– 그… 그래 똥이면 어때… 그게 뭐 어때서! – 내가 거름이 돼 줘야 한단다. – 네 몸뚱이를 고스란히 녹여 내 몸속으로 들어와야 해. 그래야만 별처럼 고운 꽃이 핀단다.
배려	 미녀와 야수	애니메이션/크리스토프 갱스	1991	줄거리	18세기 프랑스의 작은 마을, 밝고 아름다운 소녀 벨은 발명가 아버지와 함께 단둘이 살고 있다. 잘난척하기 좋아하고 촌스러운 마을 청년 개스톤은 벨의 미모에 반해 끈질기게 구애를 하지만, 벨은 책 읽기만 즐기며 평범한 시골 생활에서 벗어나기를 꿈꾼다. 그러던 어느 날, 아버지가 흉측한 야수의 성에 갇히게 되는 일이 벌어지고 벨은 아버지를 구하기 위해 아버지 대신 자신이 성에 남기로 한다. 마법에 걸린 야수의 성에서 촛대 루미에, 괘종시계 콕스워즈, 주전자 폿트 부인과 친구가 된 벨. 그녀를 경계하던 야수는 순수하고 아름다운 벨에게 조금씩 마음을 열게 되고, 벨 또한 흉측한 외모에 가려진 야수의 따뜻한 영혼을 발견하게 된다.
				명대사	– 혹시 당신이 나에게 익숙해진다면, 당신이 나를 사랑하게 될 수 있겠소? – 저를 그에게 보내주세요. 저의 유일한 소원, 영원한 소망입니다. – 아니, 전 이미 당신을 사랑하는걸요! – 당신은 과거를 잊고 싶을지 몰라도 난 아니에요.

3) 광고와 인성교육

의사소통을 위해 다양한 전략과 매체를 사용하는 광고는 몰입력과 흡입력을 갖고 있다. 이러한 광고의 속성은 영유아교사의 적극적인 참여와 흥미를 유발하고, 자신의 이전 경험을 놀이나 학습에 통합하여 인성교육의 긍정적인 효과를 기를 수 있다. 광고는 의사소통 기능, 경제적 기능, 마케팅 기능, 교육적 기능, 사회적 기능, 문화적 기능(오인환, 2001) 등 다양한 기능을 지니고 있어 광고는 영유아교사로 하여금 인성교육을 쉽고 편리하게 접근하게 해 준다.

〈표 12-3〉 인성덕목에 따른 광고와 광고의 내용

인성덕목	광고	광고 내용
존중	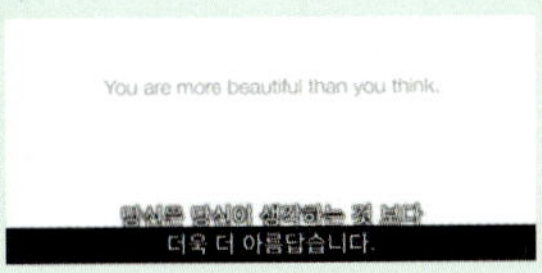 당신은 당신이 생각하는 것보다 아름답습니다.	도브는 지난 2013년 4월 'You're more beautiful than you think(당신은 당신이 생각하는 것보다 훨씬 더 아름답습니다)'라는 영상을 유튜브에 공개했다. 영상 속에는 큰 스튜디오 안에 화가 한 분과 실험자 한 분이 커튼 사이를 두고 앉아 있다. 두 사람은 서로의 얼굴을 볼 수 없다. 실험자는 여러 명이다. 화가는 실험자들에게 자신의 눈, 코, 입 등을 직접 설명하게 하고 화가는 들은 것을 바탕으로 실험자들의 초상화를 그려나간다. 그리고 다시 실험자 한 분 한 분을 불러 다른 실험자들의 눈, 코, 입 등 외모를 설명하라고 하고 초상화를 다시 한번 더 그린다. 다시 한번 설명하지만, 화가는 실험자들의 얼굴을 보지 않는다. 그리고 두 초상화를 비교했을 때 놀라운 결과를 발견한다.
소통	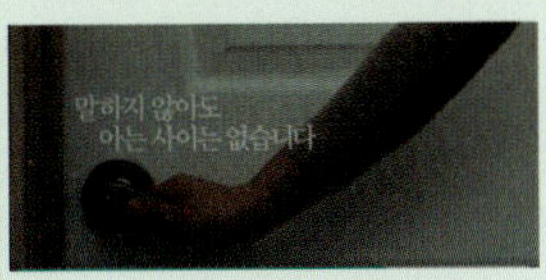 말하지 않아도 아는 사이는 없습니다.	요즘 내가 가보고 싶은 곳은? 아빠요? 글쎄요. 잘 모르겠는데요? 집사람이요? 요즘 아내가 관심 있는 것? 말하지 않아도 아는 사이는 없습니다. 가족일지라도… 오늘 물어보세요. 소통의 시작은 관심입니다.

4) 다큐멘터리와 인성교육

다큐멘터리는 현실과의 유사성이 높아, 영유아교사들이 실제 현실을 판단할 때 그 판단의 기준으로 영상이 제시한 현실을 쉽게 떠올리게 되는 배양 효과를 가진다(Shapiro & Lang, 1991). 따라서 다큐멘터리는 이러한 사실성(verisimilitude)으로 인해 영유아교사들이 현실에 대한 인식을 재구성하게 한다는 점에서 교육적 효과가 상대적으로 크다. 지식 채널 ⓔ는 이야기를 담은 글과 그림, 음악의 관계가 의미 구성에 중요 요소로 작용해 화면에 더 집중하게 만든다. 또한, 주제와 관련된 메시지는 신문 표제와 같은 문장 형식의 문자가 화면에 적절한 시간 간격을 두고 나타나며, 제작 의도를 담은 글은 화면과 함께 독자들에게 설명을 제공해 주어 한 편의 신문기사를 보는 시각 효과를 준다.

다큐멘터리는 이성에 호소하는 측면이 강한데, 이성은 한 개인을 변화시키고 변화된 개인들이 모여 사회를 변화시킬 수 있고, 사실에 대한 객관적인 영상이므로 현실에 대한 정확한 정보를 제공해 현실을 인지하게 한다. 또한 뛰어난 영상미와 웅장한 음향으로 주제에 대한 흥미를 유발하며, 학습 동기를 부여하고 인성교육에 집중하게 한다(최고은, 2009; 한관종, 2006). 이에 다큐멘터리는 영유아교사들이 우리 사회에서 일어나는 내용에 대해 관심을 갖고, 고민하는 기회를 제공할 뿐만 아니라 인성덕목에 대해 깊이 있게 성찰할 기회를 제공한다.

〈표 12-4〉 인성덕목에 따른 다큐멘터리와 다큐멘터리의 내용

인성 덕목	다큐멘터리	장르/ 감독	개봉 년도	다큐멘터리 내용
정직	 선택의 이유	EBS 다큐 프라임/	2014/ 한국	정직한 사람들이 잘 살 수 있는 사회가 만들어져야 한다. 정직한 사람들이 배고프고 빈곤하게 살아가고 청렴하지 못하고 부정부패를 일삼는 사람들이 고위층을 장악하여 잘 사는 사회는 절대 발전할 수가 없다. 잠시동안은 잘 나가는 듯 보여도 결국에는 저러한 모순을 뜯어고치지 않는 이상 퇴보할 수 밖에 없다.
배려	 퍼스널 스페이스	EBS 다큐 프라임/	2015/ 한국	나의 공간만큼 상대의 공간도 존중할수록 완전해지는 배려. 존중할수록 가까워지는 1m 안팎의 이 공간은 사람이 손을 뻗었을 때 상대방에게 닿는 거리이기도 하다. 퍼스널 스페이스인 '최후의 방어선'을 넘지 않도록 배려하고 스파이더맨이 늘 빌딩 꼭대기에서 결심하듯 자신만의 '절대공간'을 찾으라는 조언이 눈에 띈다.
협력	 서칭 포 슈가맨	다큐 멘터리/ 말릭 벤젤룰	2011/ 스웨덴	미국에선 ZERO, 남아공에선 HERO! 팝 역사상 가장 신비로운 가수, '슈가맨의' 놀라운 이야기!. '슈가맨'은 단 두 장의 앨범만 남기고 사라져 버린 신비의 가수! 전설의 '슈가맨'을 둘러싸고 갖가지 소문만 무성한 가운데, 두 명의 열성팬이 진실을 밝히고자 그의 흔적을 찾기 시작한다. 그러나 단서라고는 오직 그의 노래 가사뿐! 기발한 추적 끝에 '슈가맨'에 대한 수수께끼를 풀었다고 생각한 순간, 그들은 상상하지도 못했던 놀라운 사실과 마주하게 된다.

2. 영상매체 기반 영유아교사 인성모형 및 수업 단계

1) 영상매체 기반 인성교육 모형

영상매체 기반 인성교육의 모형은 다음과 같다. 영상매체 기반 인성교육 모형은 영화, 애니메이션, 광고, 다큐멘터리의 영상매체를 활용하여 이야기 나누기, 이야기 만들기, 토론 및 토의, 편지쓰기, 스토리보드 제작 등의 '언어 표상 활동', 몸으로 의사 전달하기, 동작 만들기 등의 '신체 표상 활동', 감상 후 표현하기, 그림 그리기, 조형작품 만들기, 포스터 만들기 등의 '미술 표상 활동', 그리고 영상편지 만들기, 역할극 하기, UCC 제작하기 등의 '통합 표상 활동'으로 진행한다. 영유아교사를 위한 영상매체 기반 인성교육의 모형은 [그림 12-1]과 같고, 인성교육 활동의 예는 〈표 12-5〉와 같다.

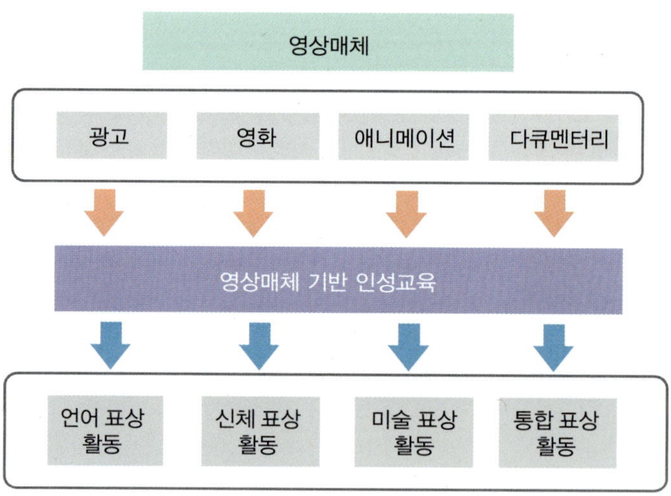

[그림 12-1] 영상매체 기반 인성교육 모형

〈표 12-5〉 영상 기반 인성교육 표상 활동

영상 기반 인성교육 표상 활동		
언어 표상 활동		〈이야기 만들기– 청개구리는 어떻게 되었을까?〉 • '청개구리' 애니메이션을 감상한다. • 애니메이션 속 주인공의 감정을 생각한다. • '효'에 대해 언어로 표상 활동한다.
신체 표상 활동		〈동작 만들기– '새싹 곰돌이' 표현하기〉 • '새싹 곰돌이' 영상을 시청한다. • '새싹 곰돌이'를 어떻게 표현해야 할지에 대해 생각해 본다. • 질서에 대한 책임을 신체로 표상 활동한다.
미술 표상 활동		〈애니메이션 감상 후 표현하기 – '나뭇잎 친구들'〉 • '나뭇잎 친구들' 애니메이션을 감상한다. • '나뭇잎 친구들'을 어떻게 꾸밀지 각자의 생각을 소통하고 구상한다. • '나뭇잎 친구들'을 제작한다.
통합 표상 활동		〈UCC 만들기– '축제의 시간들'〉 • '축제의 시간들'에 대해 서로의 이야기를 나누며 소통한다. • 각자 '축제의 시간들'을 어떻게 표현할지 생각하며 통합 표상 활동한다.

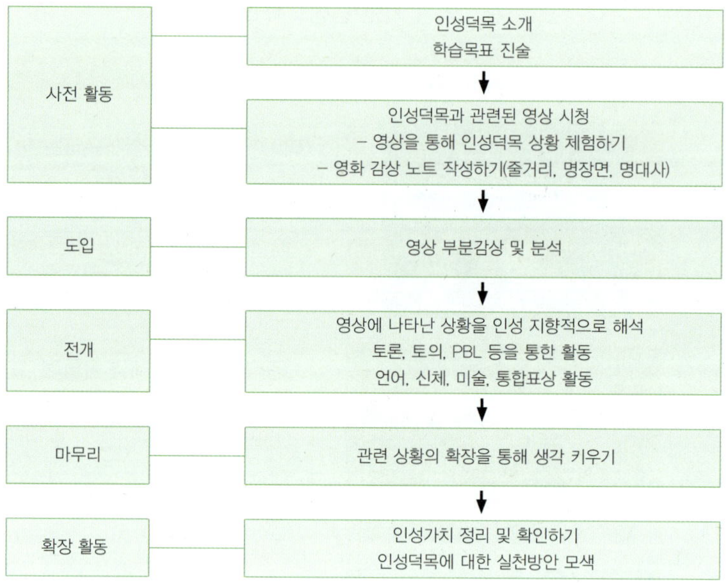

[그림 12-2] 영상매체 기반 인성교육 수업 단계

출처: 박영수(2004), 재인용.

2) 영상매체 기반 인성교육 수업 단계

영상매체 기반 인성교육을 위한 수업단계는 다음과 같다.

- 사전 활동 : 본 활동이 진행되기 전에 영유아교사에게 이번 주에 진행할 인성덕목주제를 소개하고, 학습 목표를 진술한다. 또한, 인성덕목과 관련된 영상을 시청하면서 영상을 통해 해당 인성덕목에 대한 상황을 간접 경험하고 영화 감상 노트에 줄거리, 명장면, 명대사를 작성해 본다.
- 도입 단계 : 영화나 애니메이션과 같이 긴 영상은 관련 영상의 요약 부분을 5~15분 정도 감상하고 영상에 대한 내용을 분석한다.
- 전개 단계 : 영상에 나타난 상황을 인성덕목 주제에 맞게 해석하고 이때, 다양한 인성교육 활동이 활발히 이루어지는 단계로, 영상매체 기반 인성교육을 위한 토론 및 토의, 딜레마 토론, 역할극, 체험 활동, 문제 중심 학습

(PBL) 등의 교수 · 학습방법이 활용된다. 또한, 이러한 과정을 통해 다양한 언어 표상, 신체 표상, 미술 표상 및 통합 표상 활동으로 전개된다.

- **마무리 단계** : 전개 활동에서 산출된 작품이나 활동지에 대해 발표하고 관련 상황을 확장하여 생각을 키운다.
- **확장 활동** : 인성덕목에 대한 가치를 정리하고 확인하며, 활동 후 후속 과제로 인성덕목에 대한 실천방안을 모색하고 적용해 본다.

3) 영상매체 기반 인성교육 요소

(1) 영화 · 애니메이션 기반 인성교육 요소

영화 · 애니메이션 기반 인성교육 활동은 인성덕목에 따라 선정된 영화 또는 애니메이션 영상과 이를 활용한 활동에 인성교육 요소를 적용한다.

〈표 12-6〉 8대 인성덕목에 따른 인성교육 요소와 활동내용

인성덕목	영화/애니메이션		활동명	활동내용
예	[영화] 회초리 (2011)		나는 예절학당 훈장	내가 예절학당 훈장이라면 누구를 대상으로 어떤 예절을 가르칠지 상상하여 예절학당 계획안을 만들어 본다.
효	[영화] 맨발의 기봉이 (2006)		효자, 효녀장	팀을 이루어 기봉이가 보여준 효 행동 목록을 작성하여 보고 내가 부모님께 했던 행동 중에 가장 기억에 남고 뿌듯했던 효도는 무엇인지 생각하여 보고 상장 만들기를 해본다.

인성 덕목	영화/애니메이션		활동명	활동내용
정직	[영화] 라이어 라이어 (1997)		반성합니다.	내가 했던 거짓말들은 무엇이 있었는지 적어보고 스스로 거짓말에 대한 반성문을 적어본다.
책임	[영화] 식객 : 김치전쟁 (2010)		우리 것은 소중한 것이여~	지키기 위해서 책임을 다해야 하듯이 영화처럼 우리나라의 문화 중 알리고 지켜야 하는 것이 무엇인지 조별 토론하여 미국 타임스퀘어에 광고할 30~40분짜리 광고 스토리보드를 만들어 본다. (무한도전– 비빔밥에 스토리보드 예시)
존중	[애니메이션] 강아지 똥 (2003)		타인 소개서	하찮게만 보였던 강아지 똥의 새로운 면을 발견했듯이 주변인들 중에 미처 깨닫지 못했던 그들의 개성과 다양성을 생각해 보고 소개할 수 있는 타인 소개서를 만들어 본다.
배려	[애니메이션] 미녀와 야수 (1991)		마음을 들여다보는 거울	야수가 벨을 위해 했던 배려들을 떠올리며, 누군가를 생각하고 아끼고 배려하고 있는 나 자신을 둘러보고 내 마음과 배려심을 들여다 볼 수 있는 거울을 만들어 본다.
소통	[영화] 사도 (2015)		부모의 입장과 아들의 입장이 되어보아요.	내가 우리 부모님의 입장이라 생각하고 자식(나)에게 보내는 편지를 써본다.
협동	[영화] 위캔 두댓 (2008)		한손, 한손 힘을 합쳐요.	한손을 소매 안으로 넣은 후 오로지 나머지 한손만 사용하여 조원들과 협동하여 카드를 제작한다.

(2) 광고 · 다큐멘터리 기반 인성교육 요소

광고 · 다큐멘터리 기반 인성교육 활동은 인성덕목에 따라 선정된 광고 또는 다큐멘터리 영상과 이를 활용한 활동에 인성교육 요소를 적용한다.

〈표 12-7〉 8대 인성덕목에 따른 인성교육 요소와 활동내용

인성덕목	광고/다큐멘터리	활동명	활동내용
예	[광고] 깨끗한 손	나의 진정한 모습은?	깨끗한 손을 보고 상대방에 대한 '예'에 대해 이야기 나눈 후 UCC 동영상을 만들어 본다.
효	[광고] 치과 광고	부모님의 치아 상태는?	〈치과 광고〉 속에 나오는 내용을 보고 평소 부모님에 대해 무관심했던 자신을 반성해 본 후 감사의 편지와 함께 부모님의 치아, 건강 상태를 확인해 보는 건강검진 체크지를 만들어 본다.
정직	[다큐멘터리] 정직의 이유	부정한 입학이나 취업 제안이 들어올 경우 당신은?	〈정직: 선택의 이유〉 영상을 보고 부정한 입학이나 취업 제안이 들어올 경우 어떻게 할지에 대해 이야기 나눈 후 우리 사회의 부정한 사건에 대해 보도하는 기자가 되어 동영상을 만들어 본다.
책임	[다큐멘터리] 38인의 목격자	감아버린 눈	〈38인의 목격자〉에서 왜 목격자들은 사건을 목격하고도 아무도 경찰에 신고하지 않았는지에 대해 이야기 나눈 후 책임의식의 부족으로 초래하는 결과에 대해 예측해보고 OOO! 도와주세요~ 책임 부여 역할극을 해본다.
존중	[광고] 당신은 당신이 생각하는 것보다 아름답습니다.	법의학 아티스트가 되어볼까요?	항상 남과 비교하고, 자존감을 잃어가는 사람들에게 좋은 메시지를 주는 〈당신은 당신이 생각하는 것보다 아름답습니다(도브 광고)〉를 보고 자신의 장점과 긍정적인 가치를 그림으로 표상해 본다.
배려	[다큐멘터리] 퍼스널 스페이스	사람과 사람 보이지 않는 영역, 완전해지는 배려	〈퍼스널 스페이스〉의 영상을 보고, 타인이 퍼스널 스페이스를 침범했을 때 감정에 대해 이야기 나눈 후 마음의 거리인 퍼스널 스페이스를 좁히기 위한 방법을 찾아보고, 이를 위한 포스터를 만들어 본다.

인성 덕목	광고/ 다큐멘터리	활동명	활동내용
소통	[광고] 말하지 않아도 아는 사이는 없습니다	'누루스름하다'를 외국인에게 이해시키려면?	〈말하지 않아도 아는 사이는 없습니다〉 광고를 보고 소통의 시작은 관심이라는 점과 타인의 관점에 대해 이야기 나눈 후 우리나라에서 여러 가지 언어로 표현되는 '노란색'을 다른 나라 사람들에게 이해시키기 위한 효과적인 교육계획안을 작성해 본다.
협동	[다큐멘터리] 생명도 나눌 수 있다	나눔의 법칙 : 유아 교육기관 봉사 활동	〈생명도 나눌 수 있다〉 영상을 본 후 느낀 점에 대해 이야기 나눈 후 구성원들이 팀으로 할 수 있는 일, 자신의 재능 · 특기를 살려 유아교육 기관에 봉사할 수 있는 활동을 개발해 본다.

3. 영유아교사 인성교육의 실제

인성덕목 - 존중 | 영상매체 - 광고 | 당신은 당신이 생각하는 것보다 아름답습니다

인성 관련요소	핵심 가치 · 덕목								핵심역량		
	예	효	정직	책임	존중	배려	소통	협동	인성 실천지식	의사소통 능력	갈등해결 능력
			○		⊙		○		○	⊙	○

〈당신은 당신이 생각한 것보다 아름답습니다〉 (도브 광고)	몽타주 전문가가 커튼을 사이에 두고 여성의 그림을 그리게 한다. 그리고 두 장의 몽타주를 그리게 한다. 첫 번째 그림은 그 여성이 자신의 외모에 대해서 자세히 설명하는 것을 듣고 그리는 것이고, 두 번째 그림은 다른 사람이 그 여성의 외모에 대해서 설명하는 것을 듣고 그리는 것이다. 두 장의 그림을 비교했을 때 어느 그림이 더 예쁠까? 이 영상에 나오는 모든 여성들이 두 번째 몽타주가 훨씬 더 아름답다는 것을 확인한다. 도브 관계자의 말에 따르면 "실험결과 오직 4%의 여성만이 스스로가 아름답다고 여긴다."고 한다. "대부분의 여성들은 자신의 생각보다 예쁘다."고 말한다. "당신은 당신이 생각하는 것보다 훨씬 더 아름답습니다."라고 자신에게 말해보자.

http://blog.naver.com/ircomms/220038862994

▶ 감상활동

- 광고 〈당신은 당신이 생각하는 것보다 아름답습니다〉를 시청하고 이야기 나눈다.
  - 〈당신은 당신이 생각하는 것보다 아름답습니다〉에 나오는 주제는 무엇인가요?
  - 〈당신은 당신이 생각하는 것보다 아름답습니다〉를 보고 가장 감명 깊었던 장면과 대사는 무엇인가요?
  - 〈당신은 당신이 생각하는 것보다 아름답습니다〉를 보고 난 후 느낀 점에 대해 이야기해 보자.

활동명 : 법의학 아티스트가 되어볼까요?

활동목표	• 본인을 긍정적으로 생각하는 능력과 칭찬방법을 안다. • 자신을 존중하고 사랑하는 법을 경험할 수 있다. • 자신과 타인에 대한 존중감 향상 태도를 기를 수 있다.
활동내용	• 거울을 보며 나의 아름다움과 장점을 찾아본다. – 거울 속에 비치는 나의 모습에 대해 이야기 나눈다. – 평상시 나의 얼굴을 보면서 나를 어떻게 평가하는지 이야기 나눈다. – 왜 그렇게 나를 평가하는지 이유를 말한다. – 거울 속에 비친 나의 모습 중에 어떤 부분이 아름답고 자랑하고 싶은지 이야기 나눈다. • 나의 얼굴을 보며 칭찬하고 싶은 목록을 10가지 작성해 본다. – 얼굴의 어떤 부분을 칭찬하고 싶은지 소개한다. – 왜 그 부분을 칭찬하고 싶은지 이야기한다. • 내가 도브의 광고처럼 법의학 아티스트가 되어 몽타주를 그려본다. – 거울을 보면서 나의 얼굴을 상세하게 그려본다. – 내가 그린 얼굴은 어떻게 보이는지 표현한다. – 아름다움의 점수를 준다면 얼마를 주고 싶은지 이야기 나눈다. – 자신의 장점과 긍정적인 가치를 담아 아름답게 그려본다. – 첫 번째 그림보다 아름다움의 점수를 준다면 얼마나 주고 싶은지 이야기 한다. – 첫 번째 그림과 두 번째 그림을 비교하며 느낀 점을 생각해 본다. • 내가 그린 몽타주를 친구들에게 소개한다. – 서로의 몽타주를 보고 또 다른 장점과 아름다운 부분을 이야기해준다. – 친구들의 이야기를 듣고 미처 표현하지 못한 아름다움을 수정해 본다. – 자신의 몽타주에 아름다운 별명을 지어 준다.

이름 :		날짜 :

법의학 아티스트가 되어볼까요?

▶ 나의 얼굴을 보며 칭찬하고 싶은 부분 10가지를 적어보세요.

▶ 거울을 보며 사실적으로 나의 몽타주를 그려 보세요. 아름다움의 점수를 몇 점 주고 싶나요?

이름 :		날짜 :

법의학 아티스트가 되어볼까요?

▶ 거울 보고 그린 첫 번째 그림에 나의 아름다움과 장점을 살려 몽타주를 그려보세요

▶ 두 번째 몽타주에 아름다움의 점수는 얼마인가요? 첫 번째 몽타주와 다른 점은 무엇인가요?

인성덕목 - 배려 | 영상매체 - 다큐멘터리 | 퍼스널 스페이스

인성 관련요소	핵심 가치 · 덕목								핵심역량		
	예	효	정직	책임	존중	배려	소통	협동	인성 실천지식	의사소통 능력	갈등해결 능력
	○				○	⊙				⊙	○

〈퍼스널 스페이스〉 지식채널e (2015)	지하철에서 다리를 벌린 '쩍벌남'을 만나면 불쾌감이 든다. 보기 흉해서, 옆 사람을 불편하게 만들어서이기도 하지만 '퍼스널 스페이스'를 침범하기 때문이라고 한다. '퍼스널 스페이스'란 자신과 외부 세계를 구분하는 경계, 타인으로부터 침해받고 싶지 않은 개인적 공간을 말한다. 매너 있는 사람과 아닌 사람을 나누는 가장 큰 기준, 나의 공간만큼 상대의 공간도 존중할수록 완전해지는 배려. 존중할수록 가까워지는 1m 안팎의 이 공간은 사람이 손을 뻗었을 때 상대방에게 닿는 거리이기도 하다. 퍼스널 스페이스인 '최후의 방어선'을 넘지 않도록 배려하고, 스파이더맨이 늘 빌딩 꼭대기에서 결심을 하듯 자신만의 '절대공간'을 찾으라는 조언이 눈에 띈다.

http://blog.naver.com/chiwoosky/220181085628

▶ 감상활동

- 다큐멘터리 〈퍼스널 스페이스〉를 시청하고 이야기 나눈다.
  - 〈퍼스널 스페이스〉에서 다루고 있는 주제는 무엇인가?
  - 〈퍼스널 스페이스〉를 보고 가장 감명 깊었던 장면과 대사는 무엇인가?
  - 〈퍼스널 스페이스〉를 보고 난 후 느낀 점에 대해 이야기해 보자.

활동명 : 사람과 사람 간의 보이지 않는 영역? 완전해지는 배려

활동목표	• 타인이 자신의 퍼스널 스페이스를 침범했을 때의 감정을 이야기해 봄으로써 타인에 대한 배려의 중요성을 안다. • 퍼스널 스페이스를 좁히기 위한 방법을 찾아봄으로써 의사소통능력과 갈등 해결능력을 기를 수 있다. • 퍼스널 스페이스를 좁히기 위한 포스터를 만들어 게시하는 활동을 통해 배려를 실천할 수 있다.
활동내용	• 다큐멘터리 〈퍼스널 스페이스〉를 시청하고 이야기 나눈다. – 서로 간에 마음의 거리인 퍼스널 스페이스를 침범했을 때 어떤 감정이 드는지 이야기 나눈다. – 자신은 타인의 퍼스널 스페이스를 침범한 적은 없는지 생각해 본다. – 〈퍼스널 스페이스〉를 보고 가장 감명 깊었던 장면과 대사에 대해 이야기 나눈다. • 〈퍼스널 스페이스〉를 좁히기 위한 방법을 찾아 본다. – 주변에 퍼스널 스페이스를 좁히고 싶은 사람들에 대해 소개해 본다. – 주변에 퍼스널 스페이스를 좁히고 싶지 않은 사람들에 대해 소개해 본다. • 〈퍼스널 스페이스〉에 대해 이야기 나눈다. – 서로 간에 마음의 거리인 퍼스널 스페이스를 침범했을 때 어떤 감정이 드는지 이야기 나눈다. – 자신은 타인의 퍼스널 스페이스를 침범한 적은 없는지 생각해 본다. • 〈퍼스널 스페이스〉의 거리를 좁히기 위한 포스터를 만들어 본다. – 마음의 거리인 퍼스널 스페이스를 좁히기 위한 메시지를 담은 포스터를 만들어 본다. – 자신이 만든 퍼스널 스페이스 포스터를 친구들에게 소개한다. – 퍼스널 스페이스가 좁혀짐으로써 생겨나는 '완전해지는 배려'에 대해 느낀 점을 이야기 나눈다.

이름 :		날짜 :

나의 퍼스널 스페이스를 침범하면?

▶ 다른 사람이 나의 퍼스널 스페이스를 침범하면 어떤 기분이 드는지 그림으로 표현해 보세요.

이름 :		날짜 :

마음의 거리를 좁힐 수 있다면?

▶ 타인과의 관계에서 퍼스널 스페이스를 좁히기 위한 메시지를 담은 포스터를 만들어 보세요.

CHAPTER 13

영유아교사 인성평가 및 인성교육의 실천

1. 영유아교사의 인성평가

지피지기(知彼知己)면 백전백승(百戰百勝)은 '상대를 알고 나를 알면 백번을 싸워도 백 번을 이긴다.' 라는 말로, 어떤 일을 해내기 위해서는 상대와 자신을 알고 이해하는 것이 우선되어야 한다는 뜻이다. 자신의 현재 상태에 대한 진단뿐만 아니라 일의 실천과 결과에 대한 평가가 함께 이루어져야 한다. 영유아교사 인성교육이 보다 활성화되고 교육적 실천과 노력의 질이 개선되기 위해서는 과학적이고 체계적인 평가를 통한 피드백을 지속적으로 강화해 나가야 한다.

1) 인성평가

인성은 사전적 의미로 '사람의 성품, 개인이 가지고 있는 사고와 태도, 행동 특성'으로 정의한다. 성격과 같은 고유 행동특성을 나타내기도 하지만, 도덕성, 창의성, 사회변화, 직무에 다르게 요구되는 특성 등이 포함된 광범위한 개념으로 인성의 개념이 심리학, 성격, 기질, 성향 등으로 혼용되면서 심리검사 도구들을 통해 나온 결과를 인성으로 해석하는 경우가 많다(김정희, 2014).

이주희(2011)는 인성을 인간의 보편적인 본성으로 각 개인의 특성과 사람 됨됨이를 말하며 선천적, 후천적 요인에 의해 형성된다고 보았으며, 김혜경(2012)은 인성을 직업과 관련한 적성에 포함시켰다. 기존 연구에서 '인 · 적성'이라는 용어로 인성과 적성을 하나의 의미로 보는 경우가 대부분이었다.

최근 기업에서도 인재 선발 과정으로 인성검사를 활용하고 있으며 학생을 가르치는 교직(教職, teaching profession) 역시 인성이 중요시되는 전문적인 직업이다. 특히 국가가 요구하는 인재를 양성하는 교원 선발 과정에서는 인간을 대상으로 직무를 수행해야 하므로 인성에 대한 평가가 이루어지고 있다. 일부 학자들은 교사의 인성에 대한 평가는 형식적인 절차일 뿐, 직접적으로 평가하지 못한다는 점을 지적하고 있다. 또한, 인성이 무엇인지에 대한 합의된 개념이 아직 부족하고, 인성을 구성하는 하위요인이 학자마다 다양하기 때문에 한 개인의 인성을 객관적으로 측정하기에 여러 가지 제한점과 어려움이 있을 수밖에 없다.

2) 영유아교사 인성평가의 필요성

지금까지 영유아교사를 양성하는 교육과정은 주로 지식과 기능을 중심으로 핵심적인 교수 행동만을 평가하거나 영유아교사가 되기 위한 효과적인 교수 · 학습방법 등의 기능에만 초점을 두고 있는 실정이어서 영유아교사의 인성에 대한 평가는 상대적으로 소홀히 진행되어 왔다(서미옥, 2007; 이경민, 2010; 최종욱, 2009). 즉, 영유아교육 현장에서는 영유아교사들의 경험적 기초 부족, 인성교육에 대한 신념과 태도, 교수전략 부족, 충분한 학습기회 부족 등으로 효과적인 영유아 인성교육을 제대로 실행하지 못하는 실정이다(계영애 · 강정원, 2001). 또한 영유아교사는 인성 문제가 사회적인 이슈로 지적될 때마다 영유아교육의 공교육화에 대한 재고가 논의되고 있다(김희태 · 조주연, 2005).

이렇듯, 영유아교사 양성기관이나 영유아교육기관에서 영유아교사 인성교육의 중요성을 인식하고 강조하고 있지만, 현실적으로 영유아교사의 인성이 자격을 부여하는 기준이 되고 있지는 않다(이경민, 2010).

최근 들어 영유아 교육계에서는 인성에 대한 변화와 법 제정이 이루어지고 있다. 2015년 7월에 제정된 인성교육진흥법은 국가와 지방자치단체, 학교에 인성교육 의무를 부여하였다(법제처, 2015). 어린이집 교사 자격을 취득하기 위해서는 인성 교과목을 필수로 이수해야 하고, 유치원 교사 자격을 취득하기 위해서는 교직적성 및 인성검사를 2회 이상 실시하여 적격 판정을 받아야 한다(김은영 · 박창현 · 김혜진 외, 2018). 따라서, 인성교육에 앞서 영유아교사에 대한 평가부터 선행되어야 하며, 정확한 인성평가에 기초한 교육이 이루어져야 한다.

3) 교직 적성 · 인성 검사

영유아교사를 양성하는 대학의 학과는 일반 학과와는 달리 확고한 교육자적인 인격과 자질을 갖추고, 교직전문성과 전인적 인격을 지닌 교육자를 양성할 책무성을 갖는다. 이를 위해 대학은 영유아교사 양성 프로그램과 교육활동을 지속적으로 개선해야 하고, 신입생 선발과정과 영유아교사 양성과정에서 예비영유아교사들의 교직 적성 · 인성에 대한 평가를 실시하며, 이를 통해 영유아교사로서의 자질과 품성을 평가하는 활동을 수행해야 한다(조주연 외, 2004).

교직 적성을 적성과 인성이라는 개념으로 나눌 때, 교직 적성은 주로 교직에 관련된 인지적 영역, 즉 지적 능력과 기술을 의미하고, 교직 인성은 교직과 관련이 있는 정의적 영역 중 교육관, 교직관, 가치관 및 신념 등을 의미한다(조주연 외, 2004; 최희선 외, 2000; 황정규, 1990).

교직 적성 · 인성 검사에서 다루는 영역 중 특히, 인성이나 기본 능력은 교사 희망자들의 교직 적성 측정에 그대로 포함시킬 수 있다는 가정하에 전문적인 교사가 갖추어야 할 적성의 구성요소는 다음과 같다.

전문적인 교사가 갖추어야 할 적성의 구성요소	
능력	창의력, 언어능력, 판단력을 포함하는 전문적이고 유능한 교사가 갖추어야 할 지식 영역을 교과 내용의 지식, 교수원리에 관한 지식, 학습자 특성 파악능력, 교육목표 인식력 등으로 구체화할 수 있다.
태도	개방성과 확고한 교직관 및 신념이 포함되어야 한다.
흥미	다양성, 학습자에 대한 긍정적 관심, 새로운 사실과 정보에 대한 관심과 도전정신과 연구하는 자세가 있어야 한다.
성격	사려성, 정서적 안정감, 지도성, 객관성, 협동성, 정의감, 예의범절 및 윤리성, 관용성, 명랑성, 자신감, 안정감, 자주성, 진취성, 건전한(합리적) 비판성 등을 갖추어야 한다.

출처: 김정환 외(2013), 재인용.

김정환 외(교육과학기술부, 2013)에서 개발한 교직 적성 · 인성 검사 도구에서 교직 적성 · 인성을 구성하는 하위요소는 문제해결력, 판단력, 독립성 · 자주성, 창의 · 응용력, 심리적 안정성(우울 경향, 불안 경향, 편집 경향, 내폐 경향, 신경 경향), 언어 · 의사소통능력, 지도성 · 사회성, 공감 · 포용력, 지식 · 정보능력, 봉사 · 희생 · 협동정신, 계획성, 성실 · 책임감, 소명감 · 교직관, 열정으로 총 14개가 있다.

교직 적성 · 인성 검사는 2013년도부터 모든 교원양성기관에서는 재학기간 중에 1~2회 이상 「교직 적성 · 인성검사」를 실시하도록 의무화하고, 교원양성 대학의 입학생, 재학생 모두가 대상으로 학교별 대학의 장이 평가 방법 · 시기를 결정하여 실시하도록 하였다(교원자격검정령 제2조).

4) 인성평가 도구

(1) KEDI 인성검사

KEDI 인성검사는 인성을 객관적으로 측정할 수 있는 검사도구의 필요성에 의해 개발되었다. 인간의 심리적 구성개념을 측정하는 지능검사나 적성검사가 한 개인의 지능과 적성을 정확하게 드러내 주지 못하는 것과 마찬가지로 인성검사 또한 그러한 한계를 내포하고 있다.

KEDI 인성검사는 인성의 개념을 통합적이고 포괄적인 관점에서 살펴보았고, 인성을 구성하는 하위요인 선정의 객관성, 타당성을 확보하기 위해 문헌고찰 이외 델파이(Delphi) 조사, 교사 서면 면담, 전문가협의회 등 다양한 연구방법을 사용하였다. 문항 진술 방식은 각 인성 하위요인별 개인의 지식, 신념, 태도를 측정하기보다 '각 인성덕목에서 실제 개인의 행동이 표출되는가, 인성적 행동은 나의 본연의 모습을 얼마나 잘 나타내는가'에 초점을 맞추었다. 초등학교 5학년~고등학생까지 사용할 수 있는 초 · 중 · 고 공용검사로 개발하여 학급이 올라갈수록 인성 수준이 어떻게 변화하는가를 알 수 있도록 되어있다(현주 외. 2014).

KEDI 인성검사는 10개의 인성 덕목(하위요인)을 포함하는 총 70개 문항으로 구성되어 있다. 10개 하위요인은 자기존중, 성실, 배려 · 소통, (사회적)책임, 예의, 자기조절, 정직 · 용기, 지혜, 정의, 시민성이다.

〈표 13-1〉 'KEDI 인성검사'의 하위영역 및 문항 수

하위영역	요인	문항 수
자기존중	자기존중, 자기효능	7
성실	인내(끈기), 근면성	8
배려 · 소통	타인이해 및 공감, 친절성, 대인관계 및 의사소통	10
(사회적)책임	책임성, 협동심, 규칙이행	6
예의	효도, 공경	7
자기조절	자기통제(감정, 충동, 행동), 신중성	6
정직 · 용기	정직성, 솔직성, 용감성	7
지혜	개방성, 판단 및 의사결정능력, 안목	6
정의	공정, 공평, 인권존중	5
시민성	애국심, 타문화이해, 세계시민의식	8
전 체		70

검사소요 시간은 10~20분으로 자신이 해당된다고 생각하는 정도에 따라 '전혀 그렇지 않다' 1점, '매우 그렇다' 5점 척도로 구성되어 있다. 인성검사는 정답, 오답이 없기 때문에 가능하면 문장을 읽고, 가장 먼저 떠오르는 생각 그대로 빠르게 답하도록 하되, 한 문항에 2개 이상 답을 표기하거나 무응답하지 않도록 주의한다.

(2) 예비교사 교직 인성 평가

서경혜 외(2013)가 개발한 '예비교사 교직 인성 평가도구'는 예비교사 대상으로 다양한 지역에 위치한 15개 대학의 1,665명 예비교사를 대상으로 타당화 과정을 거친 도구이다. '예비교사 교직 인성 평가 도구'는 인성 및 인성교육에 관한 문헌 고찰, 예비교사 인성 계발 교육의 실제 사례에 대한 분석을 토대로 교직 인성의 개념, 구성요소를 추출한 후 교직 인성의 구성요소를 바탕으로 제작하였다.

예비교사들의 교직 인성을 진단하기 위해 개발된 평가도구로 통합적 접근은 교직 인성의 하위 영역을 내적(8문항), 사회적(9문항), 공동체적 인성(9문항)의 통합체로 정의하고, 교직 인성의 요인은 자기조절, 반성적 실천, 지속적 배움, 존중, 의사소통, 협력, 윤리의식, 정의감, 책임감으로 구성된다. 총 26문항으로 자신이 해당된다고 생각하는 정도에 따라 '전혀 그렇지 않다' 1점, '매우 그렇다' 5점 척도로 구성되어 있다.

〈표 13-2〉 '예비교사 교직 인성 평가'의 하위영역 및 문항 수

하위영역	요인	문항 수
내적 인성	자기조절	2
	반성적 실천	3
	지속적 배움	3
사회적 인성	존중	3
	의사소통	3
	협력	3
공동체적 인성	윤리의식	3
	정의감	3
	책임감	3
전체		26

출처: 서경혜 외(2013), 재인용.

유명무실한 예비교사 인적성검사, 올 해 부적격자 0.6% 그쳐

"예비교원 단계에서 부적격자를 가려내지 않으니 성범죄를 비롯한 각종 부도덕한 행위들이 교육현장에서 계속 발생되기에, 심층 면접 강화를 통해 교사로서의 인성과 자질을 충분히 파악해야 한다. 국회 교육문화체육관광위원회 소속 더불어민주당 김병욱 의원(경기도 성남시 분당을)이 교육부로부터 제출받은 교직적성 및 인성검사 부적격자 현황에 따르면 2017년 187개 대학 3만 8천 204명 중 부적격으로 걸러진 예비교원은 259명(0.6%)에 그친 것으로 나타났다.

교직적성 및 인성검사는 교대 및 사범대 등 교직을 이수하는 학교에서 부적격 교원을 가려내는 목적으로 시행하는 시험으로 2013년부터 모든 교원양성기관에서 이를 의무화했다.

2014년		2015년		2016년		2017	
응시자	부적격	응시자	부적격	응시자	부적격	응시자	부적격
5만 124명	885명 (1.77)	6만 3천 97명	559명 (0.88%)	5만 9천771명	435명 (0.72%)	3만 8천204명	259명 (0.6%)

출처: 타임즈코리아(2017.10.23.)

(3) 예비교사 교직 인성 자기점검도구

김경령 · 서은희(2014)가 개발한 '예비교사의 교직인성 자기점검도구'는 예비교사들이 보편적 인성과 함께 교직이라는 특수한 직업을 수행하는 데 필요한 인성을 갖추었는지에 대해 스스로 확인해 볼 수 있는 자기점검도구를 개발하고 타당화 하는 데 목적을 두었다.

보편적 인성요소에 관한 문헌과 교직 인성에 대한 선행연구를 고찰하여 보편적 인성요소, 교직 특수 인성요소를 추출하여 개발하였다. 보편적 인성은 자기조절, 사회성, 도덕성이며 교직인성은 소명의식, 학생에 대한 열정, 교육적 신념이다.

〈표 13-3〉 '예비교사 교직 인성 자기점검도구'의 하위영역 및 문항 수

하위영역	요인	문항 수
보편적 인성	자기조절	3
	사회성	3
	도덕성	8
교직인성	소명의식	6
	영유아에 대한 열정	8
	교육적 신념	4
전체		32

출처: 김경령·서은희(2014), 재인용.

(4) 유아교사의 인성에 관한 검사

전재선(2010)이 개발한 '유아교사 인성 자기평가도구'는 인성 및 유아교사 인성과 관련된 국내·외 문헌 고찰을 통하여 영유아교사 인성의 범주와 요인을 추출하였다. 예비유아교사가 스스로 자신의 인성을 평가할 수 있는 척도를 개발하고, 활용하여 교사의 다양한 변인에 따른 인성적 특성을 파악하는 데 목적이 있다.

이를 바탕으로 교사 스스로가 자신이 갖춘 인성의 강점을 이해하고 개발해 나갈 수 있는 기회를 제공함과 동시에 기관 자체 내, 교사교육 담당 부서에서 현직 유아교사를 위한 인성교육 프로그램이나 인성 관련 체계적인 직무 연수 개발 등의 정보를 제공하기 위하여 개발하였다. '유아교사 인성 자기평가도구'는 5개 범주(인간애, 긍정적 자아 개념, 사회관계, 직무수행, 창의·인성), 11개의 요인(이타심, 용서, 자기개발, 주도적 자아성취, 자기조절, 의사소통, 공감적 이해, 직무수행태도, 유머, 위트, 사회문제인식, 창의적 성향) 80개 문항으로 구성되어 있다.

자신이 해당된다고 생각하는 정도에 따라 '전혀 그렇지 않다' 1점, '매우 그렇다' 5점 척도로 구성되어 있다.

〈표 13-4〉 '유아교사 인성 자기평가도구'의 하위영역 및 문항 수

하위영역	요인	문항 수
인간애	이타심, 용서	10
긍정적 자아개념	자기개발, 주도적 자아성취	13
사회관계	자기조절, 의사소통, 공감적 이해	20
직무수행	직무수행태도	13
창의 · 인성	유머 · 위트, 사회문제인식, 창의적 성향	24
전 체		80

출처: 전재선(2010), 재인용.

〈표 13-5〉 '유아교사 인성 자기평가도구' 설문지

범주	요인		전혀 그렇지 않다	그렇지 않다	보통 이다	그렇다	매우 그렇다
인간애	이타심	1. 할 수 있는 한 봉사활동에 참여한다.	1	2	3	4	5
		2. 어려운 사람을 도울 수 있는 다양한 방법을 찾는다.					
		3. 기회가 주어진다면 해외봉사활동을 하고 싶다.					
		4. 길에서 어려운 사람을 보면 주저 없이 도움을 준다.					
		5. 나만의 특기나 전공을 살려 사회봉사활동에 참여 한다.					
		6. 조금 손해 보더라도 남의 일을 돕는 편이다.					
	용서	7. 다른 사람이 상처를 주거나 피해를 입힌 경우에 사과하면 잘 수용한다.					
		8. 다른 사람과의 다툼에서 먼저 사과한다.					
		9. 다른 사람의 잘못에 너그럽다.					
		10. 다른 사람이 잘못한 경우에도 문제를 빨리 해결하고 긍정적인 분위기로 전환한다.					
긍정적 자아개념	자기개발	11. 자신의 일에 열정을 가지고 있는 사람은 언젠가 존경받을 수 있다고 믿는다.					
		12. 자신의 강점을 잘 알고 개발하려고 노력한다.					
		13. 자신의 단점을 잘 알고 보완하려고 노력한다.					
		14. 다양한 학문적 관점으로 영유아교육을 이해하려고 노력한다.					

범주	요인		전혀 그렇지 않다	그렇지 않다	보통 이다	그렇다	매우 그렇다
긍정적 자아개념	주도적 자아성취	15. 영유아교사로서 뚜렷한 목표가 있다.					
		16. 힘이 들어도 쉽게 포기하지 않는다.					
		17. 목표를 반드시 이루어 내기 위해 다양한 방법을 찾는다.					
		18. 어떤 일에 실패하게 되면 그 원인을 꼼꼼히 생각해서 다시 도전한다.					
		19. 좋은 영유아교사로 인정받고 싶다.					
		20. 일단 주어진 일에 대해서는 적극적으로 임한다.					
		21. 해야 할 일을 스스로 찾아서 한다.					
		22. 궂은 일도 자청해서 수행한다.					
		23. 창의적인 아이디어로 새로운 일을 계획한다.					
	자기조절	24. 때와 장소에 맞게 감정을 표현한다.					
		25. 감정 조절을 잘한다.					
		26. 행동 조절을 잘한다					
		27. 시간을 계획성 있게 쓰기 위해 메모나 알람을 이용한다.					
		28. 항상 영유아교사다운 용모를 유지하려고 노력한다.					
		29. 건강한 몸을 유지하기 위해 노력한다.					
		30. 정서적 안정을 유지하기 위한 나만의 방법이 있다.					
사회관계	의사소통	31. 다른 사람의 요구에 친절하게 응한다.					
		32. 주변 사람들에게 호의를 베푸는 것이 즐겁다.					
		33. 아무리 친한 사람이라도 기본예절을 지킨다.					
		34. 다른 사람에게 필요한 것을 잘 알아챈다.					
		35. 다른 사람의 말을 주의 깊게 경청한다.					
		36. 생각이나 의견을 조리 있게 전달한다.					
		37. 다른 사람과 의견이 다를 때 적절하게 타협한다.					
		38. 부정적 표현보다 긍정적 표현을 더 자주 사용한다.					
		39. 영유아들에게 다양한 의사소통(언어적/비언어적)을 활용한다.					
	공감적 이해	40. 다른 사람의 기분이나 느낌을 잘 파악한다.					
		41. 다른 사람의 이야기에 잘 공감한다.					
		42. 다른 사람들이 편안하게 이야기할 수 있는 분위기를 맞춘다.					
		43. 다른 사람의 생각이나 행동의 이유를 분석하는 것을 잘한다.					

범주	요인		전혀 그렇지 않다	그렇지 않다	보통이다	그렇다	매우 그렇다
직무수행	직무수행태도	44. 주어진 역할에 충실하다.					
		45. 일과가 시작되기 전에 오늘의 활동을 점검한다.					
		46. 수업 자료를 미리미리 준비한다.					
		47. 지각이나 결근을 절대 하지 않는다.					
		48. 교육일지를 미루다 작성한다.*					
		49. 주어진 일은 반드시 마무리한다.					
		50. 어떠한 역할에도 최선을 다한다.					
		51. 나의 일은 영유아들의 삶에 중요한 영향을 미친다고 생각한다.					
		52. 뚜렷한 교육관과 신념을 가지고 있다.					
		53. 다른 사람과 한 약속은 반드시 지킨다.					
		54. 항상 말과 행동이 일치한다.					
		55. 다른 사람의 의견에 생각을 쉽게 바꾸지 않는다.					
		56. 다른 사람들이 나에게 고민을 잘 털어놓고 조언을 구한다.					
창의·인성	유머·위트	57. 유머 감각이 있다는 말을 듣는다.					
		58. 어색한 분위기를 완화시킬 수 있는 이야기를 잘한다.					
		59. 재미없는 이야기도 재미있게 한다는 말을 듣는다.					
		60. 사람들을 웃게 하는 나만의 독특한 유머가 있다.					
		61. 이야기의 결말을 유머러스하게 재구성하는 것을 좋아한다.					
		62. 단체생활을 즐긴다.					
		63. 어떤 구성원들과도 조화롭게 지낸다.					
		64. 소속된 집단 구성원들의 긍정적인 면을 잘 찾는다.					
		65. 소속된 집단의 팀워크를 위해 다양한 방법으로 분위기를 만든다.					
	사회문제인식	66. 지구환경문제에 관심이 있다.					
		67. 환경을 보호할 수 있는 다양한 방법을 생각하고 실천한다.					
		68. 지구촌 문제(기아, 재난, 전쟁, 인권 등)에 관심을 갖고 있다					
		69. 지구촌 문제(기아, 재난, 전쟁, 인권 등)를 수업 주제로 연계하고 있다.					

범주	요인		전혀 그렇지 않다	그렇지 않다	보통이다	그렇다	매우 그렇다
창의·인성	창의적 성향	70. 여러 가지 관점에서 문제를 검토한다.					
		71. 기발한 아이디어를 많이 생각하고 제안한다.					
		72. 다양한 교수방법을 활용한다.					
		73. 생각이 달라도 기꺼이 수용한다.					
		74. 여러 사람의 의견을 종합하여 결론을 이끌어 낸다.					
		75. 다양한 인종과 문화에 관심이 있다.					
		76. 유아교사는 여자에게 더 적합하다.*					
		77. 특정종교행사는 교육내용으로 적절하지 않다.					
		78. 자연변화에 민감하다.					
		79. 문화·예술적 표현에 쉽게 감동한다.					
		80. 오감의 능력이 뛰어나다.					

출처: 전재선(2010), 재인용.

(5) 영유아교사 인성교육 프로그램

영유아교사의 인성진단 결과에 따라 유형별·특징별로 지원할 수 있게 인성교육 프로그램을 개발되었으며(보건복지부·육아정책연구소, 2016) 영유아교사를 위한 자존감(8시간), 소명감(8시간), 정서 인식 및 활용(8시간), 대인관계(8시간) 등 4개 영역별 구성원리와 마음의 힐링, 직무능력 향상, 역량 강화 등 3개의 교육과정으로 인성교육 프로그램을 구성한다. 인성교육 전문가가 영역별로 참여하여 수준 높고 독창적인 인성교육 프로그램을 제시하고 프로그램은 연구진들과 각 해당 분야의 전문가와의 협력을 통해 영유아교사의 요구와 직무향상에 적합하고 수준 높은 교육과정으로 구성되었다. 힐링, 의사소통, 심리상담 등 각 분야 전문가들이 다양한 인성교육 프로그램 개발에 참여하였다.

〈표 13-6〉 영유아교사 인성프로그램

영역	분야	주제/"제목"	시수
자존감	마음의 힐링	감정 코칭과 자긍심 "영유아교사의 행복 씨앗 심기"	4
	직무 능력 향상	영유아 상호작용 "눈썹에 맞추오이다"	2
	역량 강화	영유아교사의 자아존중감 "나다운 나, 세상을 아름답게 하다"	2
소명감	마음의 힐링	브레인 힐링 "힐링 시크릿, 뇌로 풀어가요"	3
	직무 능력 향상	갈등의 예방과 관리 "소명감 충전으로 갈등을 극복하자"	2
	역량 강화	영유아교사의 윤리 및 책무성 "영유아교사로 산다는 것"	3
정서 인식 및 활용	마음의 힐링	감정 관리의 기술 "행복한 교사, 행복한 생활"	4
	직무 능력 향상	문제행동 영유아에 대한 이해 및 대처 "Me Time! We Time"	2
	역량 강화	정서 · 행동 조절 "나를 행복하게 만드는 생각"	2
대인 관계	마음의 힐링	타인 배려와 공감 능력 증진 "드라마를 통해 공감해요!"	3
	직무 능력 향상	자기 이해에 기초한 학부모와의 효과적인 의사소통 "이해 Up! 관계 Up! 소통 Up!"	3
	역량 강화	소통능력 함양 "소통능력과 마음 근력"	2

출처: 보건복지부 · 육아정책연구소(2016).

영유아교사 인성프로그램		

마음의 힐링 “영유아교사의 행복 씨앗 심기”	직무능력향상 “이해 Up! 관계 Up! 소통 Up!”	역량강화 “영유아교사로 산다는 것”

2. 영유아교사 인성교육의 실천

과거의 가정에서 중시된 인성교육의 역할이 현재 영유아교사에게 많이 요구되면서 영유아교사가 갖추어야 할 자질 중에서 인성 특성을 강조한다. 특히 영유아교사가 우수한 지식과 기술을 갖추고 있다 하더라도 긍정적인 태도나 성향이 부족하면 교사의 실행은 달라지기 때문에 교사의 인성 특성은 중시된다. 특히 영유아는 영유아교사와의 사회적 상호작용의 경험으로 인성 형성에 큰 영향을 받으므로 영유아교사의 인성교육 실천에 대한 교육신념 및 태도 개선과 실천적인 인성교육 방향 모색이 부각되고 있는 실정이다. 이에 영유아의 건강하고 행복한 삶과 인성발달을 지원하는 영유아교사의 인성 특성이나 자질은 지속적인 검토가 필요하다.

영유아교사는 영유아의 발달 특성에 따른 통합적인 인성교육 프로그램을 운영함으로써 영유아와 교사가 함께 성장할 수 있는 가치 있는 인성교육을 실천해야 한다. 즉 영유아교사는 영유아로 하여금 새로운 일을 계획하고 시도하면서 서로 존중하여 협력하는 단계를 격려해야 하며, 일련의 과정을 통해 인내심, 자기 존중감 등을 키워나갈 수 있도록 지원해 주어야 한다. 또한 실천적인 인성교육 방안을 마련하여 보급할 필요가 있다. 즉, 「인성교육진흥법」에서 제시한 8대 덕목과 관련한 실천적 인성교육계획안을 수립하고 세부적인 지도중점 사항과 지도방안을 마련하여 제시하는 노력이 요청된다.

황보식(2018)에 따르면 실천적 인성교육을 위한 인간존중과 배려의 영유아교사 인성교육 실천 방안을 강조한다. 먼저 인간존중 가치의 실천 방안은 사람의 온전함에 대한 교육, 자기 인정 교육, 서로 간의 평등한 존재임을 아는 평등 교육, 사람이 주체인 주체성 확립에 대한 교육, 과정 중심의 교육과 감사할 수 있는 교육이 인간존중 가치를 확립할 수 있는 실천교육으로 강조된다. 다음으로 배려 가치의 실천방안은 자기배려 교육, 쉼을 통해 여유를 찾는 교육, 진정한 소통을 중요시하는 교육 실천을 강조한다. 이처럼 인간존중과 배려라는 가치는 인성교육에 있어 가장 핵심적인 가치이므로 교육정책에서 놓친 인성교육의 방향에 대해 다시 한번 성찰할 필요성을 시사한다.

또한 이영림(2017)의 연구 결과에서 영유아교사들이 교육현장에서 지각하는 인성 덕목 실천의 어려움이 심리적, 개인적인 가치관의 문제로 드러났으므로, 영유아교육기관의 인성 풍토를 파악하고 가치 있는 의미 부여와 성찰의 시간을 마련하여 교육활동 속에서 인성교육이 실행될 수 있도록 영유아교사 역량강화의 긍정적인 동기 마련도 강조되어야 할 것이다.

3. 영유아교사 인성교육 실천의 실제

이름 :		날짜 :

HAPPY! HAPPY! 나의 인성 지수는?

▶ 여러분이 갖추고 있는 인성 덕목은 무엇인가요? 함께 공유해보고
자신의 인성 지수를 높이기 위한 방법을 소개해 보세요.

이름 :		날짜 :

배려 씨앗! 공감 씨앗!

▶ 영유아교사의 배려와 공감은 영유아의 인성 씨앗을 점점 자라게 합니다.
영유아의 인성 발달을 돕는 배려와 공감에는 어떤 말이 있을까요?

이름 :		날짜 :

출발! 가정에서 실천하는 인성교육

▶ 인성교육진흥법에 제시된 8대 인성 덕목을 살펴보고
가정에서 실천할 수 있는 내용을 계획해 볼까요?
나의 인성 점수는?

인성 덕목	가정에서 실천하는 인성 교육	나의 점수
예절		
효도		
정직		
책임		
존중		
배려		
소통		
협동		

◈ 참고문헌

강경란(2014). 애니메이션의 교육적 활용이 창의·인성 개발에 미치는 영향에 관현 연구. 대구교육대학교 교육대학원 석사학위논문.

강경석·김영만(2006). 교사발달단계와 교사의 직무능력 및 직무만족 간의 관계 연구. 교육행정학연구, 24(1), 119-142.

강기수(2000). 교사교육론. 부산: 세종.

강기수·김희규(2012). 최신교사론. 서울: 동문사.

강나경(2012). 생활예절과 이미지 메이킹. 경기: 공동체.

강병재·김진숙(2014). 보육교사의 인성, 정서노동과 조직문화가 영유아권리존중 보육에 미치는 영향. 방과후아동지도연구, 11(2), 77-96.

강보라·이시라(2013). 대학 인성교육, 그 방향성에 대하여: 국내 외 대학 인성교육 프로그램 현황을 중심으로. 여성연구논총, 28, 69-102.

강상·류경희(2016). 유아교사의 정서지능, 동료교사 협력관계, 부모-교사 협력관계와 교사효능감 간의 구조모형분석. 유아교육·보육복지연구, 19(2), 203-225.

강상이(2002). 교사 발달 측면에서 본 유치원 초임교사의 어려움에 관한 연구. 한국교원대학교 대학원 석사학위논문.

강영식·김용숙(2012). 생명존중 숲 체험활동이 유아의 환경 감수성 변화에 미치는 영향. 열린유아교육연구, 17(2), 4-7.

강은영(2020). 영아반 초임보육교사의 전문성지원 교사교육 프로그램 개발 및 효과. 명지대학교 대학원 박사학위논문.

계영애·강정원(2001). 유아 인성교육을 위한 인성적 덕목과 교수 전략에 대한 교사들의 인식 연구. 유아교육학논집, 5(1), 55-75.

고경미·이선경·심성경(2014). 유아교사의 교수몰입도와 행복감 및 전문성 발달수준과의 관계. 한국교원교육연구, 31(1), 69-94.

고주영(2003). 한 사립유치원 초임교사의 교직생활과 어려움에 관한 연구. 중앙대학교 대학원 석사학위논문.

고진주(2012). STAD 모형에 기초한 협동활동이 유아의 학습관련 사회적 기술에 미치는 영향. 경인교육대학교 교육대학원 석사학위논문.

공영미(2014). 대근육활동을 기초로 한 인성교육이 유아의 행복감 및 또래유능성에 미치는 영향. 계명대학교 교육대학원 석사학위논문.

곽윤진·송수희(2016). 바깥놀이 활동을 통한 배려교육이 유아의 행복감 또래유능성, 타인정서 인식에 미치는 영향. 어린이문학교육연구, 17(1), 327-350.

곽한병·유성수(2010). 레크리에이션 참가자의 참가동기와 몰입경험이 심리적 행복감에 미치는 영향. 한국건강행복학회지, 1(1), 17-31.

교육과학기술부(2010a). 창의와 배려의 조화를 통한 인재 육성—창의, 인성교육기본방안. 서울: 교육과학기술부.

교육과학기술부(2012a). 도덕교육과정, 교육과학기술부고시 제2012-14호 [별책 6].

교육과학기술부(2012b). 실천적 인성교육이 반영된 교육과정 개발 방향 연구. 서울: 교육과학기술부.

교육과학기술부(2012c). 유치원 기본과정 내실화를 위한 인성교육 프로그램. 서울: 교육과학기술부.

교육과학기술부·보건복지부(2012). 5세 누리과정 해설서. 서울: 교육과학기술부, 보건복지부.

교육부(2000). 유치원 교육 활동 지도 자료, 1. 총론. 서울: 교육부.

교육부(2013). 배려와 나눔으로 모두가 행복한 인성교육 강화 기본 계획. 서울: 교육부.

교육부(2013a). 「배려」와 「나눔」으로 모두가 행복한 인성교육 강화 기본계획(안). 서울: 교육부.

교육부(2013b). 인성교육의 7대 핵심 덕목에 대한 고찰. 서울: 교육부.

교육부(2014). 인성덕목을 활용한 융합형 인성교육 프로그램 개발 연구. 2014년 정책연구개발사업. 서울: 교육부.

교육부·보건복지부(2019). 개정 누리과정 해설서. 세종: 교육부, 보건복지부, 2019.

구미향(2017). 유아교사가 갖추어야 할 인성은 무엇인가?. 유아교육·보육복지연구, 21(2), 127-154.

국립국어원 (2014). 표준국어대사전.

권규리(2019). 학부모에 대한 초임유아교사들의 인식. 전남대학교 대학원 석사학위논문.

권덕원(2005). 음악교육의 기초. 서울: 교육과학사.

권미성·문혁준(2013). 보육교사의 교사효능감 및 전문성 수준이 교사·유아 상호작용에 미치는 영향. 한국보육지원학회지, 9(4), 277-296.

권석환(2015). 어문학부(語文學部): 춘추전국시대(春秋戰國時代) 명언(名言)의 핵심 내용과 표현미. 한국중국학회, 71, 103-121.

권성민·김미진·김이영·이은·이인원·최윤정(2022). 유치원 교사를 위한 교직실무. 경기: 양성원.

권정해·김판희(2014). 유아 교사가 지각하는 원장의 감성 리더십이 교사 효능감, 직무만족, 조직몰입 간의 구조적 관계. 계명대학교 대학원 박사학위논문.

권현조(2022). 존재론적 관점에서 본 1세반 초임교사의 교사 되어가기. 성신여자대학교 대학원 박사학위논문.

길효정·이영주(2018). 사립유치원 초임교사의 이직에 대한 탐색. 첫 취업 후 일 년 이내 이직한 J지역 사립유치원 초임교사를 중심으로. 열린유아교육연구, 10(23), 107-137.

김경령·서은희(2014). 예비교사의 교직인성 자기점검도구 개발 연구. 한국교원교육연구, 31(1),

117-139.

김경신(2016). 교직역량에 기반한 유아교사 인성교육 프로그램 개발 및 효과. 원광대학교 대학원 박사학위논문.

김경철·김안나(2010). 예비 유아교사의 모의수업을 통한 수업분석의 경험. 유아교육학논집, 14(1), 399-424.

김경희(1999). 교사용 유아 정서 지능 평정척도 개발에 관한 연구. 연세대학교 대학원 박사학위논문.

김규수·이승렬(1016). 영유아교사론. 경기: 공동체.

김교은(2017). 유아교사의 개인적 자질과 전문적 자질의 상관 연구. 한성대학교 교육대학원 석사학위논문.

김기철·신애선(2016). 영아교사의 전문성, 민감성, 행복감과 영아-교사 상호작용의 관계 및 영향력. 한국보육학회지, 16(2), 57-82.

김기헌·장근영·조광수·박현준(2010). 청소년 핵심역량 개발 및 추진방안연구Ⅲ. 한국청소년정책연구원 연구보고 10-R17.

김대희(2006). 리터러시 개념의 확장에 관한 연구. 어문연구, 34(1), 478.

김명한·한길한(2011). 합창과 인성교육, 합창을 통한 인성교육 프로그램개발, 교정담론, 5(2).

김미경·조희선(2008). 유아의 어머니와 교사의 예절성과 예절교육 요구도 탐색. 생활과학, 11, 43-66.

김미라(2011). 전통 유아예절교육의 현대적 활성화 방안 연구: 격몽요결의 입지와 실천위주 교육을 중심으로. 미래유아교육학회지, 18(2), 201-222.

김미라(2013). 공자의 어린이 인성교육에 대한 일곱 가지 원칙. 미래유아교육학회지, 20(1), 37-56.

김미숙 외(2010). 중학교 음악1. 서울: 더텍스트.

김미숙·권혜인(2014). 음악교과에서의 인성 요소 고찰. 음악교육연구, 43(1), 21-40.

김미영(2000). MTMM을 통한 직업인성 검사의 구인타당화 연구. 숙명여자대학교 대학원 석사학위논문.

김병찬(2007). 교사의 생애발달 과정에 관한 사례 연구. 한국교원교육연구, 24(1), 77-102.

김선영·소경희(2014). 교사들이 기대하는 '교육과정 자율권' 탐색. 아시아교육연구, 15(4), 55-79.

김선희·신재흡(2010). 교사가 지각한 유아교육기관 원장의 변화 지향적 지도성과 교사의 직무성과 간의 관계 연구. 한국유아교육·보육행정연구, 14(3), 199-223.

김성리(2011). 현대시의 치유시학적 연구: 김춘수, 김수영, 천상병의 시를 중심으로. 한국문학논총, 59, 243-291.

김성원·석은조·신성숙·신은정·이춘옥(2011). 유아교육개론. 경기: 공동체.

김성희(2014). 창의적 체험활동을 통한 컵타 앙상블 동아리 교수학습 프로그램 개발. 제주대학교 교육대학원 석사학위논문.

김숙자(2022). 영유아교사 인성론. 경기: 공동체.

김숙자·장갑희(2012). 유아 인성교육에 대한 교사의 인식 실태 및 요구 분석. 유아교육학논집, 16(6), 27-48.

김순화·박선혜·남옥선(2014). 예비유아교사를 위한 교직인성 프로그램 개발 및 적용. 유아교육학논집, 18(2), 339-363.

김순환·전샛별(2010). 경력에 따른 영아반 교사들의 어려움과 관심사, 현직교육 요구에 관한 고찰. 한국교원교육연구, 27(3), 239-267.

김승옥(2007). 교사자질에 대한 예비유아교사들의 자기평가 및 동료평가에 관한 인식. 변형영유아교육연구, 11(1), 101-120.

김영래(2011). 독일의 도덕성 교육 및 프로그램 현황과 우수 사례. 국내외 청소년 도덕성 프로그램 현황과 사례 세미나 자료집, 한국청소년정책연구원.

김영실(2014). 유아인성교육의 이론과 실제. 경기: 공동체.

김영옥(2000). 유아의 협동작업을 위한 교수-학습 모형 연구: 대안적 학습형태 설계. 유아교육연구, 20(2), 201-221.

김영옥(2001). 미술공동작업에 있어서 유아의 협동에 관한 질적 연구. 유아교육연구, 21(2), 397-425.

김영옥(2014). 유아인성교육의 이론과 실제. 경기: 공동체.

김영옥(2020). 국가수준 유아교육과정 변천과 개정 누리과정의 과제 탐색. 열린유아교육연구, 25(2), 75-103.

김옥인(2013). 창의·인성교육으로서 소통에 기반한 전통회화 프로그램 연구. 조형교육, 48, 49-78.

김옥주(2011). 영아반 초임교사의 직무수행을 돕는 교사교육프로그램을 돕는 모형개발. 신라대학교 대학원 박사학위논문.

김왕규(2003). 교육과정 분석을 통한 효 교육실천 방안에 관한 연구. 군산대학교 교육대학원 석사학위논문.

김왕돈(2011). 미국의 인성교육 현황과 시사점. 교육정책네트워크 정보센터.

김용채(2012). 프랑스의 학교재건과 도덕교육. 교육정책네트워크 정보센터.

김용환(2014). 초등체육교육과정의 인성교육 방안. 한국체육교육학회지, 18(4), 29-42.

김유진(2003). 영아보육교사의 전문성 인식과 직무스트레스에 관한 연구. 덕성여자대학교 대학원 석사학위논문.

김윤경·손원경(2023). 해외 인성교육 정책 및 실천의 변화 동향과 시사점 -미국, 영국, 싱가포르

사례를 중심으로-. 인격교육, 17(3), 49-74
김윤희·김병준·이옥선 (2015). 신체활동과 인성향상을 위한 체육 수업모형 개발. 교육문화연구, 21(1), 199-227.
김은설·김길숙·이민경(2016). 보육교사 인성 평가 도구 개발 및 교육 강화 방안(연구보고 2015-27). 서울: 육아정책연구소.
김은설·최윤경, 김문정(2011). 보육인력 전문성 제고를 위한 보육교사자격제도 개선방안. 한국교원교육학회, 한국교원교육연구, 28(3), 265-286.
김은숙(2023). 장애영유아 보육교사의 교직인성과 상담자기효능감이 통합교육 수행능력에 미치는 영향. 가천대학교 교육대학원 석사학위논문.
김은심·서동미·엄은나·이경민·강정원·김정미(2022). 유치원 교직실무. 서울: 학지사.
김은주·권미량(2008). 유아교사교육-생태적 접근. 경기: 공동체.
김재춘(2012). 실천적 인성교육이 반영된 교육과정 개발 방향 연구(교육과학기술부 정책 2012). 교육과학기술부.
김정운·박정열·손영미·장훈(2005). 일과 삶의 조화에 대한 개념적 이해와 효과성. 한국여가문화학회, 2(3), 29-48.
김정주·김옥주(2011). 유아교육기관 초임교사들의 조직 내 의사소통에 대한 이해. 유아교육 연구, 31(6), 191-216.
김정환 외(2013). 교직 적성·인성 검사 도구의 개발 연구. 서울: 교육부.
김정희(2014). 예비유아교사의 인성특성 및 유아인성교육에 대한 인식. 원광대학교 일반대학원 석사학위논문.
김지선(2015). 음악창작활동을 통한 창의 인성교육지도방안 연구: 학교 폭력예방을 중심으로. 부산대학교 교육대학원 석사학위논문.
김지영(2013). 디지털 시대 '사진쓰기'의 의미. 한국외국어대학교 대학원 박사학위논문.
김지현(2007). 교사 학부모가 선호하는 유아교사의 자질에 관한 연구. 아주대학교 교육대학원. 석사학위논문.
김지현(2015). 영유아교사의 교직윤리의식 측정도구 개발 및 적용, 중앙대학교 대학원 박사학위논문.
김지현(2015). 영유아교사의 교직윤리의식 측정도구 개발 및 적용. 중앙대학교 대학원 박사학위논문.
김진한(2022). 교사를 위한 교직실무. 서울: 학지사.
김창걸(1983). 교장의 지도성 행위, 상황, 및 조직효과. 중앙대학교 대학원 박사학위논문.
김창걸(2009). 교육학개론. 서울: 형설출판사.
김태완(2015). 미래학교 도입을 위한 기본설계 구상(교육정책네트워크 이슈페이퍼, 현안보고 CP

2015-01-8). 한국교육개발원.

김한결(2014). 미술 치료적 접근을 활용한 인성교육 방안 연구: 중학교 미술과 체험 영역을 중심으로, 한양대학교 대학원 석사학위논문.

김현주(2013). 보육교사 양성대학 관련학과 예비교사의 교직전문성 인식 연구. 유아교육학논집, 17(3), 549-565.

김형재·현혜정·이순애(2017). 명화를 활용한 스토리텔링 인성교육 프로그램이 예비유아교사의 인성 및 창의적 인성에 미치는 영향, 미래유아교육학회지, 24(3), 25-54.

김혜숙(1999). 다원적 접근에 기초한 창의성 진단 측정도구의 개발 및 타당화 연구. 숙명여자대학교 석사학위논문.

김희규·김순미·안성주(2023). 예비교사의 수업과 실무를 위한 최신 교직실무. 서울: 학지사

김희태·조주연(2005). 유치원 교사가 인식한 현장문제에 관한 연구. 과학논집, 31.

나귀옥(2013). 핵심역량의 관점에서 본 누리과정의 방향. 미래유아교육학회지, 20(2), 425-447.

남궁달화(1999). 기본생활규칙의 도덕적 습관형성을 위한 지도방법. 사회과학교육연구, 3, 1-17.

남유선(2015). 전통놀이를 통한 신체활동이 유아의 행복감 및 인성함양에 미치는 영향. 광주대학교 석사학위논문.

노상오(2007). 효 교육의 실태와 실천 방안. 한국효학회 학술회의, 4, 23-38.

노선화(2014). 그림책을 활용한 배려 교육활동이 유아의 친사회적 행동 및 마음이론에 미치는 영향. 원광대학교 교육대학원 석사학위논문.

단현국(2014). 책임감 교육과 유아의 자기와 타인과의 관계 맺기 실행. 한국유아교육연구, 16(2), 1-23.

류미향·김성숙.(2013). 교사자질로서 인간관계 능력에 관한 고찰. 육아지원연구, 8(2), 155-176.

문용린·최인수(2010). 창의·인성교육의 총론. 인하대학교 교육연구소, 10, 21-29.

문용린·최인수·곽윤정·이현주(2010). 배려와 나눔을 실천하는 창의인재육성을 위한 창의·인성교육 활성화방안 연구, 정책연구, 2009-019.

박경옥(2010). 유아 인성교육에 대한 예비유아교사의 인식에 관한 연구. 중앙대학교 대학원 석사학위논문.

박남희·이대균(2014). 만 1세 영아반 교사가 느끼는 어려움과 보람에 관한 연구. 생태유아교육연구, 13(2), 41-69.

박명주(2014). 학교 폭력 예방을 위한 미술교육에서의 인성교육 방안-홀라스틱 교육을 중심으로, 한양대학교 대학원 석사학위논문.

박무철(1991). 여가활동 참여가 직무만족 및 생활만족에 미치는 영향. 단국대학교 교육대학원 박사학위논문.

박미리(2009). 만화·애니메이션 활용 창의성 프로그램이 유아의 창의성과 창의적 문제해결력에

미치는 효과. 숭실대학교 교육대학원 석사학위논문.

박미리·이경화(2009). 만화·애니메이션 활용 창의성 프로그램이 유아의 창의성과 창의적 문제해결력에 미치는 효과. 창의력 연구, 9(1), 49-73.

박미순(2012). 교정공무원의 여가만족이 직무만족에 미치는 영향 요인 연구; 여가 유형과 여가 참여시간의 조절효과를 중심으로. 백석대학교 기독교 전문대학원 박사학위논문.

박미정(2015). 교원능력개발평가 체제에 따른 유치원 교원능력개발 프로그램 모형 개발. 원광대학교 일반대학원 박사학위논문.

박미주(2009). 모래놀이에서의 유아협동 행동에 관한 질적연구. 부산대학교 석사학위논문.

박병춘(2002). 보살핌 윤리의 도덕교육적 접근 연구. 서울대학교 박사학위논문.

박선해·김미정(2013). 보육교사론. 경기: 공동체.

박성미·허승희(2012). 청소년용 통합적 인성 척도 개발. 아동교육, 21(3), 35-47.

박성혜(2016). 유아교사의 교직적성과 자아존중감 및 교수효능감의 관계. 유아교육학논집, 19(2), 211-242.

박세정·박은주·박지영·석은조·오성숙(2024). 보육교사론. 경기: 공동체.

박세정 외(2014). 보육교사론. 경기: 공동체.

박수미(2001). 유치원 교사의 생애에 관한 연구: 한 교사의 생애를 통해 본 유치원 교사의 발달 과정 탐색. 중앙대학교 대학원 석사학위논문.

박순정(2013). 예비유아교사를 위한 창의·인성교육 프로그램 개발 및 적용효과. 동의대학교 대학원 박사학위논문.

박영기(2015). 소통과 배려를 위한 독서와 글쓰기 수업 사례연구. 대학작문, 11, 127~160.

박영수(2004). 영상자료를 활용한 도덕교과 인권교육 방안 연구. 한신대학교 교육대학원 석사학위논문.

박은미·이석순(2013). 보육교사의 전문성발달수준과 보육효능감에 관한 연구. 유아교육·보육복지연구, 17(4), 180-200.

박은혜(2009). 유아교사론. 서울: 창지사.

______(2013). 유아교사론. 서울: 창지사.

______(2016). 유아교사론. 서울: 창지사.

______(2020). 유아교사론. 서울: 창지사.

박은혜(2016). 유치원 교사를 위한 교직실무. 서울: 창지사.

박은혜·배소연·이정욱·임승렬·조부경·조운주·조형숙·황보영란(2002). 유아교사교육의 최근연구동향. 서울 : 이화여자대학교 출판부.

박의수(2007). 유가적 전통에서의 인성교육. 교육문제연구, 28, 1-22.

박지은(2014). 유아교사의 발달 단계에 따른 좋은 수업에 대한 인식과 요구. 경희대학교 교육대학원 석사학위논문.

박진희·김선아(2012). 미술치료적 접근을 통한 초등학교 아동의 창의, 인성 발달 프로그램개발 연구: 입체조형 만다라를 중심으로. 한양대학교 교육대학원 석사학위논문.

박진희·손원경(2015). 유아 인성교육에 대한 예비유아교사의 인식 및 자기 평가. 생태유아교육연구, 14(1), 173-193.

박찬옥(2010). 사회 변화와 유아 인성교육. 유아교육학논집, 2, 49-51.

박창언(2014). 인성교육중심 수업강화를 위한 교수·학습자료 개발 - 초·중·고 기본인성덕목 생활화 교재. 미간행원고.

박현지(2015). 인성동화를 활용한 협동활동이 유아의 배려적 사고에 미치는 영향. 건국대학교 대학원 석사학위논문.

박혜란(2021). 전문성 지원환경이 교사-유아 상호작용에 미치는 영향에 대한 전문성 인식의 매개효과: 코로나19 전후 비교를 중심으로. 연세대학교 교육대학원 석사학위논문.

박혜숙·김상윤(2009). 유아요가와 동작교육. 경기: 공동체.

박홍자·이진우·권세경(2004). 인성교육 프로그램 적용 효과에 관한 연구. 한국유아교육연구, 1(1), 57-80.

배민희(2015). 숲놀이 활동이 유아의 인성에 미치는 영향. 경희대학교 석사학위논문.

범대진(2014). 리더의 인성교육. 서울: 상상나무.

변주현(2002). 교원의 교직윤리 인식에 관한 연구. 동국대학교 교육대학원 석사학위논문.

보육진흥원(2010). 보육교사를 위한 표준보수교육과정.

서경혜·최진영·김수진·이지영·현성혜(2013). 예비교사 교직인성 분석: 재학기간, 교육실습, 교육봉사 및 진로에 따른 차이를 중심으로. 한국교원교육연구, 30(2), 305-328.

서경혜·최진영·노선숙·김수진·이지영·현성혜(2013). 예비교사 교직 인성 평가 도구 개발 및 타당화. 교육과학연구, 44(1).

서미옥(2007). 유아교사와 예비교사의 공감적 이해 및 도덕 판단력. 교육연구논총, 28(2), 70-98.

서수자(1997). 청소년 예절교육방향 정립에 관한 연구. 중앙대학교 사회개발대학원 석사학위논문.

서영미(2015). 유아교사의 음악활동에 대한 인식이 음악활동 효능감에 미치는 영향. 동의대학교 대학원 박사학위논문.

서울교육대학교 초등교육연구원(2015). 한국초등교육, 26(1), 303-322.

서울특별시 교육청(1992). 기본생활습관 지도를 위한 부모교육자료. 서울: 서울특별시 교육청.

서정림(2005). 유아교사의 초임 교직적응경험의 의미탐색. 중앙대학교 대학원 석사학위논문.

서혜진 외(2022). 성장하는 교사, 품격높은 교사를 위한 보육교사론. 경기: 어가.

석선화(2019). 유아교육 공동체 형성을 위한 교사교육 프로그램 개발연구. 고신대학교 대학원 박사학위논문.

성구진(2022). 성공적인 유치원 교사학습공동체 운영 방안. 이화여자대학교 대학원 박사학위논문.

성용혜(2021). 동양고전 독서토론에 기반한 유아교사 인성함양 프로그램, 서울여자대학교 일반대학원 박사학위논문.

성현숙(2013). 국공립 및 직장어린이집 교사의 전문성 인식과 직무만족도 간의 관계. 연세대학교 교육대학원 석사학위논문.

손순복·권경순(2012). 유치원 교사의 책무성과 교수효능감 간의 관계. 열린유아교육연구, 17(5), 485-504.

손승영(1997). 가족에서의 예절. 연세대학교 인문과학연구소, 76(77), 181-211.

손진선(2014). 창의 인성교육을 위한 미술과 문학 융합 캘리그래피 수업지도 방안 연구, 한양대학교 대학원 석사학위논문.

송나리(2016). 초임교사의 유아 문제행동 지도능력 강화를 위한 교사교육 프로그램 개발 및 적용. 성신여자대학교 대학원 박사학위논문.

송명자(1995). 정직성의 본질과 정직성 교육에 관한 고찰. 한국청소년연구, 21(2), 33-45.

송수현(2015). 인성계발을 위한 비평활동 적용 음악 감상 교육 방법 설계 및 개발. 공주대학교 대학원 석사학위논문.

송옥란(2005). 유아 교사의 관심사와 교사의 교육적 책무성 수준의 관계, 경희대학교 교육대학원 석사학위논문.

송지선·안은·임부용(2000). 유아기 인성교육에 관한 연구.

신동로(1991). 교육과정과 교육평가. 서울: 형설출판사.

신득렬(2003). 존중의 개념. 교육철학, 24, 80-81.

신민혜(2014). 자기표현을 통한 미술과 인성교육 지도방안 연구-초등학교 3, 4학년을 중심으로, 한양대학교 대학원 석사학위논문.

신성자(1998). 유치원 전통예절 교육 프로그램 개발에 관한 연구. 동아대학교 교육대학원 석사학위논문.

신세니(2001). 초임유아교사의 교사효능감과 교사 관심사에 관한 연구. 부산대학교 대학원 석사학위논문.

신애선·임경례·신애란(2021). 보육교사(인성)론. 경기: 양서원.

신지영(1997). 중학생의 효 의식과 효행에 관한 연구. 성신여자대학교 석사학위논문.

신헌재·이주섭(2002). 국어교육과 협동학습. 한국초등국어교육, 15, 21-50.

신화연(2014). 유아교사의 자질에 대한 교사와 부모의 실태에 관한 연구. 중앙대학교 교육대학원.

석사학위논문.
신희이(2011). 영아교사의 전문성 발달에 영향을 미치는 변인에 관한 연구-영아교사의 민감성, 교직헌신을 중심으로-. 카톨릭대학교 대학원 박사학위논문.
심광현(2003). 영상문화교육 교육과정 기초 연구, 연구보고서, 영화진흥위원회.
심성경·이선경·변길희·김남희·박주희(2007). 유아를 위한 동작교육의 이론과 실제. 서울: 학지사.
심성경·백영애·송화진·변길희(2017). 영유아교사론. 경기: 정민사
심정선(2011). 보육교사의 교직윤리 인식과 영·유아권리존중과의 관계. 윤리연구, 83, 283-305.
안미숙(2000). 초등학교 학습부진아를 위한 놀이중심의 자아개념 증진 프로그램 개발, 계명대학교 대학원 석사학위논문.
안영진(2010). 유아인성교육. 서울: 창지사.
안재신(2005). 유아음악교육. 서울: 교육과학사.
안진경(2021). 그림책을 활용한 유아교사 인성교육 프로그램 개발 및 효과 검증. 한국보육학회지, 21(3), 1-14.
안진경·이지현·김은경(2016). 대학생이 읽는 그림책. 경기: 공동체.
양옥승(2002). 유아교사의 정체성과 전문성, 어디서 찾을 수 있을까. 교육개발, 113, 26-33.
엄은나·서동미(2009). '좋은 교사'에 대한 예비유아교사들의 인식. 유아교육연구, 13(2), 5-35.
염지숙·이명순·조형숙·김현주(2014). 유아교사론. 경기: 정민사.
영유아보육법(2015.12.29). 법률 제13656호. 시행일 2016. 03. 30. 대한민국 국회.
염지숙·이명순·조형숙·김현주(2016). 유아교사론(제3판). 경기: 정민사.
염지숙·홍춘희(2006). 부모와의 관계형성에서 초임유아교사가 겪는 경험에 관한 연구. 한국교원교육연구, 23(2), 407-434.
오상규·김원중(2007). 집단상담: 음악활동을 활용한 인성교육 프로그램이 여중생의 사회성, 교우관계 및 대인 불안에 미치는 영향. 상담학 연구, 8(2), 513-531.
오세복(2006). 초등무용의 이론과 실제. 서울: 훈민.
오연주·김혜옥·이경실·권명희(2011). 유아 동작교육의 이론과 실제. 서울: 창지사.
오윤선·신윤정·한경숙(2007). 노인 운동프로그램이 체력, 정신건강 및 인지 능력에 미치는 영향. 한국발육발달학회지, 15(4), 295-302.
우남희·이은정(2004). 초등학교 아동과 부모의 거짓행동 경험 및 태도 분석. 한국심리학회지: 발달, 17(3), 95-116.
우서경·이은미·이소현·이현선(2016). 유치원과 어련이집 초임교사의 적응에 관한비교연구. 포괄영유아, 아동교육지원연구, 4(2), 37-50.
원기술 편집부(2018). 올바른 인성과 도덕성 회복을 위한 인성교육 진흥법. 원기술.

유병열(2004). 도덕교육적 접근과 도덕과 교육과정. 도덕윤리과 교육연구, 18, 69-93.

유병열(2015). 인성교육의 도덕교육적 접근과 실천 원리에 관한 연구. 서울교육대학교 한국초등교육, 26(1), 303-322.

유선영(2012). 원장의 감성리더십이 교사의 책무성과 교수효능감에 미치는 영향. 성신여자대학교 교육대학원 석사학위논문.

윤남순(2007). 건전한 성품을 가꾸는 인성교육의 방향. 전라남도 교육과학연구원.

윤영미(2009). 영상 텍스트 비판적 읽기 지도 연구-EBS '지식채널e' 읽기를 중심으로. 경기대 문화예술대학원 석사학위논문.

윤응원(2004). 초등교사의 역할 및 책무성에 관한 연구. 한국교원대학교 교육대학원 석사학위논문.

윤혜경(2021). 보육교사론. 서울 : 동문사.

이경노·홍자영(2010). 어린이집 예절교육이 일상생활 습관형성에 미치는 영향. 복지행정연구, 2, 88-118.

이경민(2010). 유아교사 인성교육 세미나. 미간행.

이경민·최윤정(2009). 유아교사의 행복, 감정, 직무만족의 관련성 탐색 연구. 유아교육연구, 29(3), 215-235.

이경하·석은조(2010). 예비교사와 현직교사가 생각하는 좋은 유아교사의 자질. 열린유아교육연구, 15(5), 167-187.

이광우 외(2009). 미래 한국인의 핵심역량 증진을 위한 초중등학교 비전 연구(3). 서울: 한국교육과정평가원.

이규호(1989). 현대인을 위한 10가지 덕성론. 서울: 문우사.

이기범·Ashton M(2013). H 팩터의 심리학. 서울: 문예출판사.

이대균·백경순·송정원·이현정(2006). 유아문학교육. 경기: 공동체.

이돈희(1999). 21세기 학교상 탐구-지식기반사회의 도래와 교육의 새로운 위상-. 교육부 정책연구보고서. RR98-30, 1-22.

이두영(2009). 교사 발달 단계를 고려한 교사평가 준거의 탐색. 인천대학교 대학원 박사학위논문.

이명준 외(2011). 교과교육과 창의적 체험 활동을 통한 인성교육 활성화 방안. 교육부.

이명준·진의남·서민철·김정우·이주연·김병준·박혜정(2011). 교과교육과 창의적 체험활동을 통한 인성교육 활성화 방안. 한국교육과정평가원, 경제·인문사회연구회 협동연구총서 11-18-01, 연구보고 RRC 2011-7-1.

이문구(2006). 교사의 발달단계에 따른 멘토링 실태 및 요구 분석. 한국교원대학교 교육대학원 석사학위논문.

이상금·장영희(2001). 유아문학론. 서울: 교문사.

이상미·문병환(2021). 유아교사 자율성과 유아교육공동체 관계에서 교사헌신의 매개효과. 유아교육학논집, 25(3), 83-101.

이선화(2014). 효 관련 그림책을 활용한 토의활동이 유아의 효 관련 행동에 미치는 영향. 한국교원대학교 교육대학원 석사학위논문.

이설아(2008). 협동학습모형(GI)을 적용한 미술과 교수-학습프로그램이 미술 자아개념과 사회성에 미치는 효과. 이화여자대학교 교육대학원 석사학위논문.

이성희·이민경·이영주·최인숙·장윤정(2020). 보육교사(인성)론. 서울: 창지사.

이수경·이부미(2006). 구성주의에 기초한 유아를 위한 명화감상프로그램 모형 개발연구. 조형교육학회, 28, 127-135.

이수연(2013). 감성능력 증진 프로그램 적용이 유아의 배려적 사고 및 도덕적 판단력에 미치는 영향. 동국대학교 교육대학원 석사학위논문.

이순형·권기남·김진옥·민니희·김정민·김은영·이성옥·정현심·심도현·안혜령(2013). 보육교사론. 경기: 양서원.

이승원(2012). 어머니의 인성특성, 양육태도 및 유아의 사회도덕성 간의 관계. 인제대학교 대학원 석사학위논문.

이영림(2017). 『법구경』을 통한 인성함양의 방향 모색: 영유아교사를 대상으로. 종교교육학연구, 55, 161-188.

이영미(2013). 명화 감상을 통한 협동 조형미술 활동이 유아의 친사회적 행동 및 심미적 태도에 미치는 영향. 동국대학교 대학원 석사학위논문.

이예숙(2007). 명화감상을 통한 감정이입 활동이 유아의 또래 상호작용 및 대인문제해결능력에 미치는 영향. 중앙대학교 교육대학원 석사학위논문.

이완희(2005). 영아반 초임교사의 정체성 연구. 중앙대학교 대학원 박사학위논문.

이운성(2013).유아교사의 정서노동, 자아탄력성, 직무만족도에 관한 구조모형분석. 숙명여자대학교 원격대학원 석사학위논문.

이유진(2003). 교사가 지각한 초등학교의 학습조직 구축 정도와 책무성과의 관계 연구. 서울교육대학교 교육대학원 석사학위논문.

이윤식·김병찬·김정휘·박남기·박영숙·송광용·이성은·전제상·정명수·정일환·조동섭·전동섭·최상근·허병기(2009). 교직과 교사. 서울: 학지사.

이윤식·김인정(2008). 교직과정 이수중인 대학생이 생각하는 바람직한 교사상의 탐색. 한국교원교육연구, 25(3), 303-323.

이윤식(1999). 교사 발달의 관점에서 본 장학. 한국교원교육연구, 16(2), 1-27.

이윤식(1999). 장학론. 서울: 교육과학사.

이윤정(2013). 자존감 향상 미술치료가 게임중독아동의 게임중독성향과 스트레스에 미치는 영향. 순천향대학교 건강과학대학원 석사학위논문.

이원영·방인옥·박찬옥(1992). 유치원의 기본생활 교육에 관한 연구. 유아교육연구, 12, 71-89

이은영·우민정 (2013). 예비유아교사를 위한 다문화 인성교육 프로그램 모형 개발. 유아교육학논집, 17(3), 1-23.

이은화(1985). 유아교육교사의 역할과 바른 자세. 세세대육영회 유아교사 연수자료.

이은하(2016). 교사 효능감과 교사 협력이 유아교육기관의 조직 효과성에 미치는 영향. 건국대학교 교육대학원 석사학위논문.

이은화·배소연·조부경(2007). 유아교사론. 서울: 양서원.

이장호, 김정희(2006). 집단상담의 원리와 실제. 경기: 법문사.

이정미(2004). 직장보육시설교사의 조직풍토에 대한 인식과 교사효능감 간의 관계. 덕성여자대학교 교육대학원 석사학위논문.

이주희·박희연·박은민(2010). 인성함양. 경기: 공동체.

이종재·정태법·권상혁·노종회·정진환·정영수·서정화·이군현(2006). 교사론. 경기: 교육과학사.

이종재(2004). 학습국가 건설의 방향과 과제. 한국교육개발원.

이지선(2022). 초임보육교사의 유아교육기관 적응에 대한 어려움과 지원 요그. 강남대학교 대학원 석사학위논문.

이진화(2014). 보육교사의 교육신념과 영유아권리 존중 ·보육실행과의 관계. 한양대학교 교육대학원 석사학위논문.

이진화(2014). 보육교사의 교육신념과 영유아권리존중 보육실행의 관계. 한양대학교 대학원 석사학위논문.

이찬복(2005). 초, 중 고과정의 영화 제작 교육 효과에 관한 연구: 미국 노동부 필수능력 취득위원회가 제시한 위크플레이스 노우하우를 중심으로. 영화연구, 27, 223-246.

이칭찬(1989). 교사교육의 민주화 과제-교육 민주화: 발전적 시론. 강원: 강원대학교출판부.

이한샘·전종희(2017). 대학 인성교육 비교과 프로그램 운영 현황 연구. 학습자중심교과교육연구, 17(23), 375-396.

이현경(2008). 유아교사의 자율성 인식 및 실태에 관한 조사연구. 유아교육학논집, 12(5), 179-204.

이현경(2000). 유치원 초임교사가 교직 수행 시 직면하는 어려움에 관한 연구 - 수도권 사립유치원을 중심으로. 열린유아교육연구, 5(2), 185-204.

이현정(2018). 유치원 교사를 위한 교직실무. 경기: 공동체.

이현주(2015). 보육교사효능감이 유아와의 상호작용에 미치는 영향 : 전문성 인식의 매개효과. 한국보육학회지, 15(4), 93-112.

이혜경(2002). 청소년 인성교육에 있어 영화상담 적용방법 연구. 중앙대학교 예술대학원 석사학위논문.

이호선(2021). 선생님! 부모상담 이렇게 하세요. 경기: 북코리아.

이훈·조희범·이영진(2010). 성인의 놀이성 지표 개발. 한국관광학회, 34(9), 165-188.

인성교육범국민실천연합·교육과학기술부(2012). '인성이 진정한 실력이다'.

임경례(2007). 명화감상을 통한 협동미술활동이 유아의 친사회적 행동 및 공간능력과 미술능력에 미치는 영향. 원광대학교 대학원 박사학위논문.

임부연·손연주(2019). 유아교육과정의 맥락 속에서 살펴본 '놀이 배움'의 의미. 학습자중심교과교육연구, 19(3), 365-287.

임숙희(2003). 대근육 활동이 유아의 운동기능에 미치는 효과: 기본운동과 지각운동 중심으로. 전남대학교 교육대학원 석사학위논문.

임진형(2000). 유치원 초임교사의 사회적지지, 자기효능감과 직무스트레스의 관계. 이화여자대학교 석사학위논문.

임혜정(2015). 유아인성교육을 위한 유아음악활동 영역의 인성요소 분석. 음악교육연구, 44(3), 159-179.

임 희(2004). 협동화 그리기 활동 시 교사의 언어적 상호작용이 유아의 그림표현에 미치는 영향: 미술의 기본요소를 중심으로. 중앙대학교 교육대학원 석사학위논문.

장재천(2014). 효사상과 효 교육의 역사적 중요성. 한국의 청소년문화, 25, 215-233.

장해랑·이장종·오진산·황용호(2004). TV 다큐멘터리, 세상을 말하다. 서울: 샘터사.

장회선(2012). 한국인의 정직과 전통적 가치의 갈등 양상 및 해소방식에 관한 연구, 서울대학교 대학원 박사학위논문.

전미숙(2004). 호흡명상 및 걷기명상 활동에 대한 유아들의 생각과 교사들의 평가. 경남대학교 교육대학원 석사학위논문.

전병식(2004). 학교장의 책무성 평가지표 개발. 건국대학교 대학원 박사학위논문.

전상희(2012). 유아교사 자질에 대한 학부모 선호도, 건국대학교 교육대학원 석사학위논문.

전윤희(2013). 미술중심 문화예술교육을 통한 중학교 창의 인성교육방안, 숙명여자대학교 대학원 석사학위논문.

전재선·최종욱(2012). 유아교사 인성 자기평가도구 개발에 관한 연구. 한국보육학회지, 12(1), 149-174.

전재선(2011). 유아교사 인성 자기평가도구 개발 및 타당화 연구. 성균관대학교 박사학위논문.

정귀옥(2002). 유아교사들의 유아예절교육에 대한 연구, 진주산업대학교 벤처경영대학원 석사학위논문.

정문숙(2013). 캐나다의 학업중단 방지 정책. 교육정책네트워크 정보센터.

정미라·이영미·박수경·이인용·박희숙(2024). 유아교사를 위한 교직실무. 경기: 양서원.

정범모(2004). 한국의 내일을 묻는다: 국력, 국격, 교육. 서울: 나남출판.

정양영(2010). 연극놀이가 아동의 감성지능(EQ)발달에 미치는 영향. 단국대학교 석사학위논문

정영근(2003). 디지털문화시대의 영화와 교육. 교육인류학연구, 6(2), 205-224.

정윤경(2015). 인성교육 활성화를 위한 교사의 인성교육. 교육의 이론과 실천, 20(1), 77-104.

정재찬(2014). 힐링을 위한 문학교육 1 - 문학, 힐밍, 그리고 문학교육: 치유를 위한 문학 교수학습방법. 한국문학교육학, 43, 35-62.

정재형(2003). 전인교육의 새로운 패러다임. '문화예술이천삼년구월' www.kcaf.or.kr/zine

정재형·김정환·배혜린·이아람찬·서곡숙·이정은·김종국·정재우·김윤아·김시무(2004). N세대를 위한 새로운 영화/영상교육. 파주: 집문당.

정지현(2011). 교육과정 자율화와 책무성 확보를 통한 유아교육 선진화의 의미와 쟁점. 유아교육연구, 31(6), 285-307.

정현정(2017). 유치원 교사의 유치원 평가에 대한 인식과 자율성이 전문성에 미치는 영향. 부산대학교 교육대학원 석사학위논문.

정혜영(2015). 초등학교 도덕교육에서의 정직 덕목 교육 방안: 『논어』의 直 개념을 중심으로 : 『논어』의 直 개념을 중심으로. 서울교육대학교 교육전문대학원, 석사학위논문.

정혜진(2004). 보육교사의 바람직한 역할수행을 위한 인식 연구. 중앙대학교 석사학위 논문.

조경자(2007). 예비유아교사들이 인식한 좋은 유아교사의 특성. 미래유아교육학회지, 14(4), 561-586.

조덕주(2002). 학교교육과정 개발의 의의 및 개발방안에 대한 재고: 교원의 전문성과 자율성을 중심으로. 교육과정연구, 20(3), 23-44.

조미숙·전홍주(2016). 만 1세 영아반 교사의 정서적 노동에 대한 경험 탐색. 한국보육학회지, 16(4), 23-50.

조복희·공인숙·권희경·김혜선·박은미(2007). 보육과정. 경기: 교육과학사.

조성연·구현아(2005). 보육교사의 직무스트레스와 자기 효능감. 아동학회지, 26(4), 55-70.

조성연·김영심·권연희·한찬희(2023). 보육교사론. 경기도: 파워북.

조연순(2007). 초등학교 인성교육의 현상과 과제: 제 1발표; 초등학교 아동의 특성 변화와 인성교육의 요구. 한국초등교육학회 학술발표 논문집.

조원혜(2003). 문학교육활성화 방안 연구. 아주대학교 교육대학원 석사학위논문.

조주연 외(2004). 교직 적성·인성 검사도구 개발. 서울: 교육인적자원부.

조형숙(2012). 유아교사의 교직윤리 의식 함양을 위한 교육과정 모형 개발. 유아교육학논집, 16(4), 373-394.

조혜경 외(2023). 보육교사론. 서울: 창지사.

조혜진(2007). 영아반 초임교사들의 어려움과 적응에 대한 이해. 한국영유아교원교육학회, 11(2), 237-262.

지성애(2001). 영유아 보육시설장과 교사의 전문적 자질에 관한 조사연구. 한국영유아보육학, 27, 138-168.

지은림(2013). 인성기술개발연구. 서울: 교육부.

진동섭·한은정(2013). 예비교사 양성과정에서의 스마트폰 영화 제작 활용 교수법에 관한 탐색적 연구. 교육학연구, 51(1), 107-136.

채영문·이성주(2019). 초임영유아교사의 교직생활 어려움과 지원요구. 학습자중심교과교육연구, 19(18), 1051-1071.

채인선(2015). 아름다운 가치사전 1. 서울: 한울림어린이.

______(2015). 아름다운 가치사전 2. 서울: 한울림어린이.

채현주(1999). 초등학교 신임교사의 교직사회화 연구. 건국대학교 대학원 박사학위논문.

천세영·김왕준·성기옥·정일화·김수아(2012). 인성교육 비전 수립 및 실천방안연구. 교육과학기술부정책연구 2012-41.

최고은(2009). 영상을 활용한 도덕과 탐구공동체 수업방안 연구. 윤리철학교육, 11, 79-106.

최민수(2011). 유아교육현장에서의 영유아 인성교육 방안모색. 한국유아교육보육행정연구, 15(4), 143-168.

최민수·임은영(2013). 3~5세 누리과정 내실화를 위한 유아 인성교육방안. 미래유아교육학회지, 20(1), 1-36.

최보견 (2011). 인성의 형성과 치료를 위한 미술교육 사례 연구: 미술감상을 통한 인성치료를 통한 인성치료를 중심으로. 인문과학연구, 30, 301-332.

최수아(2005). 직장보육시설 보육교사의 역할수행에 관한 교사 및 학부모의 인식조사 연구. 이화여자대학교 교육대학원 석사학위논문.

최애경(2016). 영아교사의 인성교육에 대한 인식 및 인성관련 그림책 지도에 대한 실태. 호남대학교 대학원 석사학위논문.

최연화·안지영 (2022). 직장어린이집 초임교사가 인식하는 부모와의 의사소통의 어려움과 대처방안. 교육문화연구, 28(2), 315-343.

최윤아(2015). 공립유치원 교사의 발달단계에 따른 직무스트레스와 심리적 소진의 차이에 관한 연구. 중앙대학교 교육대학원 석사학위논문

최윤정(2009). 유아교사의 행복증진 프로그램 개발 연구: Seligman의 강점을 중심으로. 성균관대학교 대학원 박사학위논문.

최은실(2014). 음악감상에 기초한 문학-음악 연계활동이 유아의 음악적 성향과 창의성 및 언어표현력에 미치는 효과. 원광대학교대학원 박사학위논문.

최의창·박정준(2011). 창의·인성강조 체육수업의 개념과 방법: 통합적 관점에서의 탐색. 교육과정연구, 29(1), 209-237.

최종욱(2009). GPS 인성 프로그램. 전문대학 특성화사업보고서.

최준환(2009). 인성교육의 문제점 및 창의 인성교육의 이론적 고찰. 창의력교육연구, 9(2), 89-112.

최지영(2014). 웃음 레크리에이션 활동으로 웃음지수와 자아존중감이 심리적 행복감에 미치는 영향. 선문대학교 통합의학대학원 석사학위논문.

최혜숙(2007). 경력-초임 교사간의 멘토링을 통한 유치원 교사 되어가기. 건국대학교 대학원 석사학위논문.

최희선 외(2000). 신규교원임용시험 평가기준 및 척도 개발 연구. 교육부정책연구보고서.

충청남도교육청(2001). 효 교육의 이론과 실제. 충남: 신흥인쇄사.

포스텍사람들(2013). 그때 이길을 알았더라면. 서울: 행성비.

하정희·조영진·강혜정(2013). 유아음악교육. 경기: 공동체.

한관종(2006). 영화를 활용한 사회과에서의 다문화 수업 방안. 사회과교육연구, 13(3), 147-166.

한국과학창의재단(2010). 창의·인성교육 활성화 방안 연구. 서울: 한국과학창의재단.

한국교원교육학회(2015). 인성교육을 위한 교원역량의 실태와 과제(제67차 춘계학술대회자료집)

한국교원단체총연합회(2013). 인성교육 활성화를 위한 민간단체의 역할·기능수행방안. 한국교육정책연구소.

한국교육과정평가원(2022.07.20). 국제교육동향- 싱가포르 초등 인성 & 시민 의식 교육과정 개정. 2022년 2호. URL: 중앙일보 (2023.3.15.) 이주호 “인성교육, 학교폭력 대응하는데 근간돼야” https://www.joongang.co.kr/article/25147429#home(검색일: 2023. 5.1)

한국여성교양학회(2005). 생활예절. 서울: 신정.

한덕웅·강혜자(2000). 한국 사회에서 사회문제의 지속과 변화: 1994년과 비교. 한국심리학회지: 사회문제, 6(2), 15-37.

한덕웅·최훈석(2006). 한국 사회문제의 변화: 지난 10년간 세 시점의 비교. 한국심리학회지: 사회문제, 6(2), 103-128.

한석실·강성숙 (2007). 예비유아교사의 교직전문성 인식에 관한 연구. 한국보육학회지, 7(2), 43-54.

한승조 외(1998). 21세기의 비전과 한국의 대응. 서울: 형설출판사.

허미경(2014). 유아교사의 윤리적 딜레마 해결력 증진 프로그램 개발 및 적용. 덕성여자대학교 일반대학원 박사학위논문.

허병기(1994). 교직성격 고찰: 교직의 전문직성에 대한 반성적 논의. 교육학연구, 32(1), 49-77.

허혜경·박인숙(2010). 보육교사의 자질과 직무태도가 보육의 질(質)에 미치는 영향.

한국영유아보육학, 64, 21-41.

현 주(2014). 2014 한국교육개발원 초등교원인성교육연수자료집. 한국교육개발원.

현주·임소현·한미영·임현정·손경원·장가람(2014). KEDI 인성검사 실시요강. 한국교육개발원.

홍순정(2011). 인성교육의 기초: 유아 품성 지도. 서울: 창지사.

황보성진(2010). 포스트모더니즘 시대의 문화예술교육으로써 영화교육 패러다임 연구. 한국영화학회 학술발표대회 논문집, 5, 21-40.

황정규(1990). 교직 적성 및 면접고사 실시의 논리와 방안. 교직 적성과 면접고사에 관한 세미나. 9-25.

황정현(2005). 교육연극(Drama in Education) 의 철학적 이해 -교과교육학의 이론적 배경을 위하여-. 교육연극학, 1, 1-16.

황해익·김은정(2015). 예비유아교사의 교직인성에 대한 주관성 연구. 열린유아교육연구, 20(4), 191-219.

황해익·송연숙·정혜영·남미경·정혜영·유수경(2020). 보육교사론. 경기: 정민사.

황해익·서정현·송현숙·이경화·최혜진(2012). 유아교육개론. 경기: 공동체.

황혜경·김용희·김지영·심윤희·김보영·이회현(2018). 인성함양을 위한 보육교사(인성)론. 경기: 양서원.

Adams & kirst(1999). New demands and concepts for educational accountability: striving for results in an era of excellence. In J Murphy & K Louis(eds), *Handbook of research on educational administration* (2nd edition). San Francisco: Jossey-Bass.

Barbour, N., & Lash, M.(2009). The professional development of teachers of young children, In S. Feeney, A. Galper, & C. Seefeldt (Eds.), *Continuing issues in early childhood education*, 158-183. Upper Saddle River, NJ: Pearson Education.

Barnett, L. A.(1991). Characterizing playfulness: Correlates with individual attributes and personality traits. *Play & Culture, 4*, 371-393.

Barnett, L. A.(2007). The nature of playfulness in young adults. *Personality and Individual Differences. 43*, 949-958.

Block, J. H., & Hazelip , K. (1995). Teacher's belif and belif systems.In L. Anderson (Ed), *International encyclopedia and teacher education* (pp. 25-28, 2nd ed). New York; Pergamon.

Bronfenbrenner, U., & Morris, P. (1998). The ecology of developmental processes. In W. Damon & R. Lerner(Eds.), *Handbook of child psychology, 1*.

Burret, K., & Rusnak, T.(1993). *Integrated Character Education*. Bloomington, IN: The Phi Delta Kappan Educational Foundation.

Burke, Christensen & Fessler(1984). Burke, P. J., Christensen, J. C. & Fessler, R. (1984). *Teacher career stages: Implications for staff development.* Bloomington, IN: Phi Delta Kappa. Educational Foundation.

Costa, P., & McCrae, R.(1988). From catalogue to classification: Murry's needs and the five factor model. *Journal of Personality and Social Psychology, 55*, 258–265.

DeBary, W., T.(1995). *Personal reflections on Confucian filial piety*. 효사상과 미래사회. 한국정신문화연구원, 27–56.

Diener, E., Suh, E. M., Lucas, R., & Smith, H.(1999). Subjective well–being: Three decades of progress. *Psychological Bulletin, 125*, 276–302.

Feiman–Nemser, S.(2001). Helping Novice Learn to teach. *Journal of Teacher Education, 52*(1), 17–30.

Fessler, R.(1995). Dynamics of Teacher Career Stages. In T. R. Giuskey & M. Huberman(Eds.), *Professional development in education: New paradigms and practices*, 171–192. New York : Teachers College, Columbia University.

Foster, C. J.(1962). 어린이의 책임감은 어떻게 길러지나(김애마역). 서울: 이화여자대학교출판부(원저 1962 출판).

Fuller, F. F.(1969). Concerns of teachers: A development of conceptualization. *American Education Reach Journal, 6*(2), 207–226.

Gallahue, D. L.(1996). *Developmentalphysicaleducation for today's children*. Madison, WI: Brown Benchmark Publishers.

Giesinger, J.(2012). Respect in Education. *Journal of Philosophy of Education. 46*(1). 100–112.

Gillgan(1982). *In different voice: Psychological theory and wmen's development*. Havard University Press.

Glynn, M. A., & Webster, J.(1992). The adult playfulness scale: An initial assessment. *Psychological Reports, 71*, 83–103.

Glynn, M. A., & Webster, J.(1993). Refining the monological net of the adult playfulness scale: Personality, motivational and attitudinal correlates for highly intelligent adults. *Psychological Reports, 72*, 1023–1026.

Goleman & Daniel(1995). *Emotional intelligence*. Bantam Books.

Haidt, J.(2012/2014). *Rightous mind*. Random House Inc. (왕수민 역, 바른마음. 서울: 웅진씽크빅.)

Haines, B., & Geber, L.(1996). *Leading young children to music*(5th ed). Columbus, OH: Charles E. Merrill Publishing.

Hargreaves, A.(1998). 지식사회와 학교교육(*Teaching in Knowledge Society*). 곽덕주 · 양성관 · 이지현 · 이현숙 · 장경윤 · 조덕주 · 황종배 공역(원전 2003년 출판). 서울: 학지사.

Hatch, J. A., & Freeman, E. B.(1988). Kindergarten philosophies and practices: Perspective of teacher, principals, and supervisors. *Early Childhood Research Quarterly, 3*(2), 151–166.

Hellison, D.(1995). *Teaching responsibility through physical activity*. Champaign, IL: Human Kinetic.

Hellison, D.(2011). *Teaching personal and social responsibility through physical activity*. (3rd. ed.). Champaign, IL: Human Kinetics.

Huling–Austin, L.(1990). *Teacher induction program and internships*. N. Y.:MacMillan Publishing Company.

Johnson, D. W., & Johnson, R. T.(1994). *Learning together and alone: cooperative, competitive and individualistic learning*, MA: Allyn and Bacon.

Josephson, M.(2002). *Making ethical decisions*. Los Angeles, CA: Josephson Institute of Ethics.

Kagen, D. M.(1992). Implications of research on teacher belief. *Educational Psychologist, 27*, 65–90.

Katz, L. G.(1972). Developmental stages of preschool teachers. *Elementary School Journal, 73*, 50–54.

Katz(1995). *Talks with teachers of young children: A collection.* CT: Ablex.

Kathleen, F. J.(2008). Being an effective mentor : how to help beginning teachers succeed. Corwin Press. *Teacher Education, 25*(2), 344–349.

Knapp, M. L. & Comadena, M. E.(1979). Telling it like it isn't: A review of theory and research on deceptive communications. *Human Communication Research, 5*, 15–29.

Kohlberg, L.(1958). *The development of modes of thinking and choice in years 10 to 16*. Unpublished doctoral dissertation. University of Chicago.

Kohlberg, L.(1984). *The psychology of moral development: The nature and validity of moral stages*. San Francisco: Harper & Row.

Kontos, S., & Wilcox–Herzog, A.(1997). Influences on children's competence in early childhood classrooms. *Early Childhood Research Quarterly, 12*(3), 247–262.

Lickona, T.(1991). *Educating for character: How our schools can teach respect and responsibility*. New York: Bantam.

Lickona, T.(2006). 인격 교육의 실제. (유병열 · 서강식 · 김태훈 · 김항인 공역). 서울: 양서원.

Lickona(2011). Character education: Seven crucial issues. In J.L. DeVitis & T. Yu(Eds.). Character and moral education, 23–29. NY: Peter Lang.

Liston, D., Whitcomb, J. & Borko, H.(2006). Too little or too much: teacher preparation and the first years of teaching. *Journal of Teacher Education, 57*(4). 351–358.

Martin, L. E. & Kragler, S.(2014). *H andbook of professional development in education: Successful modles and practices*, PreK–12, NY: Guilford Press.

Mayer, R. (1985). *Recent research on teacher beliefs and its use in the improvement of instruction*. Paper presented at the annual meeting of the American Education Research Association. (ERIC Document

Reproduction Service Number No. ED259457)

Mayer, J., & Salovey, P.(1993). *Emotional development and emotional intelligence*. New York: Basic Books.

McLuhan, M.(1964). *Understanding Media: The extensions of man*. New York: McGraw-Hill.

Merrell, K. W. & Gueldner, B. A.(2011). *Social and emotion le arning in the classroom*. The Guilford Press. (신현숙 역, 사회정서학습. 서울: 교육과학사.)

Mitchell, S. N., Reilly, R. C., & Logue, M. E. (2009). Benefits of collaborative action research for the beginning teacher. *Teaching and Teacher Education, 25*(2), 344-349.

Murphy, P. K., Deli, L. A. M., & Edwards, M. N.(2004). The good teacher and good teaching: Comparing beliefs of second grade student, pre-service .

Noddings, N.(1984). *Caring: A feminine approach to dthics and moral educatuin*. LA: University of Califormia Press. 한평수 역(2009). 배려. 서울: 천지.

OECD(2010). PISA 2009 Assessment Framework- key commpetencies in reading mathematics and science.

Pajanres, M. F.1992). Teachers beliefs and educational research: Cleaning up a construct. *review of Educational Research, 62*(3), 307-332.

Piaget, J.(1932/1965). *The moral judgement of the child*. New York: Free Press.

Pianta, R.(1999). *Enhancing relationships between children and teachers.* Washington, DC: American Psychological Association.

Pearson, L. C. & Moomaw. W(2005). The relationship between teacher autonomy and stress, work satisfaction, empowerment, professionalism. *Educational Research Quarterly, 29*(1), 38-54.

Penning, M. J., &,Wu, Z.(2016). Caregiver Stree and Mental Health: Impact of Caregiving Relationship and Gender. *Gerontologist, 56* (6), 1102-1113.

Reiman, A. J., & Thies-Sprinthall, L.(1999). 교사 발달에 적합한 장학의 이론과 실제. [*Mentoring and supervision for teacher development*]. (박은혜, 이현옥, 임승렬 역). 서울: 정민사. (원저는 1998년).

Rust, F. O. (1994). The frist year of teaching: it's not what they expected. *Teaching and teacher education, 10*(2), 205-217.

Ryan, K., & Bohlin, K.(1999). *Building character in schools: practical ways to bring moral instruction to life*. San Francisco: Jossey-Bass.

Sabol, T., & Pianta, R.(2012). Recent trends in research on teacher-child relationships. *Attachment & Human Development, 14*(3), 213-231.

Saracho, O. N. (1989). An analytic scheme to compare the early childhood teachers' classroom behaviors and environment. *Early Child Development and Care, 49*, 37-55.

Saracho, O. N., & Spodek, B.(1993). Professionalism and the preparation of early childhood education practitioners. *Early Child Development and Care, 89*(1), 1–17.

Sccffham, S. & Barnes, J.(2011). Happiness matters: Towards a pedagogy of happiness and well-being. *The Curriculum Journal. 22*(4), 535–548.

Schon, D. (1987). *Educating the reflective practitioner*. San Francisco; Jossey–Bass, Inc.

Stronge, J. H. (2007). *Qualities of effective teachers*, 2th edition. VA: Association for Supervision & Curriculum Development.

Stronge, J. H. (2007). *Qualities of effective teachers*. Alexandria, VA: Association for Supervision & Curriculum Development.

Sinnott–Armstrong, W. (1988). *Moral Dilennas(Philosophical Theory)*. Oxford, UK; NY, USA:B. Blackwell.

Selye, H. (1982) History and present status of the stress concept. In L. Goldberger & S.Breznitz (Eds.), *Handbook of Stress: Theoretical and clinical aspects*, 7–17. New York: Free Press.

Shapiro, M. A. & Lang, A.(1991). Making television reality: Unconscious processes in the construction of social reality. *Communication Research, 18*, 685–705.

Wiseman, D. L., Cooner, D. D., & Knight, S. L.(1999). *Becoming a teacher in a field-based setting*. CA: Wadsworth Publishing company.

경향신문(2017. 6. 9). http://news.khan.co.kr/kh_news.

베이비뉴스(https://www.ibabynews.com)

KEDI 교육정책포럼(2012). 캐나다의 괴롭힘 방지 정책과 공감 교육.

저자 소개

김래은 유원대학교 사회복지학부 아동청소년학 전공교수

현혜정 호산대학교 LiFE 사회복지과 조교수

이순애 한국전력기술 제2한기도담어린이집 원장

박종명 유원대학교 사회복지학부 아동청소년학 협력교수

박란경 국공립 한누리어린이집 원장

보육교사인성론

초 판 1쇄 인쇄 2024년 8월 23일
초 판 1쇄 발행 2024년 8월 30일

지 은 이 | 김래은 · 현혜정 · 이순애 · 박종명 · 박란경
펴 낸 이 | 김기섭
편 집 인 | 오선율 · 이현남
펴 낸 곳 | 창지사 www.changjisa.com
08589 서울시 금천구 가산디지털 1로 83 파트너스타워 1차 9층
전화 (02)719-2211~3
팩스 (02)701-9386
등 록 | 1977년 4월 28일 · 제1-421호

ISBN 978-89-426-1876-7 (93370)

값 23,000원